U0022457

中國現代史叢書 9

張玉法　主編

抗戰初期的遠東國際關係

王建朗　著

東大圖書公司

國立中央圖書館出版品預行編目資料

抗戰初期的遠東國際關係／王建朗著.
--初版.--臺北市：東大發行：三
民總經銷，民85
　　面；　公分.--(中國現代史叢書)
參考書目：面
含索引
ISBN 957-19-1951-9（精裝）
ISBN 957-19-1932-2（平裝）

1.中國-外交關係-民國26--34年（
　1937-1945

624.4　　　　　　　　　　　85001597

ⓒ 抗戰初期的遠東國際關係

著作人　王建朗
發行人　劉仲文
產權人財　東大圖書股份有限公司
著作財
發行所　東大圖書股份有限公司
　　　　地址／臺北市復興北路三八六號
　　　　郵撥／〇一〇七一七五一〇號
印刷所　東大圖書股份有限公司
總經銷　三民書局股份有限公司
門市部　復北店／臺北市復興北路三八六號
　　　　重南店／臺北市重慶南路一段六十一號
初版　　中華民國八十五年三月
編號　　E 62042
基本定價　陸元肆角
行政院新聞局登記證局版臺業字第〇一九七號

ISBN 957-19-1932-2（平裝）

主編者序

　　二十世紀在中國歷史上是一個變遷迅速的世紀。在二十世紀將要結束以前，回頭看看二十世紀初年的中國；或從二十世紀初年的中國，看看二十世紀將要結束的中國；不僅歷史學家會不斷檢討這一段的歷史總成績，走過這個時代的人或走不過這個時代的人，無論自己流過多少汗、多少淚、多少血，受過多少飢寒、多少苦難、多少折磨，還是犧牲過什麼、享受過什麼、獲得過什麼，站在二十世紀的盡頭，不能不對這一個世紀作些回顧、作些省思，然後勇敢地走向或走入二十一世紀。這是東大圖書公司出版「中國現代史叢書」，為讀者提供歷史資訊的最大旨趣。

　　二十一世紀是否為中國人的世紀？有人很關心，有人不關心。但在地球村逐漸形成的今日，不管是冷漠還是熱心，不管是不自願還是自願，都得住在這個村，並為這個村的一員。就中國現代史的研究而論，不僅臺海兩岸的歷史學者，多投入研究，或表示關懷，歐美及日本等地的歷史學者，不少亦研究中國現代史。這便是史學界的地球村。

　　中國現代史的起點，臺海兩岸的學者有不同的看法，一般說來，臺灣地區的學者，主張始於辛亥革命時期；大陸地區的學者，早年主張始於五四運動時期，近年又主張始於1949年中華人民共和國的成立。外國學者的看法，不出上述兩種。嚴格說來，臺海兩岸學者對現代史分期的看法，都受到政治的影響。許多學者以鴉片戰爭作為近代史的開端，也是受政治的影響；因為鴉片戰爭被視為反帝反封建起始

的年代。

　　爲了擺脫政治的糾葛，可以從世界史的觀點來考慮中國歷史分期問題。梁啓超將中國歷史分爲中國之中國、亞洲之中國、世界之中國三個時期，如果將中國人在中國境內活動的歷史劃爲上古史，將中國人向亞洲其他地區擴張的歷史劃爲中古史，將中西接觸以後，中國納入世界體系劃爲近代史，則中國近代史應該始於明末清初。明末清初的中國，不僅與歐洲、美洲進行海上貿易，而且歐洲帝國主義的勢力已經進入中國，譬如葡萄牙佔有澳門 (1557)、荷蘭 (1624) 和西班牙 (1626) 佔有臺灣，俄國進入中國黑龍江流域 (1644)。在葡人佔有澳門以後的二、三百年，中西之間有商業、文化、宗教交流，到 1830 年代以後，因通商、傳教所引起的糾紛日多，由於中國國勢不振，利權、領土不斷喪失，成爲帝國主義國家的殖民對象，到 1897-1898 年的瓜分之禍達於頂點。1899 年英、美發佈「中國門戶開放政策」以後，中國免於被殖民瓜分的局勢始獲穩定。我們可以將 1557-1899 年的歷史定爲近代史的範圍。1901 年，中國在義和團的激情反帝國主義以後，開始進行教育、經濟、政治改革，革命運動亦大獲進展，將歷史帶入現代時期。

　　中國上古史爲中國歷史文化的創建期，中古史爲中國歷史文化的擴張期，近代史爲中國歷史文化的收縮期，現代史爲中國歷史文化的更新重建期。本叢書所謂中國現代史，即始於 1900 年，涵蓋整個二十世紀，如果中國更新重建的大方向不變，亦可能涵蓋二十一世紀及其以後。儘管由於政治的糾葛，「中國」一詞在近數十年的臺灣及海外各地已經變成模糊的概念，出現了歷史中國、文化中國、大陸中國、海洋中國等名詞，但中國畢竟是現在世界上歷史悠久、土地廣大、人口衆多的國家，不能因爲它時常出現外力入侵、內部分裂，而忽視它的

歷史存在。而且自二次世界大戰結束以後，中國躍爲世界五強之一，它在世界上的地位愈來愈重要。因此，檢討二十世紀的中國史，在世界史中也饒富意義。

　　現代史上的中國雖然災難重重，但亦有機會撥雲見日，這是中外史家對研究中國現代史有興趣的原因之一。但不可否認的，由於臺海兩岸長期缺乏學術自由，而臺海兩岸及世界各國有關學者，由於掌握材料的性質和多寡不同，許多現代史的著作，流於各說各話，這是學術上不易克服的困難，有些困難則是學術界的不幸。本叢書希望包羅一些不同國度、不同地區、不同觀點的學術著作，透過互相欣賞、批評，以達到學術交流的效果。收入本叢書的專著，儘管有不同的理論架構或觀點，但必須是實證的、避免主觀褒貶的。

　　傳統中國史學，有些持道德主義，主觀的褒貶性很強；近代中國史學，有些受作者個人信仰或好惡的影響，流於宣傳或謾罵；凡此都妨害歷史求知的客觀性。本叢書在選取稿件時，當在這方面多作考量。

　　承東大圖書公司大力支持，使本叢書得以順利出版，非常感謝。收入本叢書之九的《抗戰初期的遠東國際關係》係由王建朗先生的博士論文改寫而成。王建朗，江蘇泰縣人，一九五六年生。畢業於上海復旦大學歷史系，一九八六年獲復旦大學研究生院歷史學碩士，一九九一年獲中國社會科學院研究生院歷史學博士，現任中國社會科學院近代史研究所副研究員。自一九八五年起先後在《復旦大學學報》、《抗日戰爭研究》、《近代史研究》及《歷史研究》等刊物上發表有關中外關係史和抗戰軍事史論文多篇，合著有《抗日戰爭時期的中外關係》，合譯有《毀滅的種子》和《劍橋中華人民共和國史》等。抗戰初期的遠東國際關係，圍繞中日戰爭運轉，頭緒紛繁。作者爬梳史料，綱舉目張，理出了清晰的輪廓。德國在最初半年不僅保持中立，且繼續向

中國提供軍事物資；陶德曼調停失敗後，德國立場始發生逆轉。蘇聯爲了增強遠東方面的防日力量，曾向中國提供大量援助，但援助多基於利己的考量，且有一定的限度。作爲遠東華盛頓體系主要構造者的英、美、法等國，情況不一，一般而論，最初大都對日本有所妥協，隨著對日本的侵略意圖和對中國抗戰的戰略意義逐步有所認識，他們開始由中立轉向援華制日。中國政府展開靈活主動的外交活動，積極爭取國際社會支持，力圖最大限度的爭取友邦、孤立敵國，從而獲得來自不同陣營且利害關係各異的有關大國的支持。日本外交則一錯再錯，逐步走上四面楚歌的道路。全書結構謹嚴，引證充足，敘事詳實，可讀性高。特向讀者推薦。

張玉法

1996 年 1 月 12 日於中央研究院

自 序

在傳統的抗日戰爭史分期中，1938 年 10 月的廣州、武漢失守標誌著抗戰第一階段的終結。本書所論述的抗戰初期，則延伸至 1938 年年底。這是從外交史的角度出發而確定的。在這一時期內，德國對華政策已經完成了它的轉變，蘇聯對華政策亦已基本定型，而日本提出「東亞新秩序」和英美宣布戰時首批對華貸款，則標誌著各自的對華政策進入了一個新的階段。這一分期也許並不很準確，由於各國政策演變的性質和時間不可能劃一，要尋找一個適合所有國家的分期點是非常困難的。本書所論說的「抗戰初期」，並不企圖對整個抗戰史具有分期意義，它只不過是選取其事態發展具有相對的完整性和階段性的抗戰最初那段時間作為自己的研究對象。

在迄今為止的抗戰外交史的研究中，對某一事件或某一國家的遠東政策的研究是比較常見的形式。而以抗戰初期為時間單元，以整個國際社會為觀察角度的專題研究則很少得見。本書進行這一方面的嘗試，是企圖彌補以往研究中的某些不足，盡可能擴大視角，以求對處於中日戰爭初期的國際社會得出一個比較系統的描繪。

在本書所敘述的這一時期內，中日戰爭由一地方事件發展成一場持久的全面戰爭。本文向自己所提出的問題是，與遠東事務有密切關係的國際社會是怎樣應付這一遠東危機的？作為華盛頓體系主要構造者的英、美、法等國，面臨著這一體系的崩潰，臺前幕後折衝尊俎，各種提議、聲明、會議和談判不絕於聞。然而，所有這一切都歸於徒

勞，其癥結何在？隨著戰爭的擴大和日本野心的進一步暴露，英美對中國抗戰的考慮發生了哪些變化？它們是怎樣開始由「中立」轉向援華制日的？

長期以來被排斥於華盛頓體系之外的蘇聯卻表現出比英、美、法更為積極的態度。蘇聯在抗戰初期的大力援華已得史學界公認，但蘇聯援華是否有它自己的「度」？本書通過一些不為前人所注意的問題的分析，探討了蘇聯援華的動機及其限度，對一些似是而非的流行看法提出了疑問。

與日本簽有《反共產國際協定》的德國，是否如一些論著所說，在中日戰爭一開始就採取了與日本狼狽為奸的立場？本書的答案是否定的。事實表明，德國在 1937 年中的立場基本上是中立的。那麼，德國立場的逆轉又始於何時、基於何因呢？

圍繞著對華戰略，在日本決策層內始終存在著矛盾和鬥爭。在擴大與不擴大、戰爭與和談、誘蔣與誘汪等問題上，強硬派是怎樣占據了上風？而利令智昏的「東亞新秩序」的提出又帶來了什麼樣的後果？

面對錯綜複雜的國際形勢，國民政府採取了什麼樣的外交方針？它如何敦促國際社會對遠東危機採取干預行動？如何做到最大限度地孤立敵國、爭取友邦、在一定時期內獲得了來自不同陣營且利害關係各異的有關大國的支持？

在理論上說，在戰爭初期存在著以國際社會的集體力量制約日本、迫使戰爭中止的一線希望。然而，歷史留下的是遺憾。如何評價抗戰初期國際社會的所作所為？本書將在結語部分試圖回答這一問題。

本書是在作者的博士學位論文的基礎上修改擴充而成。在博士論文的寫作過程中，我的導師丁名楠先生給予了極為有益的指導和幫助，本書的研究成果也凝聚著他的心血。作者還得到了中國社會科學院近

代史研究所諸位先生的熱心幫助，張振鵾先生對論文的修改貢獻了許多極為寶貴的意見，李玉貞女士慷慨提供了她當時尚未發表的《蘇聯對外政策文件》的譯稿，陶文釗先生在有關資料及翻譯方面給予了莫大幫助。此外，在論文答辯過程中，余繩武先生、陳鐵健先生及北京外交學院的張之毅先生、北京大學的丁則勤先生的評論也使我獲益不淺。在此，謹向他們表示衷心的感謝。當然，本書中的一些不妥之處概由作者負責，它是作者的愚頑和孤陋所致。我誠懇地期待著各位專家和讀者的指教。

王建朗

1996 年 1 月於北京

抗戰初期的遠東國際關係

目　次

主編者序

自　　序

引言
——戰前遠東局勢的回顧

在世界性的經濟危機中，歷史進入了動盪不安的三〇年代。日本軍國主義首先在遠東拉開了武力侵略的序幕。1931 年「九一八事變」後，日本以赤裸裸的武力把中國東北置於其刺刀統治之下。

日本此舉是對遠東華盛頓體系的猛烈衝擊。它向列強表明，日本已決心破壞這一體系，背棄門戶開放、機會均等的原則，把中國作為它獨占的殖民地。「九一八事變」發出了要用武力重新瓜分世界的信號。第一次世界大戰後所確立的凡爾賽—華盛頓體系面臨著前所未有的挑戰。

對於日本的這一公然挑戰行為，除了美國發布了一通不承認主義的原則聲明，國際聯盟通過了一個沒有約束力的要求日本撤兵勸告案外，國際社會沒有作出應有的反應，基本上是以無可奈何的心情默認了日本的侵略。而日本則以悍然宣布退出國聯作為回答。「九一八事變」標誌著遠東地區華盛頓體系崩潰的開始。它還表明列強既沒有實力也沒有堅強的意志來維護這一體系。這對日本無疑是一種鼓勵。

這以後，日本軍國主義不斷向華北地區進行新的侵略擴張，並於1934 年 4 月發表了針對列強的「天羽聲明」。日本聲稱它與中國有特殊關係，在東亞有特殊責任，維護東亞的和平及秩序是日本單獨的責任，無須他國干涉，並揚言如果他國暗助中國，日本不能置之不理。這一聲明公開暴露了它要獨霸中國和東亞而不容其他列強插手的野心。

為了取得和英美相抗衡的力量，日本急於掙脫華盛頓裁軍條約對

於日本海軍的限制，因爲該條約規定英、美、日海軍所擁有的戰艦噸位比例爲 5：5：3。日本希望能放手發展其海軍力量。1934 年底，日本正式宣布廢除華盛頓海軍裁軍條約。在同年 10 月開始舉行的倫敦裁軍會議預備會議及以後的正式會議上，日本堅持要求取消現行的噸位比例規定，主張總噸位一律平等，但未爲英美所接受。1936 年 1 月，日本宣布退出倫敦裁軍會議。

在日本於東方發難的同時，建立了法西斯政權的德國和意大利在西方向凡爾賽體系頻頻發起衝擊。德國提出建設歐洲新秩序的口號以否定凡爾賽體系。1933 年 10 月，德國宣布退出國聯。1935 年 3 月，德國單方面宣布廢除凡爾賽條約中限制德國軍備的條款，決定重整軍備，建立龐大的國防軍。1935 年 10 月，意大利入侵阿比西尼亞，並在次年予以吞併。1936 年 3 月，德國宣布廢除洛迦諾公約，公然進軍萊茵非武裝區。1936 年 7 月，德意武裝干涉西班牙內戰，支持佛朗哥叛亂，隱然對英法的側翼形成威脅。

對凡爾賽和華盛頓體系的衝擊，在客觀上形成了對現存世界秩序進行挑戰的互相呼應的局面。同時，德意日在主觀上也意識到，它們之間的進一步配合將有利於各自在東西方的擴張。1936 年 11 月，日德簽訂《反共產國際協定》，在反共的旗幟下結成伙伴關係。意大利於次年加入。

東西方法西斯的興起與接近，促成了世界政治結構的另一變化，這就是以防範德意日爲主要目的的其他大國的日益靠攏。作爲現存世界秩序主要設計者和維護者的英美法之間的合作進一步加強。蘇聯與資本主義國家之間的關係也得到改善。1933 年，一直對蘇聯持敵視態度的美國終於與蘇聯建立外交關係。1934 年，蘇聯加入國際聯盟。在東方，爲了限制日益擴張的日本勢力，英美法開始加強與中國政府的關

係，協助中國從事增強國力的建設活動。但是西方國家這時都忙於克服經濟危機對本國帶來的災難，它們對東方事態的關注是極其有限的。蘇聯對日本的擴張也懷有高度的警惕，它在不斷增強其遠東軍備的同時，邁開了與中國改善國家關係的步伐。

這就是中日戰爭爆發前的遠東及國際形勢：一方面，日本在中國的擴張引起了國際社會的反應，這一反應對中國是有利的；另一方面，由於德意在西方的行動，英美等列強對日反應能力又受到削弱。此外，國際社會反法西斯國家之間的結合也是非常鬆散的。歐美列強與蘇聯之間心存猜忌自不必說，就是英美之間也不能密切配合。以上這些因素，都將對日後遠東局勢的發展產生重大影響。

日本貪得無厭的侵略也迫使中國政府的對日政策產生了變化。很長一段時期以來，南京國民政府堅持「攘外必先安內」的方針，對日本的侵略只是進行了有限的抵抗，而在總體上奉行的是委屈求全、忍讓求和的政策，先後與日本成立了「塘沽協定」、「何梅協議」、「秦土協定」等妥協性協議。然而，這種妥協態度雖然平息了一時的事態，但它並不能滿足日本軍國主義日益增大的胃口，又激起了中國廣大民眾和愛國官兵的強烈不滿。日本的步步緊逼已嚴重地威脅著國民政府對中國的有效統治，把它逐步逼到了退無可退的地步。國民政府開始在各方面作萬不得已時起而抗戰的準備。

在進行各種國防準備的同時，國民政府在外交領域也展開了積極的活動。面對日益嚴重的民族危機，中國政府企圖借助英、美、蘇的力量以制約日本，因而在外交上日益向其靠攏。國民政府暫緩推行它在二〇年代末三〇年代初所倡導的以修訂不平等條約為主要內容的「革命外交」，注意加強與英美的聯繫。共同的需要，使中國與英美等國之間的關係日見密切。1933 年，中美達成數額為 5000 萬美元的「棉

麥貸款」協議。1935 年，英國協助中國整頓金融，實行「幣制改革」。1936 年 5 月，中美締結購售白銀協定，以穩定中國法幣。中國與蘇聯的關係也得以改善。兩國於 1932 年恢復了外交關係。這以後，雙方就有關兩國及遠東的安全問題多次進行秘密磋商。中德關係在這一時期也有長足發展，雙方在軍事及經濟領域的聯繫尤爲密切。中國政府進行的這些外交活動，爲抗戰爆發後世界各主要大國對中國的道義和物資支持打下了基礎。

在對日方針上，國民政府給自己確定了不可再退讓的最後界限。1935 年 11 月 15 日，蔣介石在國民黨第五次全國代表大會上發表了重要講話。蔣介石指出目前救國建國的唯一方針是「和平有和平之限度，犧牲有犧牲之決心，以抱定最後犧牲之決心，而爲和平最大之努力，期達奠定國家民族復興之目的」，倘以忍耐而求和平無望，則應「下最後之決心」❶。對於這「最後關頭」的具體限度，蔣介石於 1936 年 7 月作了進一步的明確說明:「中央對於外交所抱的最低限度就是保持領土主權的完整。任何國家要來侵害我們的領土主權，我們絕對不能容忍。我們絕對不訂立任何侵害我們領土主權的協定，並絕對不容忍任何侵害我們領土主權的事實」，「說得明白些，假如有人強迫我們簽訂承認僞 (滿洲) 國等損害領土主權的時候，就是我們不能容忍的時候，就是我們最後犧牲的時候。……從去年 11 月全國代表大會以後，我們遇有領土主權被人侵害，如果用盡政治外交方法而仍不能排除這個侵略，就是危害到我們國家民族之根本的生存，這就是我們不能容忍的時候。到這時候，我們一定作最後之犧牲。」❷

---

❶ 秦孝儀主編:《先總統蔣公思想言論總集》，第十三集，臺北，1984 年版，第 522-523 頁。

❷ 《先總統蔣公思想言論總集》，第十四集，第 38 頁。

　　然而，日本無視中國民眾民族意識日益覺醒和中國政府再難退讓這一現實，仍在做著征服中國的美夢，仍在繼續進行著侵略中國的各種活動以及更大規模的侵略的準備。1937 年 3 月上旬，日本駐華武官喜多誠一少將、中國駐屯軍參謀和知鷹二中佐、關東軍參謀大橋熊雄少佐三人奉召回東京參謀本部匯報中國的現地形勢。作為日本在華三大力量的代表，他們的意見可以說反映了在華日軍的普遍情緒。他們的報告認為：不論在表面上還是在實際上，中國政府都正在堅決抗日的大方針下加強內部、充實軍備、依靠歐美以及積極促進南京和華北的一元化。因此，「不論在任何場合，採取軟弱政策的結果，只會使現地形勢逐步惡化」。他們認為，用一般的手段已不可能調整好如此惡化的日華關係。從對蘇戰略考慮，他們主張用緊急手段來調整日華關係。其辦法之一就是「在對蘇行動之前，首先對華一擊，挫傷蔣政權的基礎」❸。

　　關東軍積極主張對華用兵。它在 1937 年 6 月 9 日關於對蘇對華戰略的一份意見書中提出：「從準備對蘇作戰的觀點來觀察目前中國的形勢，我們認為：如為武力所許，首先對南京政權加以一擊，除去我背後的威脅，最為上策。」意見書認為，南京政府「對於日本所希望的調整邦交一事，絲毫沒有作出反應的意思，如我方對它進而要求親善，從它的民族性來看，反而會增長其排日侮日的態度」❹。

　　華北是中日矛盾的集聚點。它既是日本對華擴張的下一個目標，又是中國政府不可再退讓的第一塊陣地。日本加緊進行企圖使華北脫離中國中央政府控制的各種活動，並不斷向華北增派兵力。日本華北

❸　中共中央黨校中共黨史資料室編：《盧溝橋事變和平津抗戰（資料選編）》，北京，1986 年版，第 8 頁。
❹　秦郁彥：《日中戰爭史》，東京，1961 年版，第 333 頁。

駐屯軍從原來的兩千兩百多人激增到六千多人，擴編成第四混成旅團。駐屯軍司令官亦升格為由天皇直接任命的「親補職」，其地位與關東軍司令官平級。日軍還擴大在華北的駐兵區域，並頻繁地進行軍事演習，尤其是那些臨近中國軍隊駐地的演習，極具引發中日兩軍衝突的危險性，從而使華北局勢更趨緊張。在日本毫無節制的擴張活動下，整個華北彌漫著一股隨時可能爆發衝突的緊張氣氛。

第一章　盧溝橋風雲突起

第一節　現地解決與中央交涉

一

　　1937 年夏，華北局勢動盪不安。7 月 7 日的「盧溝橋事件」猶如一星火種，投向了充滿火藥味的空氣，由此而造成了中日民族矛盾的總爆發。

　　盧溝橋位於北平西南，是北平通往南方的一個重要交通要點，尤其是在日本已從東、西、北三面對北平構成包圍態勢的情況下，盧溝橋的戰略位置就更爲重要。7 月 7 日深夜至 8 日凌晨，在盧溝橋地區進行非法夜間演習的日本駐屯軍第一聯隊第三大隊第八中隊，藉口一士兵失蹤和受到中國軍隊的非法射擊，悍然向宛平縣城發動攻擊。駐守該城的中國陸軍第 29 軍第 37 師第 219 團所部官兵奮起抵抗，由此而爆發了日後將要載入史冊的「盧溝橋事件」。

　　盧溝橋事件本係一地方衝突事件，但日本軍隊蓄意擴大事態。無理要求中國軍隊撤出宛平縣城，並於 9 日、10 日多次向中國軍隊發起挑釁性的進攻。7 月 11 日，日本政府發表聲明，顛倒是非，聲稱華北事變「完全是中國方面有計劃的武裝抗日」，因此，「爲維護東亞和平，最重要的是中國方面對非法行爲，特別是排日侮日行爲表示道歉，並

爲今後不發生這樣的行爲採取適當的保證。」顯然，日本的要求已經超出了對事件本身的解決，而志在謀取對華北更廣泛的控制權。爲此，日本政府「決定採取必要的措施，立即增兵華北」❶。

　　中國政府對盧溝橋事件予以高度重視，事件發生時，蔣介石等中央政要正在廬山舉辦暑期訓練團。7月8日，29軍軍長、冀察政務委員會委員長宋哲元請中央示以機宜的「特急電報」到達牯嶺，蔣介石聞訊後即預作應戰準備。他命令宋哲元：「宛平城應固守勿退，並須全體動員，以備事態擴大」❷。同時命令孫連仲所部第26軍兩師北上增援，令龐炳勛部和高桂滋部速向石家莊集中。7月11日，蔣介石致電北平市市長秦德純、天津市市長張自忠、河北省主席馮治安等分掌地方大權的29軍將領，指出「我軍非有積極決戰之充分準備，與示以必死之決心，則必不能和平了結。」❸

　　儘管中國政府在作應戰準備，但對日本意欲何爲，對盧溝橋事件這一地方衝突是否一定會引發中日間的大規模戰爭，此時尚未能作出明確的判斷。蔣介石在7月8日的日記中寫道：「倭寇在盧溝橋挑釁矣！彼將乘我準備未完之時使我屈服乎？或故與宋哲元爲難，使華北獨立乎？」❹這表明，蔣介石此時對日本人意在訛詐還是意在眞刀實槍地大幹尚未得出結論。因此，南京政府確定了一個作兩手準備的應變方針：「應戰而不求戰」。南京政府給宋哲元的指示是「不挑戰必抗戰」，如

❶　日本外務省編：《日本外交年表及主要文書 (1840-1945)》，東京，1955年版，下冊，第336頁。

❷　秦孝儀主編：《中華民國重要史料初編——對日抗戰時期》第二編，《作戰經過》，臺北，1981年版，第二卷，第31-32頁。

❸　《作戰經過》，第二卷，第39頁。

❹　古屋奎二著、臺灣《中央日報》譯印：《蔣總統秘錄》，第十一分冊，臺北，1977年版，第11頁。

其因環境關係，「認爲需要忍耐以求和平時，只可在不喪失領土主權原則之下，與彼方談判，以求緩兵。但仍需作全盤之準備。」❺同時，中國政府公開宣示其對盧事解決的最低立場。7 月 11 日，國民政府立法院院長孫科在上海對記者發表談話時表示：盧溝橋事件有擴大可能，中央決不容再失寸土❻。

　　實際上日本政府此時也未下定擴大衝突爲全面戰爭的決心。如果說「和」（交涉）與「戰」（攻擊）是日本政府同時準備的兩手，那麼日本此時所優先進行的是前者，它希望中國政府能在武力威脅面前接受他們所提出的條件。盧溝橋事件後，日本政府曾提出了一個所謂「不擴大方針」。在 7 月 11 日的聲明中，日本政府表示「爲使今後局勢不再擴大，不抛棄和平談判的願望。」❼當然，它也在做如果交涉中脅迫失敗便訴諸戰爭的準備。

　　相應地，中國政府也在和、戰兩手上作準備。7 月 12 日下午，蔣介石在盧山召集汪精衛、程潛、陳誠等軍政首腦協商對策。最後決定作和、戰兩手準備，萬不得已時不惜一戰。基於這個方針，南京政府向駐紮陝西、河南、湖北、安徽、江蘇的軍隊發出動員令，命令以上地區部隊向隴海、平漢兩條鐵路沿線集結。又命令平漢、隴海、津浦三大鐵路局集結軍用列車。同日，南京政府還發布了軍事徵用令。但是，在調兵遣將以備不測的同時，中國政府的第一選擇仍是進行交涉。

　　然而，儘管雙方此時都未放棄交涉，但其意圖却相去甚遠。一方希望不戰而勝，兵不血刃便獲得它一直企圖獲得的東西。另一方則希

---

❺　中國第二歷史檔案館編：《抗日戰爭正面戰場》，江蘇古籍出版社，1987 年版，上冊，第 210 頁。

❻　《盧溝橋事變和平津抗戰（資料選編）》，第 6 頁。

❼　《日本外交年表及主要文書（1840-1945）》，下冊，第 336 頁。

望通過交涉化解這一地方衝突，它可以作些讓步，但不能太過分，不能把平津拱手送人。是否能在這兩種意圖之間找到交叉點，即能找到一種既能爲中國政府所接受又能爲日本政府所滿意的一種讓步呢？日本政府知道這是困難的。爲了達到自己的目標，它提出了「現地交涉」的方針。在盧溝橋事件的次日，日本政府便作出了這一決定，內稱：「不擴大事態，通過現地交涉迅速解決」❽。7 月 11 日，日本外務省訓令其駐華使館：「日本政府準備迅速在現地解決盧溝橋事件，所以希望南京政府不要妨害對於時局的緊急處理。」❾當日，日本大使館參事日高信六郎會見中國外交部長王寵惠，轉達了日本政府的這一要求。

所謂「現地交涉」，其含義絕不只限於字面上所理解的在現場就地談判解決這一衝突。在這一特定場合下，它反映日本圖謀在談判中撇開中國中央政府，而由日本駐軍與地方當局商討決定事件的解決辦法，即以現地交涉排斥中央交涉。日本此舉目的有二：一是以此突出華北的特殊性，削弱中央政府對華北的控制；二是便於他們從對華北地方當局的訛詐中得到更多的好處，因爲日軍駐兵華北，直接構成威脅，且華北當局一些負責人的態度當時明顯較中央政府軟弱，日本希望從他們那裡得到中國中央政府所難以給予的東西。

二

在華北，日軍在與地方當局的交涉中竭盡脅迫之能事。日方提出

---

❽　上村伸一：《日本外交史》，東京，1973 年版，第二十卷，第 64 頁。在以往的研究中，人們較多地注重於這一決策的前半句，並將其概括爲「不擴大方針」，在擴大和不擴大之間作了比較充分的分析。但對這一決策的後半句，即「現地交涉」方針所隱含的內容未予深究。

❾　《日本外交史》，第二十卷，第 126 頁。

了道歉、懲辦有關責任者、撤退中國軍隊、取締排日活動及反共等四項條件。7月11日，張自忠、張允榮代表華北地方當局與日方代表松井久太郎、和知鷹二簽訂了關於盧溝橋事件的「現地協定」，其內容大致如下：

一、第29軍代表聲明向日軍表示道歉、處分有關責任者，並負責防止今後不再發生此類事件。

二、中國軍隊不在接近豐臺日本駐屯軍的宛平縣城和龍王廟周圍駐軍，改由保安隊維持治安。

三、鑑於本事件多胚胎於藍衣社和其他抗日團體的指導，今後要對此類團體徹底取締。❿

但日本仍不滿足於華北地方當局作出的這一讓步。三天後，日方又提出了更進一步的要求。7月14日，日方向剛剛由山東樂陵回到天津的宋哲元提出七點要求：1.徹底鎮壓共產黨的策動；2.罷黜排日要員；3.從冀察撤出有排日色彩的中央系機關；4.從冀察撤出藍衣社、CC團等排日團體；5.取締排日言論；6.取締排日教育；7.北平城改由保安隊擔任警備，中國軍隊撤出城外⓫。7月17日，日方還要求宋哲元在7月11日的協議上簽字，徹底實行該協議條款，並撤換主張堅決抗日的37師師長馮治安，而宋哲元似乎也對與日本達成妥協存有幻想，他在回津後發表談話表示，「余向主張和平，愛護人群，絕不願以人類作無益社會之犧牲」⓬。宋哲元認為，只要中方表示一下讓步，

---

❿　《日本外交史》，第二十卷，第68頁。

⓫　秦郁彥：《日中戰爭史》，東京，1961年版，第205-206頁。

⓬　田體仁等編：《全民抗戰匯集》，上海民族書局，1937年版，第96頁。

局部解決仍有可能。

　　中國政府對於日本「現地交涉」的伎倆頗為擔心，它堅持事件的最後解決權在於中央。中國外交部在 7 月 11 日的照會中指出：「無論現地已經達成之協定，還是將來成立之任何諒解和協定，須經中央承認後才能生效。」❸ 7 月 12 日，中國外交部發言人再次明確指出，「任何解決辦法，未經中央政府核准，自屬無效。」❹同時，南京政府頻頻致電宋哲元、秦德純等華北將領，說明中央應付盧事的方針，指示其在談判中應持的立場，告誡其切勿妥協，切勿上日本人的當。

　　7 月 10 日，蔣介石指示宋哲元：「守土應具決死決戰之決心與積極準備之精神應付，至談判，尤須防其奸狡之慣技，務斯不喪絲毫主權為原則。」❺ 7 月 13 日，蔣介石在致宋哲元電中詳述了中央政府的看法。他認為此次盧溝橋事件難以和平解決，「無論我方允其任何條件，而其目的則在以冀察為不駐兵區域，與區內組織用人，皆須得其同意，造成第二冀東。若不做到此事，則彼必得寸進尺，絕無已時」，蔣介石表示「中早已決心，運用全力抗戰，寧為玉碎，毋為瓦全」。他提醒宋哲元說，「此次勝敗，全在兄與中央共同一致，無論和戰，萬勿單獨進行，不稍與敵方各個擊破之隙，則最後勝算必為我方所操。……今日對倭之道，唯在團結內部，激勵軍心，絕對與中央一致，勿受敵欺，則勝矣」❻。

　　7 月 16 日，蔣介石在致華北諸要員的電中進一步表示，由此而產生的一切後果將由他承擔，該電稱：「今事決非如此易了，只要吾兄等

❸　《日本外交史》，第二十卷，第 126 頁。
❹　中國第二歷史檔案館館藏檔案，案卷號：七八七‧890。
❺　中國第二歷史檔案館編：《抗日戰爭正面戰場》，上冊，第 180 頁。
❻　《作戰經過》，第二卷，第 43 頁。

能堅持到底，則成敗利鈍，中願獨負其責也。」❶7月17日，蔣介石再次致電宋哲元和秦德純，指出「倭寇不重信義，一切條約皆不足為憑。上海『一二八』之戰，本於開戰之前已簽訂和解條約，承認其四條件，乃於簽字八時以後仍向我滬軍進攻。」他提醒宋、秦等人「勿受其欺」❶。

同時，中國政府還企圖訴諸國際社會的壓力。7月16日，中國政府向九國公約簽字國政府送交了有關中日衝突的備忘錄，批駁了日本「現地解決」的主張。該備忘錄明確指出：「中國方面現仍準備談判任何種榮譽之協定，惟中國國民政府對於談判解決之基本條件，不得不加以密切控制，蓋恐嚇地方當局，促成華北分裂，原本為日本軍人慣用策略，而為世人所熟知也。」❶

盧溝橋事件後，由軍委會參謀總長、軍政部部長、訓練總監等人組成的中國統帥部會議，自7月11日起每天就事態的發展進行會商，決定中方的應對策略。在7月14日的會議上，軍委會辦公廳主任徐永昌提出，「現在我準備不周，開戰難操勝算，……若日方真如其宣傳，確不欲事態擴大，則我似應抓住其意向，表示可以妥協，最好中央給予宋明軒以妥協標準，使其便於商談。」但訓練總監唐生智認為此議不妥，他指出，宋現在已在中央許可範圍之外從事妥協活動，「如中央再給以和平妥協之意圖，則前途將不可問」。他建議「目前中央宜表示強硬，而任宋哲元之妥協運動之進行，如結果不超出中央期望之外，則中央可追認之，否則，中央仍予以否認。」❶看來，南京政府是採納了

❶　《作戰經過》，第二卷，第53頁。

❶　《作戰經過》，第二卷，第55頁。

❶　秦孝儀主編：《革命文獻》，第一〇六輯，《盧溝橋事變史料》，上冊，第254頁。

❶　《抗日戰爭正面戰場》，上冊，第215頁。

唐生智的這一策略，這就是：一方面給宋哲元打氣，要求其作好應戰的軍事準備；另一方面，也不完全禁止宋哲元在華北爲謀求事件的解決而作出一定的妥協和讓步，而中央則視其讓步程度，予以默認或否認。無論怎樣，中央須保留最後決定權。

　　7月15日至17日，軍政部部長何應欽連續密電宋哲元等人，通報日本正在動員和增派部隊來華的情況，指出日本的談判目的在「希圖緩兵，以牽制我方，使不作軍事準備，一俟到達平郊部隊較我29軍占優勢時，即開始攻占北平，先消滅我29軍。」他坦率指出，「兄等近日似均陷於政治談判之圈套，而對軍事準備頗現疏解，如果能在不損失領土主權之原則下和平解決，固所深願，弟恐談判未成，大兵入關，邇時在強力壓迫之下，和戰皆陷於絕境，不得不作城下之盟，則將噬臍無及。望兄等一面不放棄和平；一面應暗作軍事準備。」㉑

　　7月19日，何應欽再電秦德純，指出「國危至此，實惟有舉國一致，內外相維，有犧牲之準備，作折衝之後盾，然後可謀挽救。」何應欽告訴秦德純，「整個抗戰計劃，此間亦正積極統籌進行中，還望兄等本既定之方針，堅苦撐持，則最後勝利當爲我屬也。」㉒

　　同日，中國方面公開發表了蔣介石於17日所作的廬山談話，這一談話系統地闡述了中國政府對於盧溝橋事件的判斷和基本立場。談話宣稱，中國已經臨近無可退讓的「最後關頭」：

　　　　如果盧溝橋可以受人壓迫占領，那麼我們百年故都、北方政治文化的中心與軍事重鎮的北平就要變成瀋陽第二！今日的北平果若變成昔日的瀋陽，今日的冀察亦將變成昔日的東三省。

㉑　《抗日戰爭正面戰場》，上冊，第189頁。
㉒　中國第二歷史檔案館館藏檔案，案卷號：七八七‧7200。

北平若可變成瀋陽，南京又何嘗不可變成北平！所以盧溝橋事件的推演是關係國家整個的問題。

蔣介石在表示到了最後關頭「只有犧牲，只有抗戰」的決心的同時，還表明了中國力求避免戰爭的願望。他聲稱，「我們的態度只是應戰，而不是求戰」，這種應戰為「應付最後關頭必不得已的辦法」，「在和平根本絕望之前一秒鐘，我們還是希望和平的，希望由和平的外交辦法求得盧事的解決。」但盧溝橋地區的重要戰略地位不容中國政府再作以往那樣的妥協。為了不使日本當局再存此幻想，談話闡述了中國政府對於盧事解決的最低立場，指出任何解決方案不得違背以下四點：一、任何解決不得侵害中國主權與領土完整；二、冀察行政組織不容任何不合法之改變；三、中央政府所派之地方官吏，如冀察政務委員會委員長宋哲元等，不得任人要求撤換；四、第 29 軍現在所駐地區不能受任何的約束。盧山談話是盧事以來中國政府對於這一事件的判斷、態度和基本立場的最完整的表述。它也為華北的談判立場定下了一個大體的框架❷❸。

南京政府外交部曾多次向日方提議，雙方停止軍事調動，將軍隊撤回原地，但日本拒絕與中國中央政府進行交涉。7 月 17 日，日本駐華使館參事日高信六郎向中國政府外交部遞交照會，指責「中國政府不但仍繼續挑戰的態度，並以各種手段與方法妨礙冀察當局解決條件之實行，對於華北安定不斷加以威脅」，「要求即時停止一切挑戰的言行，並要求不妨礙地方當局實行解決條件」。日高還聲稱，只要中國政府將外交權交予冀察自行交涉，而冀察當局能忠實履行它所簽訂的條

---

❷❸　《先總統蔣公思想言論總集》，第十四卷，第 582-585 頁。

約，事件即可和平解決❷❹。

同日，日本還向南京政府發出威脅。日本駐華武官來到中國軍政部，遞交了一份書面文件，內稱，如中國政府派兵北上及派飛機北上，「則日本將有適當處置，以資應付，因此而引起之事端，應由中國方面負其責任。」❷❺

但中國政府仍然努力爭取在中央級外交機關進行交涉。7 月 19 日，中國外交部在致日方的備忘錄中再次提議雙方停止軍事調動，並將已派出之武裝隊伍撤回原地。備忘錄表示，「至事件解決之道，我國政府願經外交途徑與日本政府立即商議，俾得適當解決，倘有地方性質，可就地解決者亦必經我中央政府之許可」。備忘錄還表示：「我國政府極願盡各種方法以維持東亞之和平。故凡國際公法或國際條約對於處理國際糾紛所公認之任何和平方法，如兩國直接交涉、斡旋、調解、公斷等，我國政府無不樂於接受。」中國政府並請英國政府幫助轉達中方的撤兵建議❷❻。

同日，中國軍政部長何應欽在會見日本駐華陸軍武官喜多誠一時也表示，如日本能將新增之軍隊撤退，中國方面亦可考慮採取同樣之行動。他指出，事態擴大與否，將取決於日本而不是中國。

盧溝橋事件發生時，中國駐日大使許世英已在國內病休數月。許世英因年高多病，曾屢次呈辭。但盧事發生後，爲加強中日兩國國家級外交機關之間的交涉，許世英毅然打消辭意，奉命東渡返任。7 月 18 日，許世英臨行前發表談話稱，「目前中日局勢確極嚴重，但外交人員

---

❷❹　臺灣「中華民國外交問題研究會」編：《中日外交史料叢編》，第四編，《盧溝橋事變前後的中日外交關係》，臺北，1964 年版，第 203 頁。

❷❺　《抗日戰爭正面戰場》，上冊，第 219 頁。

❷❻　《盧溝橋事變前後的中日外交關係》，第 203 頁。

係以和平解決爲職志，本人返任，實抱有一種宏願，冀能本諸「正義誠意」四字，對於兩大民族目前之危機，雙方努力消彌於無形。」❷ 7月 19 日，許世英在赴日船上對日本記者發表談話，聲明中國政府對於盧事的解決方針是：一、不擴大事件，二、以外交交涉解決事件❷。

但日本斷然拒絕與中國外交部交涉。日本外務次官崛內謙介對轉達中國政府意見的英國駐日代辦道滋（J. Dodds）聲稱，盧溝橋事件是日本與華北地方當局之間的事情，日本目前正致力於地方解決，它不接受南京政府的這一提議。7月 20 日，日本外務省發表聲明，辯稱「冀察政務委員會乃有別於其他地方政權的大規模特殊政治形態」，南京政府「主張我方和冀察政權對話，必須經其承認，完全是故意爲圓滿解決事件設置新的障礙。目前事態惡化的原因，在於南京政府一面阻礙現地協定，一面不斷調中央軍北上。」聲明並威脅說，如果南京政府不幡然醒悟，解決時局將完全無望❷。

在華北，日本威脅訛詐地方當局的活動正在加緊進行。日本不滿足於華北當局所作的讓步。它逼迫華北當局接受更爲苛刻的條件，如罷免所謂排日要員、撤出在冀察的中央系統各機關等。宋哲元在日本的威脅面前期望以有限度的妥協來維持華北岌岌可危的和平。在日方的壓力下，7月 19 日，第 29 軍代表與日本駐屯軍代表簽訂了包含上述內容的「細則協定」。

作出這一讓步後，宋哲元以爲局勢和緩有望。7月 20 日，宋哲元發表書面談話，表示「本人向主和平，凡事以國家爲前提，此次盧溝

❷　中國第二歷史檔案館館藏檔案，案卷號：七八七‧889。
❷　《中國的抗戰》，密勒氏評論報，1939 年發行，第一集，第 271 頁。
❷　日本防衛廳防衛研究所戰史室著、田琪之譯：《中國事變陸軍作戰史》，中華書局，1977 年版，第一卷，第一分冊，第 185-186 頁。

橋事件之發生，絕非中日兩大民族之所願，蓋可斷言。甚望中日兩大民族，彼此互讓，彼此相信，彼此推誠，促進東亞之和平，造人類之福祉。」❸宋哲元並下令取消了一些必要的防禦措施。

　　南京政府不安地注視著日本與華北地方當局之間的談判。它堅決反對「現地解決」的陰謀，堅持中央政府的核准權。同時，南京政府也準備作出一些讓步以求得事件的妥協解決。7月23日，南京政府的中樞要員討論了宋哲元報送來的7月11日的現地協定。儘管會議對華北地方當局讓步過多有所不滿，但爲了消除日本人所謂「中央妨礙地方解決」的藉口，以示中央和地方的一致，也爲了避免談判破裂，中央政府覆電宋哲元，表示「中央對此次事件，自始即願與兄同負責任。戰則全戰，和則全和，而在不損害領土主權範圍之內，自無定須求戰，不願言和之理。所擬三條倘兄已簽字，中央當可同意與兄共負其責」。中央同時希望宋哲元向日方聲明：一、第38師撤離宛平縣應爲臨時性的；二、對於共產黨的鎮壓及其他排日團體的取締應由中國方面自行決定,「不由彼方任意要求爲限」。而要求得事件的眞正結束，日方亦應撤退其新增派的部隊❸。

　　這裡，中國政府實際上已經修正了自己的立場，已從「廬山談話」四條件的最低立場上後退,因爲7月11日協議的一些內容是與四條件相違的。承認這一協議顯示了南京政府尚願妥協的意向。而且，南京政府這時已經得知華北地方當局又於7月19日簽訂了對日讓步更多的「細則協定」，但宋哲元並未呈報這一協定，南京政府也就佯作不知，未予追究。蔣介石在其7月23日的日記中記載了他對這一問題的想

❸　中國人民政治協商會議全國委員會文史資料研究委員會編：《文史資料選輯》，第一輯，中國文史出版社，1986年合訂本，第25頁。
❸　《作戰經過》，第二卷，第61-62頁。

法。他寫道:「明軒只報告 11 日與倭方所協商之三條, 而對 19 日所訂『細則』尚諱莫如深, 似以不加深究爲宜, 使其能負責也。」❷ 由此可以看出, 南京政府是準備讓宋哲元在前臺作些妥協的, 它所一直堅持擁有的中央決定權實際上是以現地解決的方案爲基礎。如果日本的欲求不太過分的話, 盧溝橋事件是有可能以中國方面的部分退讓而告解決的。

三

然而, 日本方面無節制的擴張欲望最終粉碎了「現地解決」的希望。在日本內部, 尤其是軍方, 存在著強大的反對外交解決的勢力。他們主張「懲罰中國軍隊, 鏟除華北糾紛的根源」, 而不以外務省所標榜的「現地解決」爲滿足❸。日本對華外交長期以來一直處於混亂狀態, 軍方擅權已成通例, 他們在對華外交中擁有巨大的發言權, 盧溝橋事件也不例外, 由於駐華日軍蓄意製造事端, 擴大衝突, 談判解決的希望遂成泡影。

日本陸續向華北大舉增兵, 它所表現出來的意欲藉此控制華北的意圖使宋哲元等人產生了疑慮。南京政府向華北派出的特使、軍委會參謀次長熊斌亦於23日晚由保定抵達北平, 向宋說明了此次中央政府的抵抗決心, 指出日軍必將發動大規模進攻, 希望宋提高警惕。宋哲元的態度開始發生變化, 他下令停止原已與日方議定的第 37 師的撤退, 並令第 132 師第 27 旅進入北平擔任城防。隨著廊坊事件的發生, 宋哲元更加明白了局部妥協的無望。26 日, 宋哲元對前去華北的外交部特派員孫丹林表示:「戰事恐不能免, 外交大計仍應由中央主持」❸,

❷　《蔣總統秘錄》, 第十一分冊, 第 26 頁。

❸　《中國事變陸軍作戰史》, 第一卷, 第一分冊, 第 177 頁。

表明了華北當局再無與日本妥協的幻想。

　　26 日晚，廣安門事件發生。宋哲元在致何應欽電中，報告了廣安門衝突，認為「似此情形（日方）頗有預定計劃，大戰勢所難免」，並報告說，他已命令所屬各部「即日準備應戰」㉟。7 月 27 日，中國外交部發言人發表重要談話，指出兩旬以來中方已為和平盡最大努力，今後事態發展的一切責任應由日方負責㊱。

　　「廣安門事件」後，衝突空前升級，日軍悍然在華北發起全面進攻，占領北平、天津，由此，盧溝橋事件發展成為中日兩國之間的戰爭，所謂「現地解決」就此夭折。日本以武力威脅華北當局，在排除中國中央政府的情況下分裂華北的圖謀徹底破產。北平失守後，蔣介石發表談話，聲明現在已到「最後關頭」，中國政府不能坐視日本在華北為所欲為。他指出「政府有保衛領土主權與人民之責，惟有發動整個之計劃，領導全國一致奮鬥，為捍衛國家而犧牲到底，此後決無局部解決之可能」，即使中國軍隊作戰失敗，「亦必存與國同盡之決心，決無妥協與屈服之理」㊲。7 月 31 日，蔣介石發表《告抗戰全體將士書》，宣稱「到了今日，我們忍無可忍，退無可退了！我們要全國一致起來，與倭寇拼個他死我活」。告書指出，現在「和平絕望」，「只有抗戰到底，舉國一致，不惜犧牲來和倭寇死拼，以驅逐倭寇，復興民族。」㊳

　　8 月 7 日，中國國防會議開會討論戰和大計。蔣介石、國民黨中央政治委員會主席汪精衛、國民政府主席林森以及閻錫山、劉湘等中央

㉟　《盧溝橋事變前後的中日外交關係》，第 202 頁。

㊱　中國第二歷史檔案館館藏檔案，案卷號：七八七・7202。

㊲　中國第二歷史檔案館館藏檔案，案卷號：七八七・889。

㊲　《作戰經過》，第二卷，第 75 頁。

㊳　《作戰經過》，第二卷，第 86-88 頁。

及地方軍政大員出席了會議。蔣介石首先表示,「這回中日戰爭,實在是我們國家生死存亡的問題,如果這回戰爭能勝利,國家民族就可以復興起來,可以轉危爲安,否則必陷國家於萬劫不復之中。」他批駁了一些人鼓吹在冀察作讓步以求和談解決的想法。針對有人主張將東北與冀察明白的劃個疆界使日本不再肆意侵略的說法,蔣介石表示「劃定疆界可以,如果能以長城爲界,長城以內的資源,日本不得有絲毫侵占之行爲,這我敢做。可以以長城爲疆界。要知道日本是沒有信義的,他就是要中國的國防地位掃地,以達到他爲所欲爲的野心。所以我想,如果認爲局部的解決就可以永久平安無事,是絕不可能,絕對做不到的。」

汪精衛在發言中認爲「目前中國的形勢,已到最後關頭,只有以戰求存,絕無苟安的可能」。林森亦認爲「只有抗戰,予打擊者以打擊,才能談生存」。閻錫山、劉湘等地方實力派也表示「願在政府領導下,作不顧一切的爲民族求生存戰」。

最後,會議以起立方式進行表決,即如果決意抗戰便起立表示,結果與會者「不約而同,起立作決心抗戰之表示」❸❾。至此,中國政府的抗戰決心似已下定。

第二節　「對華一擊」與「以戰求和」

一

在日本內部,這時還存在著所謂「擴大派」和「不擴大派」之爭。

---

❸❾　中國第二歷史檔案館館藏檔案,案卷號:七八七‧2431。

前者在日本陸軍省和中國駐屯軍及關東軍等現地軍隊中占主導地位，人數眾多，又兼有在現場製造事端、造成既成事實的便利。後者則以參謀本部第一部（作戰部）部長石原莞爾爲代表，人數較少，但居於統帥機關，具有一定的影響。

　　擴大派主張以武力壓服中國，認爲只要對中國作一次沈重的打擊，便可以瓦解中國的抵抗。陸相杉山元就曾向天皇保證，可以在一個月內結束中國的戰爭。甚至還有人認爲，只要日本的運兵車一過山海關，中國方面就會屈服。一些強硬派認爲，盧溝橋事件的發生爲日本施展其對華謀略提供了極好的時機，「多年懸案的中國問題，如今才是解決的極好機會。所以，沒有必要進行當地談判，如已達成協定，也予以撕毀。」❹他們認爲「若處以溫和態度，勢將助長其抗日氣勢，給今後對華政策帶來障礙，因此需要給予沈重一擊」，「若我方採取強硬態度和暗示，那麼中國方面一定會屈服」。他們主張以武力解決盧事，一舉奪得對華北的控制權❹。日本政府內的文官中也流行著強硬的「對華膺懲論」。如來自政友會的鐵道大臣中島知久平和來自民政黨的郵電大臣永進久太郎等政黨出身的大臣竟提出，趁著這個機會把中國軍隊徹底打垮算了❹。

　　不擴大派則認爲，事情本身並不是大事件，如使糾紛複雜化，則將會演變成大事，其結果難以預測，它會給日本帶來挫折。石原莞爾主張盡可能不擴大事態。他認爲最近幾年來「中國在統一和軍備兩方

---

❹　今井武夫著、天津政協編譯委員會譯：《今井武夫回憶錄》，中國文史出版社，1987年版，第32頁。
❹　《盧溝橋事變和平津抗戰（資料選編）》，第21頁。
❹　信夫清三郎主編、天津社會科學院日本問題研究所譯：《日本外交史》，商務印書館，1980年版，下冊，第620頁。

面，均有顯著進展。欲以從前局部作戰，求達政略目的，已不可能；且局部作戰，有發展爲全面戰爭之虞。」而「對華全面戰爭，絕不可行。中國對日作戰可利用廣大國土，採取退避戰略、消耗戰法，指導持久戰。而日本在目前國際形勢之下，欲以充分兵力，行決勝戰爭，以打破中國持久戰之意志，殊不可能。」**⑱**從對蘇戰略出發，他們擔心中日衝突曠日持久，這將使日本對蘇聯處於極爲不利的戰略地位。他們擔心日本會「像拿破侖在西班牙那樣，在中國陷入泥沼」**⑭**。石原莞爾反對由國內動員兵力前往中國，並要求把所有駐在華北的日軍撤回到「滿洲國」，以圖穩定中國方面，全力對付蘇聯。

　　然而，必須指出，「擴大派」和「不擴大派」在侵略中國以從中國攫取更多的利益這一點上是不存在衝突的。只是對於客觀形勢的判斷不同，因而在採取行動的方式和近期目標上有所不同。所謂「不擴大派」並不排除對中國採取侵略性的行動。參謀本部第一部在 7 月 18 日的《形勢判斷》中，一方面提出「仍然堅持不擴大方針」，但同時又提出「此時應以最後的決心對冀察及南京政府加速進行交涉。在認爲其無誠意時，則宜果斷行使兵力討伐中國軍隊，鏟除華北糾紛的根源。」**⑮**因此，隨著事態的發展，他們終於在「對華一擊」上取得了某種共識，儘管前者把它作爲進一步擴大侵略的開端，而後者則企圖通過這一擊迫使中方屈服，使戰鬥盡快結束。

　　不擴大派的這一想法，在 7 月 18 日參謀本部的《動員派兵構想》

---

⑱　蔣緯國總編著：《抗日禦侮》，臺北，1978 年版，第二卷，第 297 頁。

⑭　約翰·亨特·博伊爾：《中日戰爭中的合作政治》(John Hunter Boyel: *China and Japan at the War, 1937-1945, the Politics of Collaboration*)，第 51 頁。

⑮　《中國事變陸軍作戰史》，第一卷，第一分冊，第 176 頁。

中就有所反映。該構想提出了「安定平津地方，膺懲華北中國軍」的目標❹。隨著日本在華軍隊不斷肇事擴大衝突壓迫參謀本部，不擴大派便完全倒向了「對華一擊」論。石原莞爾在聽到「廊坊事件」的消息後，馬上同意「對平津地方的中國軍隊給予一擊」，並親自給中國駐屯軍下達了「應當徹底膺懲，上奏等一切責任由參謀本部來負」的指示❹。

這時，在日本人看來，「對華一擊」和「不擴大」是不矛盾的，而前者恰恰可以成爲後者得以實現的基礎。正如參謀本部在 7 月 27 日的一份命令中所說:「只有強有力的並且是短暫的給以打擊，才能說是符合現階段實際的不擴大方針」❹。攻占平津之後，參謀本部在 8 月 5 日的《形勢判斷》中還提出，「軍應迅速對中國軍隊，特別是中央軍中的空軍，給予沈重的打擊，使南京政府在失敗感下不得已而屈服，並由此而造成結束戰局的機會，此點最爲重要」，「可以期望由此一擊而避免全面戰爭」❹。總之，參謀本部提出了「速戰速決」的戰略，指望中國在日本的猛烈一擊面前屈服。

由此可見，所謂「擴大」和「不擴大」的分歧並不在是否應侵華，而在於如何侵華，說到底只是方法之爭，而不是目的之爭。在一定的條件下，他們的看法會發生變化而趨向一致。可以說，所謂不擴大派在日本侵華戰爭中同樣也負有重大的責任。

然而，「對華一擊」並未能取得預期的效果，中國政府並未因華北的局部失利而作出讓步。中國政府認爲，日本是在襲用過去的「不戰

---

❹　《中國事變陸軍作戰史》，第一卷，第一分冊，第 182 頁。

❹　今岡豐:《石原莞爾的悲劇》，東京，1981 年版，第 326 頁。

❹　《中國事變陸軍作戰史》，第一卷，第一分冊，第 197 頁。

❹　《中國事變陸軍作戰史》，第一卷，第一分冊，第 211，212 頁。

而屈」和「速戰速決」的戰略，是在用「投機取巧」的方法，企圖用微小的代價從中國獲取重大的利益，因此，必須堅決抵抗。蔣介石在7月31日發布的《告全體將士書》反映了這一判斷。他在告書中指出：「倭寇向來利用投機取巧的方法，來奪取我們的土地，除非他們受到相當的打擊，他們總不肯停止侵略的」，「倭寇只會投機取巧，不願眞正犧牲」，因此中國軍民必須奮起抵抗，粉碎倭寇的陰謀❺⓪。

對於日本的這一「投機取巧」的戰略以及中國的應對策略，蔣介石後來曾有不斷的評述。他認爲日本的「初意就想運用不戰而屈的政略，唱出什麼平津局部化，地方事件要求就地解決等外交原則，想繼續因襲其占我東北四省、侵我冀東察北的故伎，恫嚇威逼，詐僞欺騙，來安然占有平津。」❺❶「（日本）發動盧溝橋事變以後，調集大批陸海空軍，進占平津，侵犯淞滬，聲勢洶洶，不惜出於一戰，其實他的用意，還是一貫的襲用他民國24年以來的政策，想實行武力恫嚇，以達到『不戰而屈』的目的。」他認爲日本人的心理是「以爲我們必不能且不敢與日本作戰」，「認爲只要拿武力來威迫我們，就可以使我國屈服，好比他從前對袁世凱的辦法一樣」❺❷。基於這樣的認識和判斷，中國政府決心不理會日本的武力恫嚇，對日本的侵略進行堅決的抵抗。

中國政府的應對策略可以概括地稱之爲「以戰求和」，即通過堅決的抵抗，使日本看到中國的堅定決心和難以輕取的實力，打消其投機念頭，從而知難而退，重新坐到談判桌上來。「以戰求和」不僅基於對日本戰略的判斷，也是對以往經驗的歷史總結，是對以往外交方針的重大調整。過去，中國政府偏重於「以忍求和」，但日本的胃口永無止

---

❺⓪　《先總統蔣公思想言論總集》，第三十卷，第218頁。

❺❶　《先總統蔣公思想言論總集》，第三十卷，第231頁。

❺❷　《先總統蔣公思想言論總集》，第十五卷，第193頁。

境，「九一八」以來的實踐已經證明以妥協求和平此路不通，因此，以抵抗求和平便順理成章地成爲中國的戰略。

「以戰求和」的戰略，可以說是既立足於戰，又不放棄和，戰、和兩手並行，力圖以戰促和。戰雖轟轟烈烈，但實則迫於無奈，和雖時隱時現，但總是念念不忘。8 月 7 日的國防會議上雖然決定了抗戰大計，但會議仍未完全斷絕和談的希望，會議決定「在未正式宣戰之前，與彼交涉仍不輕棄和平」❸。

8 月上旬，中國外交部還電令中國駐日大使許世英與日本外相廣田弘毅進行商談。但許世英回電提出異議。他報告說日本人正在積極擴充軍備，所謂不擴大只是「對內欺君民，對外欺國際之口號」而已。他判斷「本月中旬以後彼必大舉攻我，最小限度亦須完成其華北五省計劃」。他認爲日本歷來是「口號與手段，莫不相反」，「邀請商議，仍是要我履行各種協議，並增加新協定。若爲其口號所迷惑，則協定必無已時」。許世英主張「與其以協定招致重重束縛，終勝必亡，何如一舉而脫於枷鎖。最後勝敗之時，再負興衰之責，天下後世，庶可相諒」❺。

確實，日本方面這時正在考慮把戰事擴大到華中，造成有利態勢，壓迫中國政府在華北作出讓步。日本第三艦隊司令官長谷川清中將的想法很具代表性。他認爲「要想以武力打開日中關係的現狀」，僅僅懲罰華北的第 29 軍是不夠的，「除了使中國的中央勢力屈服以外，別無它途」。因此，日軍必須控制上海和南京地區❺。中國方面決心奮起抵抗不再退讓。面對在華北作戰的諸多不利，中國最高當局也正考慮把

---

❸　中國第二歷史檔案館館藏檔案，案卷號：七八七・2431。

❺　《盧溝橋事變前後的中日外交關係》，第 272-273 頁。

❺　《日本外交史》，第二十卷，第 622 頁。

作戰重心轉移到長江流域來。8 月 13 日，戰火終於在中國第一大城市上海燃起。此後，雙方不斷向上海地區調兵遣將，中日兩國最終走上全面戰爭的道路。

二

隨著地方衝突演變成全面戰爭，宣戰問題便理所當然地提上了議事日程。然而，正如人們所看到的那樣，儘管南北戰場早已炮火連天，陸海空軍全都參戰，但無論是侵略一方，還是被侵略一方，都未發出宣戰文告。這種不宣而戰的戰爭一直持續了四年之久，實為近代戰爭史上的一奇特現象。

就中國而言，決定只戰不宣是有一個過程的，實際上在事變初起之時，中國政府是準備宣戰的。蔣介石在 7 月 9 日曾致電徐永昌和程潛等人，指出「倭寇挑釁，無論其用意如何，我軍應準備全部動員。各地皆令戒嚴，並準備宣戰手續。」❺❻ 7 月 13 日，蔣介石在致宋哲元電中表示，「中央決宣戰，願與兄等各將士，共同生死，義無反顧」❺❼。

7 月 17 日上午，軍政部與外交部會商關於開戰後與日本絕交宣戰的問題。結果會議認為，倘一旦絕交宣戰，「現日本海軍絕對優勢，日本即可以交戰國地位通告各國，禁止一切軍需品及軍需原料輸入中國，其範圍甚廣，現我國一切軍需品能否自給自足，大有問題」。此外絕交後，日本僑民仍可遷入英、法等它國租界居住，依然可以進行造謠、攪亂、諜報等工作，中方無法驅逐及拘捕，而中國在日本的僑民則無法保護，將被驅逐甚至拘捕。因此，兩部認為「絕交後日方可行使交戰國權利，我方則不能享此交戰國權利，因之交戰後，不宜絕交，仍

---

❺❻　《作戰經過》，第二卷，第 35 頁。
❺❼　《作戰經過》，第二卷，第 43 頁。

以如九一八時之狀況爲宜」。兩部計劃如中日發生正式衝突，即由外交部發表一個正式宣言，「敍明日本對我壓迫，我不能不自衛之理由」❺❽。

但在 7 月 26 日，即日本在平津向中國軍隊發起攻擊後，蔣介石的意圖似乎有了些改變，他致電正在英國訪問的孔祥熙說：「大戰刻已開始，和平絕望，弟決先對日絕交後宣戰，請以此意轉英政府」，似在請孔徵求英方對於宣戰的意見，蔣並要孔與英方交涉，請其將在新加坡和香港的若干飛機讓購於中國❺❾。

8 月 7 日，國防會議討論對目前中日衝突的大計方針。與會者在「絕交宣戰」問題上出現了分歧。汪精衛建議應「宣布斷絕國交，予日以嚴重態度，表示中國的堅毅決心」，但林森則認爲：「斷絕國交，有影響戰事上的運用，給他一個不宣而戰，有利於我甚多」。會議對此似未作出最後決定❻⓿。

8 月 13 日，淞滬大戰爆發。次日，新組成的國防最高會議舉行第一次會議，會議議決：「一、外侮雖告急迫，政府仍應在首都，不必遷移。二、對日抗戰，但言自衛，不採取宣戰絕交等方式。」❻❶同日，國民政府發表《自衛抗戰聲明書》，宣布「中國爲日本無止境之侵略所逼迫，茲不得不實行自衛，抵抗暴力」。聲明在列舉了「九一八」尤其是「七七」以來日本對中國的種種侵略行徑後，鄭重聲明：

> 中國之領土主權，已橫受日本之侵略；國際盟約，九國公約，
> 非戰公約，已爲日本所破壞無餘。此等條約，其最大目的，在

---

❺❽ 《抗日戰爭正面戰場》，上冊，第 220-221 頁。

❺❾ 《作戰經過》，第二卷，第 67 頁。

❻⓿ 中國第二歷史檔案館館藏檔案，案卷號：七八七・2431。

❻❶ 秦孝儀主編：《中國國民黨九十年大事年表》，臺北，1984 年版，第 338 頁。

維持正義與和平。中國以責任所在，自應盡其能力，以維護其
領土主權及維護上述各種條約之尊嚴。中國決不放棄領土之任
何部分，遇有侵略，惟有實行天賦之自衛權以應之。㊕

　　這樣，中國政府在全面戰爭爆發之後，最終仍未採取絕交宣戰的
步驟，而只是申明其自衛權。簡析其原因，主要有三點：一是希望繼
續獲得列強的物資援助。中國政府擔心一旦宣戰，則可能要承擔其所
謂交戰國的戰爭責任，從而影響中國獲得戰爭物資。因為一旦宣戰，
勢必迫使美國實施禁運軍火的中立法。中國意欲以被侵略國而不是交
戰國的身分出現，以期美國不實行對日有利而於我不利的中立法。此
外，與中國有著重要的軍火交易的德國也不希望中日正式宣戰。在孔
祥熙8月出使德國時，德國經濟部長沙赫特（H. Schacht）就曾對孔
說，只要中日衝突不演變成正式戰爭，德國便可以繼續向中國提供易
貨物資，但如正式開戰，事情就複雜了㊗。
　　二是國民政府不想與日本徹底決裂。因為一旦絕交宣戰，戰爭將
會擴大，兩國間的政治、經濟、文化、外交、社會等方面的關係將完
全斷絕，處於不相往來誓不兩立的狀態，同時也將使戰爭的結束變得
更為困難。國民政府缺乏破釜沈舟背水一戰的勇氣，仍未放棄與日本
達成妥協，以盡快結束戰爭的希望。《自衛抗戰聲明書》仍為和談留下
了一條路，表示「日本苟非對於中國懷有野心，實行領土侵略，則當
對於兩國國交謀合理之解決，同時制止其在華一切武力侵略之行動；
如是則中國仍當本其和平素志，以挽救東亞與世界之危局。」㊙

㊕　復旦大學歷史系編：《中國近代對外關係史資料選輯》，上海人民出版社，
　　1977年版，下卷，第二分冊，第13-14頁。
㊗　程天放：《使德回憶錄》，臺北正中書局，1979年版，第201-202頁。

　　三是不想予日本以放開手腳大幹的便利。因為一旦宣戰，日本便可堂而皇之地行使交戰國的若干權利，特別是強行對中國實行海上封鎖。倘未正式宣戰，日本的封鎖便於法無據，勢必因觸犯英美等列強的海上航行權而引起它們的反應（事實上，英美後來並未對日本的封鎖作出應有的反應，但這是英美本身的妥協所致，是另一回事）。中國政府當時仍期望著英美會對日本的行動有所鉗制。許世英8月13日曾報告說：「聞其（指日本）希望我布告宣戰，俾得實行封鎖海口」**⑥**。既然日本希望中國這麼做，中國政府自然是不能投其所好的。

　　日本方面也曾就是否宣戰問題進行過多次討論。上海戰事爆發後，日本陸軍方面的一些人為了能夠更加放手作戰，主張宣戰，但大部分人不贊成立即宣戰。他們同樣擔心，一旦正式宣布戰爭狀態存在，英美將不得不切斷對其軍需物資的供應。8月25日，日本首相、陸相、海相、外相召開內閣核心會議，討論了宣戰問題。會議認定目前的作戰無疑已是一場戰爭，但宣戰的利害得失錯綜複雜。與會者一致同意暫把宣戰問題擱置起來，不採用宣戰書的形式，而以即將召開的日本議會的開幕式詔書來表明日方的立場。

　　9月4日，日本第七十二屆議會開幕。按照四相會議決定，用以代替宣戰詔書的開幕式詔書在一定程度上體現了前者的功能。該詔書聲稱，「為促使中華民國醒悟，迅速確立東亞之和平」，「近朕之軍人正排除萬難發揮忠勇」。詔書號召「帝國臣民配合今日之時局，忠誠奉公，同心協力，達到所期待之目的。」**⑥⑥**

　　9月中旬，近衛又派官房長官與日本陸、海軍方面商量宣戰問題。

---

⑥④　《中國近代對外關係史資料選輯》，下卷，第二分冊，第14頁。

⑥⑤　《盧溝橋事變前後的中日外交關係》，第272頁。

⑥⑥　《中國事變陸軍作戰史》，第一卷，第二分冊，第33頁。

軍方認爲，「宣戰固然能阻止中國與第三國的貿易，但日本從國外輸入軍需物資也將變得非常不自由，使得國防力量出現很大的缺陷」。因此，他們的一致意見是「以不宣戰爲好」❻❼。此後，日本軍方和政府部門還成立了專門機構來研究宣戰問題，最後的意見仍是主張暫不宣戰。

---

❻❼　《中國事變陸軍作戰史》，第一卷，第一分冊，第 100 頁。

第二章　無所作爲的中立

第一節　國際社會反應不一

　　中國是一個具有半殖民地特徵的大國，這一特性決定了中國在國際關係中的地位以及中國外交的特殊性。作爲半殖民地，列強在中國分別據有重大權益，這種關係錯綜複雜，牽一髮而動全身，某一強國的異軍突起必將以其他列強的權益的削弱爲代價；作爲大國，它無論是在經濟意義上還是在戰略意義上，在遠東都據有重要的地位。因此，中日之間的衝突乃至戰爭，其影響必定不只局限於中日兩國，它必將引起世界各大國的反應。

　　鑑於列強在中國有著錯綜複雜的利益關係，日本擴大侵華勢必侵犯其他列強的在華權益。中國政府在中日間謀求外交解決並又準備軍事解決的同時，力求引起國際社會對盧事的關注，敦促列強出面講話，企圖藉列強之力迫使日本作出讓步。南京政府的這一想法，在 7 月 12 日蔣介石給宋哲元的密電中就已有明確的表述。該電稱，「平津國際關係複雜，如我能抗戰到底，只要不允簽任何條件，則在華北有權利之各國，必不能坐視不理，而且有關各國外交，皆已有把握。」❶

　　中國不斷向國際社會發出呼籲，表明中國的和平立場，期望能引

---

❶　《作戰經過》，第二卷，第 43 頁。

起列強對中日衝突的關注。7月11日，中國外交部就盧溝橋事件發表聲明，公開表明「中國國策，對外在於維護和平，對內在於生產建設，舉凡中日間一切懸案，均願本平等互惠之精神，以外交方式謀和平解決」❷。7月13日，正在美國訪問的中國行政院副院長孔祥熙在紐約向美國記者發表談話。他指出：「日軍所造成之華北異狀，不僅爲中日兩國政府之煩惱問題，且亦爲世界和平之危機！又不只損害兩國之關係，且亦將破壞各關係國之利益；星火不滅，足以燎原，如火如荼之侵略，苟不加以制止，勢將蔓延及各國」。孔祥熙呼籲各關係國協力改變此種局勢❸。

7月16日，中國向九國公約各簽字政府送交備忘錄，通報盧溝橋事件中日本侵略中國的眞相，指責日本的行爲「實屬破壞九國公約所規定之中國領土主權完整，倘任其發生，則足以在亞洲及全世界產生重大後果」，要求各國政府予以注意。中國政府同時聲明，「中國方面現仍準備談判任何種榮譽之協定」❹。

國際社會對中日衝突的反應最初是比較謹慎的。無論是被中國政府寄予厚望的英、美、法，還是被視爲日本反共伙伴的德國和意大利，都不急於搞清是非表明立場。在這一突發事件面前，它們大都抱著審慎的觀望態度。

英國外交部認爲，現在難以搞清事件眞相，明辨責任所在。因此，7月12日，外交部在議會回答議員的詢問時，表明英國的現時政策是「在我們有更確切的情報之前，最好我們什麼都不說」❺。

❷ 《革命文獻》，第一〇六輯，第250頁。
❸ 《盧溝橋事變和平津抗戰（資料選編）》，第3頁。
❹ 《革命文獻》，第一〇六輯，第254頁。
❺ 《英國外交文件集》(*Documents on Britain Foreign Policy, 1919 -1939*)，倫敦，1984年版。第二輯，第二十一卷，第50頁。（以下簡稱

　　英國政府並不完全相信中國對日本的指責。英駐遠東外交官最初幾天所發回的情報表明，他們並不認爲盧溝橋事件是日方有意挑起的。英國駐日代辦道滋認爲：「日本並不想要這一事件，並不想擴大這一事件，他們現在的態度並不是挑釁性的。」相反，他認爲「和平的結局取決於中國政府節制他們的人民的能力。」英國駐華使館秘書郭萬安 (D. Cowan) 在 7 月 12 日給英外交部的報告中指出：「中國人斷言盧溝橋事變是日本蓄意挑起的，我也應該表明我的看法，情況不是這樣」。郭萬安作此判斷的根據是，事件發生之時日本駐屯軍司令田代皖一郎正重病於天津，日本駐華使館的衛隊遠在通州，參加盧溝橋附近地區夜間演習的大部分部隊也都回到豐臺駐地，因此，日本不會選在此時發起有預謀的攻擊，他覺得「很難說清楚究竟是誰開了第一槍。」❻

　　英國駐華大使許閣森 (H. Knatchbull-Huggessen) 也傾向於認爲，並不是日本有意挑起這一事件，他們也並不想使之擴大。許閣森甚至懷疑是南京政府正在謀求把它的權力擴展到華北省份，並且有進而在將來恢復其在東北權力的意圖。早在盧事前給英外交部的一份報告中，許閣森就曾報告說，中國正在作大規模軍事行動的準備，中國外交部長王寵惠曾聲稱中國「或遲或早將要恢復東北，如有必要將不惜使用武力」。7 月 15 日，中國政府交給許閣森一份聲明，通知說中國已準備戰鬥，現正調兵北上以抵抗日本的侵略。對此，許閣森大爲驚慌，認爲這預示著中國政府已最後決定採取堅決行動以恢復他們在東北的影響❼。

　　DBFP，後列數字分別表示輯/卷，頁數。）

❻　DBFP, 2/21, 160、154。

❼　布雷德福特・李：《英國與中日戰爭, 1937-1939》(Bradford A. Lee: *Britain and the Sino-Japanese War, 1937-1939*)，斯坦福，1973 年版，第 25 頁。

美國政府對於中方指責日本挑釁的聲明也持有懷疑態度。7 月 10 日，美國務院遠東司長亨培克（S. K. Hornbeck）和副司長漢密爾頓（M. Hamilton）在華盛頓會見了正在美國訪問的中國行政院副院長兼財政部長孔祥熙和中國駐美大使王正廷。亨培克稱，考慮到最近幾年來中國在建設方面正取得相當的進步，「對於中國來說，繼續這一進程，把它的注意力和精力都集中在重建的努力上，而不是與外國政府衝突，不是很明智嗎?」。他認為中國應該致力於建設，以至於終於有一天中國政府能處於這樣一種強有力的地位，當它向外國政府提出問題時，它們將不得不傾聽中國的意見。亨培克認為，爭取早日達到這一步才是中國的明智之策❽。

孔祥熙不得體的回答似乎證實了美國人的猜疑。他理應聲明，中國不得不中斷建設去抵抗日本是迫於無奈，事件是由日方挑起，如何選擇將取決於日方。然而，孔祥熙卻不可思議地這樣反駁亨培克的建議，他聲稱，當中國正致力於發奮圖強之時，日本必也在同時進行軍事準備，這樣，「隨著每一年的過去，與中國比較起來，日本將變得更為強大」。從這一回答來看，似乎中國比日本更熱衷於選擇在現在進行戰爭。談話中，王正廷大使亦聲稱中國應採取一種革命性的戰術，他以中國的辛亥革命為例說，如果沒有少數人的果斷行動，就不會有中華民國的建立。漢密爾頓對此表示異議，他指出，個人對於國內問題所採取的革命姿態與一個政府對國際問題所採取的有可能導致戰爭的革命戰術不可相提並論，在自己國內從事革命活動的人，即使革命失敗，也可以一走了之或最多犧牲他個人的生命，但採取導致戰爭的革

命性戰術的政府，卻無法使國家從戰爭中逃走，整個國家都必須承擔戰爭的後果❾。

　　儘管英美政府對於盧溝橋事件的發生有著相似的看法，都認爲並非日軍蓄意挑起的事件，但在如何對待事態的發展上，它們表現出不同的態度。作爲頭號老牌殖民帝國的英國，長期以來在中國享有最大的權益，此時儘管國力相對削弱，但它的在華權益和對中國政府所能產生的影響仍然是第一位的。以對華投資爲例，除去以武力獨占東北的日本外，英國在西方列強中占據遙遙領先的地位。1936 年，英在華資本達 104590 萬美元，而位居第二的美國只擁有 34050 萬美元❿。顯然，在中國發生戰爭，英國的損失在列強中將是最大的。因此，英國政府對盧溝橋事件的發展也最爲關切。英國外交大臣艾登（A. Eden）認爲，雖然事件並非由日方挑起，但日本很可能會擴大事態，利用這個機會來加強他們在華北的地位。外交部副常務次官賈得干（A. Cadogan）也表示，「日本人『現地解決』的保證不禁使我想起六年前的往事，我對他們難以持有太大的信心。」⓫英政府決定暫停籌劃已久的英日修好談判，以作爲對日本的警告。7 月 12 日，艾登在會見日本大使吉田茂時表示，「如果現在北平周圍的局面繼續下去甚或惡化，英國政府認爲這樣的會談是難以進行的。」⓬艾登認爲，如果英國對日本的行動保持沈默，將會鼓勵日本採取侵略性的行動。因此，他在 7 月 21 日進一步公開聲明，只要華北局勢繼續下去，英日關於改善關係的談判將不會舉行。

❾　同上，第 134-135 頁。
❿　吳承明：《帝國主義在舊中國的投資》，人民出版社，1956 年版，第 45 頁。
⓫　《英國與中日戰爭》，第 26 頁。
⓬　*DBFP*, 2/21, 154。

　　中日在盧溝橋地區的衝突在美國並未激起太大的反響。中國這時尚未成爲美國予以認眞注意的地區。正如沙勒（M. Schaller）在《美國十字軍在中國》一書中所說，這時一般美國人心目中的中國，「仍不外是街頭巷尾的洗衣鋪，異國情調的餐館或賽珍珠的暢銷書《大地》中描寫的淡泊寡欲的農民」，生活在那裡的眾多黎民只是些「無足輕重的人們」⓭。美國不想因中國而捲入衝突，它奉行一種避免採取任何行動的觀望政策。7月12日，美國務院在它發布的新聞稿中，不分侵略和被侵略之別而籠統地聲稱：「中日之間的武裝衝突，對和平事業及世界進步將是一個沈重打擊。」在與中日兩國外交官員的談話中，美國始終堅持同等勸告的原則，要求「雙方都應有所節制」。即使在與中國外交官員的談話時也不斷聲言：「任何一方都不能夠承擔得起戰爭所帶來的可怕的代價，任何一方都必須考慮到包括他們自己人民的利益和世界各國利益在內的眾多利益，任何一方都不應把自己投入戰爭」⓮。

　　7月12日，中國外交部致電美國國務院，詢問美國是否可以爲中日調停做些什麼。但是，美國卻擔心美國的主動行動會引起日本的反感。亨培克認爲，美國政府可能採取的任何有關調停的步驟在這個時刻都是「不成熟和不明智的，它將可能惡化而不是緩和局勢」，他建議美國政府「不對中國或日本當局採取任何步驟，並不作任何公開評論」⓯。美國駐日大使格魯（J. Grew）也建議美國不要參與調解，因爲日本人不會贊同任何表明西方大國有權參與遠東事務的舉動。國務卿赫爾（C. Hull）持有同樣的見解，他擔心「一項調停的意圖只會激怒日

⓭　邁克爾・沙勒著、郭濟祖譯：《美國十字軍在中國，1938-1945》，商務印書館，1982年版，第6頁。

⓮　*FRUS*，1937, 3, 148、143。

⓯　同上，144。

本政府並給予其機會以告訴日本人民，西方列強正試圖干預其所謂日本在華的自衛權利」❶ 。於是，美國拒絕了中國的調停要求。

一些美國官員認爲中國難以抵抗日本的軍事力量，他們對中日衝突的發展趨勢表現出一種無能爲力的悲觀，覺得「這齣戲不可避免地要在中國演完，應該告訴中國官員，不能指望美國會有重大的經濟、政治或軍事援助」❶ 。他們主張美國應置身於中日衝突之外。格魯力主不做有可能有損美日關係的事。他在 7 月 14 日給國務院的電報中要求美國政府不要把行動重點放在阻止日本使用武力上，而只要去注意保護美國在華權益。他建議，「只應在下述情況下才對日本的軍事行動提出抗議，即預計這些抗議可能不致惡化局勢，或者在美國公民和財產受到侵害時，或者是從人道考慮必須表示美國官方意見時。」❶

國務院遠東司司長亨培克也持有這種看法。他在 7 月 27 日的一份備忘錄中指出，中日衝突的實質是由誰來控制具有巨大戰略意義的華北，這將取決於這兩國之間的軍事和外交的綜合力量對比。他認爲除了實力以外，其他東西不會有什麼影響，「由於英國和美國都不打算投入任何力量(除了道義勸說之外)，我們難以期望我們的(限於言辭的)行動會產生任何決定性的影響。」亨培克覺得美國在目前和今後只能限於爲和平及美國僑民的安全而呼籲，它應該注意只說那些有助於緩和事態的話，避免去觸怒衝突的任何一方。他認爲英美之間更爲積極的合作行動將無利於事態的發展 ❶ 。

---

❶　赫爾：《赫爾回憶錄》(Cordell Hull: *The Memoirs of Cordell*)，紐約，1948 年版，第一卷，第 535 頁。

❶　《美國十字軍在中國》，第 16 頁。

❶　*FRUS*, 1937, 3, 166。

❶　同上，279-280。

　　美國既不願採取任何實際行動，以免得罪日本，又不願看到日本依仗武力在中國肆意妄為。因此，它熱心於發表道義原則上的聲明，要求中日雙方都遵守國際社會所認可的準則，以維護在中國的正常經濟生活秩序。7月16日，赫爾向包括中、日在內的白里安—凱洛格非戰公約各簽字國政府發出聲明。聲明認為，目前在世界若干地區存在著緊張局勢，「表面看來，這僅僅牽涉到鄰近的那些國家，但它歸根結底必然會涉及整個世界。武裝衝突已經發生或即將發生的形勢，使所有國家的權利和利益都受到了或將會受到嚴重的影響。」美國自然也不例外。聲明指出，「世界上的任何嚴重的敵對行為，無不以這樣或那樣的方式影響美國的利益、權利和義務。」為此，美國政府感到有必要闡明它對於它所深為關切的國際問題和國際形勢的立場。聲明簡要列舉了美國希望能得到普遍遵守的國際準則，其主要內容有：在本國和國際上自我克制；在推行政策時不使用武力，不干涉它國內政；通過和平談判和協商的途徑，調整國際關係中的有關問題；信守國際協議；維護條約神聖不可侵犯的原則；貿易機會均等等等❷⓿。

　　七一六聲明避免對違反國際公約的國家提出直接的明確的指責。這樣的聲明效果如何呢？正如赫爾在其回憶錄中所說，「六十個國家很快對這些原則給予充分支持。可笑的是，其中包括德國、意大利和日本」。但也有國家提出批評意見，如葡萄牙就認為這是「用含糊的公式作為解決重大國際問題的舊習」❷❶。

　　其實，美國此時並沒有促使聲明的原則付諸實現的行動計劃。在聲明發表後的一次新聞發布會上，有記者問赫爾，是否存在著援引九國公約的可能性。赫爾回答說，在遠東的局勢混亂得讓人無法弄清楚

❷⓿　*FRUS*, Japan, 1931–1941, 1, 326。

❷❶　《赫爾回憶錄》，第一卷，第536頁。

那裡所發生的事情的時候，如果美國或其他國家以「贏家的地位」出場，談論援引九國公約，這只會嚴重損壞和平解決的前景㉒。

在這同時，與日本簽有反共產國際協定、近年來對日關係日趨緊密的德國，對中日衝突也表現出中立的姿態。7月14日，德國外交部長牛拉持（B. K. Neurath）分別會見了日本駐德國大使武者小路和中國駐德國大使程天放。牛拉特表示，「德國政府覺中日間有此衝突，深爲不幸，甚盼能和平解決，否則非世界之福。」當程天放詢問，如果衝突擴大，德國將持何種立場時，牛拉特向程天放保證，「德政府對雙方都很友好，必然採不偏不倚的中立政策……，德國決不致幫助日本來壓制中國。」牛拉特並表示他相信「如英美切實合作，可消除遠東及世界危機。」㉓

由於德日簽有反共產國際條約，這使中國政府難以釋懷。因此，德國數次向中方對這一條約的適用性作出解釋。7月16日，德外交部政治司司長威澤克（E. Weizsäcker）在與中國使館參贊譚伯羽的談話中聲明，日德條約純粹爲防共性質，其作用在精神方面，和中日糾紛決不發生任何聯繫。在表示中立態度的同時，德國還伸出觸角，探求中日妥協的可能性，但由於日本的拒絕，旋即中止。

與西方列強比較起來，蘇聯對盧溝橋事件的判斷則要敏銳得多，它立即意識到這是日本的侵略行動。7月11日，蘇《眞理報》發表了一篇題爲〈盧溝橋事件〉的評論，評論指出，「日本軍閥企圖在華北進

㉒　多夢西・博格：《美國與 1933-1938 年間的遠東危機》（Dorothy Borg: *The United States and the Far Eastern Crisis of 1933-1938*），劍橋，1964年版，第 291 頁。

㉓　《盧溝橋事變前後的中日外交關係》，第 504 頁；程天放：《使德回憶錄》，臺北，1979 年版，第 198-199 頁。

行一次新的挑釁」，「日本軍閥企圖消滅南京政府在華北日益擴大的影響，並強迫華北當局接受日本的要求，以便使南京政府承認這一新的既成事實」❷❹。

　　7月13日，中國立法院院長孫科會見了蘇聯駐華大使鮑格漠洛夫（Д. Богомолов），孫科對局勢的發展表示擔心，預言「衝突的規模越來越大，可能引起大的麻煩」。孫科通報說，中國政府決定不再退讓領土，並已向河北增兵。他個人認爲衝突可能發展爲中日間的公開戰爭❷❺。

　　7月16日，鮑格莫洛夫致蘇聯外交部的一份電報，比較準確地評估了目前的局勢及發展趨勢。該電判斷「蔣介石會想盡辦法與日本人達成妥協，甚至不惜多少丟點臉面，……中國政府派兵河北具有很大的威懾成分，並爲今日開始的天津談判助威」。他推測，如果日本人的目的只限於取得一些經濟效益，並改善戰略地位，中國政府會讓步，日本會達到目的。但如果日本人要援殷汝耕之例，馬上建立冀察自治區，並調集大批日軍，中國就只好背水一戰，奮起抵抗❷❻。

　　隨著事態的發展，蘇聯進一步認識到，日本之志絕不僅限於控制華北。7月22日，蘇官方通訊社塔斯社轉發了《消息報》的一篇評論，指出華北事件是「日帝國主義經長期周密布置的征服中國第二階段計劃之初步」，種種跡象表明日本還將侵入華中和華南。文章還批評了西

❷❹　安徽大學蘇聯問題研究所、四川省中共黨史研究會編譯：《蘇聯「眞理報」有關中國革命的文獻資料選編》，第三輯，1937.7-1949，四川省社會科學院出版社，1988年版，第25頁。

❷❺　《蘇聯外交文件集》（Документы внешней политики СССР），莫斯科，1976年版，第二十卷，第375-376頁。（以下簡稱 ДВЛСССР，後列數字分別表示卷、頁數。）

❷❻　同上，第384-386頁。

方列強的消極態度，指出「形勢如此，而仍企圖邀得日方軍閥之承諾，使其業已開始的擴張計劃局部化，尚有何用?」❷

蘇聯是世界大國中唯一在亞洲擁有大片國土且與中日相鄰的國家。由於它的地理位置和它與日本長期敵對的歷史，中蘇在制止日本的擴張方面具有共同的戰略利益。因此，蘇聯除了在輿論上給中國以道義支持外，還積極謀求國際社會的集體行動，並就物資援助問題開始與中國的政府進行秘密商談。但蘇聯的援華活動也頗注意把握分寸，例如，它拒絕了中國要求簽定中蘇互助條約的建議，而主張簽定互不侵犯條約。本書第四章將展開論述這一問題。

第二節　最初的調停努力

7月13日，中國向英、美、法、蘇等國政府提出正式要求，希望他們爲中日間的和解提供幫助。法國政府表示了比較積極的態度，原則上同意促成中日和解，並指示其駐華和駐日使館，準備配合其駐在國的英國大使，共同向駐在國提出建議。法國並將此意迅速通知了英國政府。

英國政府決定同時向中日雙方提出建議，希望雙方停止採取使衝突升級的新的行動，並表示英國願意在中日談判中提供它力所能及的幫助。同時，艾登電告英國駐美大使林賽(R. Lindsay)，令其詢問美國國務卿赫爾，美方是否願意採取合作行動。顯然，英國希望出現幾個大國共同在中日間居間調停的局面。7月14日，艾登授權道滋，一旦他得知美國大使從美國國務院獲得與英國共同行動的指示時，他就

---

❷　《革命文獻》，第一〇六輯，第 337-338 頁。

可以立即行動，而不必等待政府的指示。同時他又指示道滋不要單獨提出要求。

但是，美國政府不願意採取聯合行動。7 月 14 日，美國務院答覆說，美國完全同意英國關於促成中日和平解決的想法，美國願意採取「平行的而不是完全一致的」行動。他們認為這樣的合作將比聯合行動更加有效，更不致事與願違。美國務院並通知英方，美國已在中國和日本採取了有關的行動❷。

由於美國不願聯合行動，英國外交部便認為，在這種情況下，他們不宜與法國人一起行動。賈德干擔心「如果我們與法國人一起行動而沒有美國參加，就會給人以一種不夠團結一致的印象」，他主張英國「最好單獨行動」❷。艾登同意賈德干的看法，遂指示道滋在東京單獨行動，然後再通告法國駐日大使如此行動的理由。

英國駐華大使許閣森也在中國展開了活動。7 月 15 日，許閣森在會見中國外交部長王寵惠時說，根據他的判斷「日本並不欲擴大事態至成為全面戰爭，但如情形迫不得已，亦只得擴大」。同時他表示相信「中國亦無擴大之意」，「雙方似均不欲擴大事態使其成為全國的局面」。他並帶有勸告意味地說：「中日如果開戰，在初時中國或可稍勝，但最後必歸失敗」❸。

7 月 12 日，王寵惠外長會見日本大使館參事日高信六郎，提議雙方停止軍事調動，並將軍隊撤回原地。日對此提議未作反應。同日晚，許閣森與王寵惠再度會晤。王寵惠提出，中日雙方是否可以確定一個日期，雙方停止軍事調動，將前方軍隊撤回原防。英國能否幫助轉達

---

❷　*DBFP*, 2/21, 158。

❷　同上，159。

❸　《盧溝橋事變前後的中日外交關係》，第 470-471 頁。

中國政府的這一意見。許閣森表示此事須向英外交部請示。

艾登擔心捲入中日糾紛，他在致許閣森電中重申：「我們不允許我們被作爲一個調停人而捲進來，除非雙方都明顯地希望英國這樣做，但迄今爲止沒有任何跡象表明日本願意接受我們的（實際上是任何人的）調停」**❸❶**。他認爲中方關於停止軍事調動的建議應該毫不延遲地經由中日間正常的外交渠道向日本提出。同時，他又向許閣森祕密透露，他將要求道滋以敍述英國駐華外交官從中國政府那兒得到的印象的方式間接地向日本政府提出中國的這一想法，並囑咐許閣森不得讓中國政府知道此事，而由他們直接向日本提議。

於是，中國外交部向日方提出照會，表示「願重申不擴大事態與和平解決本事件之意，再向日本政府提議，兩方約定一確定之日期，在此日期，雙方停止軍事調動，並將已派出之武裝隊伍撤回原地。」**❸❷**但日本拒絕了中國關於暫停調動軍隊的提議。

面對日本頑固拒絕與中國中央政府交涉的態度，7 月 21 日，許閣森在給道滋的電報中發出了這樣的警告：「如果日本政府以爲中國人的態度中有虛張聲勢的成分，那他們就要犯大錯誤」，「如果日本政府堅持同華北地方當局交涉以排斥中央政府，他們就必須意識到戰爭將不可避免。」**❸❸**

確實，中國方面這時發出了退無可退只得抵抗的明確信息。7月19日，中國政府公開發表了蔣介石於 17 日所作的盧山講話。蔣介石表示事態究竟如何演變，關鍵在於日本，「盧溝橋事件能否不擴大爲中日戰爭，全繫於日本政府的態度；和平希望絕續之關鍵，全繫於日本軍隊

❸❶　*DBFP*, 2/21, 167。

❸❷　《盧溝橋事變前後的中日外交關係》，第 203 頁。

❸❸　*FRUS*, 1937, 3, 231。

之行動」❸。盧山講話是若干年來中國政府方面所發表的第一次態度比較堅定的講話。列強注意到了這一信息，認爲中國政府已決心進行軍事抵抗。

鑑於中日間的事態日趨嚴重，英國首相張伯倫(N. Chamberlain)和外交大臣艾登經過磋商後決定，再次尋求美國的合作。7 月 20 日，艾登致電林賽大使，令其盡速會見赫爾，陳述遠東局勢的嚴重性，要求美國與英國一起對中、日政府交涉，以使他們「1.發布停止所有部隊調動的指示；2.贊同美國政府和我們提出的旨在結束現存對峙局面的建議」❸。

同日，艾登會見了美國駐英大使賓厄姆 (R. Bingham)，表示「我們願意與美國政府在它所願意採取的任何步驟上進行合作。如果美國政府有什麼更進一步的建議，我們非常樂意予以考慮」❸。他對賓厄姆解釋說，英國不想單獨採取進一步的行動，因爲英國駐東京大使館發來的電報表明，在日本人中已經形成了英國政府比美國政府更爲關切中國局勢的印象，產生這種印象是英國所不願看到的。因此，艾登強調英美採取共同行動的必要性。

然而，美國國務院認爲，日本軍方已控制了文官政府，現在什麼東西也阻擋不了他們。英美的聯合行動只能使已經絕望的局面更形惡化。因此，美國務院在 7 月 21 日給英國的一份備忘錄中答覆說，「根據我們得到的所有情報（我們相信英國政府也得到了許多同樣的情報），我們認爲我們兩國政府在平行路線上所採取的行動是眞正合作性的。兩國政府在繼續共同努力以改變敵對狀態時，應各自以自己的方

❸　《先總統蔣公思想言論總集》，第十四卷，第 582-585 頁。
❸　*DBFP*，2/21，180。
❸　同上，181。

式再度敦促日本和中國政府認識維護和平的重要性」❸❼。同時，美國通知英國，赫爾已在華盛頓會見了日本和中國駐美大使，向他們指出，中日之間的敵對狀態將是對它們以至整個世界的一場災難，要求兩國政府作有效的克制。

於是，英國第二次要求聯合行動的提議又告擱淺。事已至此，英國也只得單獨行動。艾登即於當天會見了日本大使吉田茂，稱英國對遠東局勢頗爲關心，「英政府重視和平解決」。艾登請吉田茂轉告日本政府：「爲日本自己和遠東全局之利益，務必用全力自予節制。」艾登並說，如果東京認爲中國的抵抗只限於口頭，「如此看法實屬錯誤」，因爲他得知，儘管中國極願和平，但中國的忍耐終究有一限度，超過這一限度，便不能再忍了❸❽。

隨著時間的推移，日本的侵略意圖越來越明顯，原先曾強調中國有戰鬥意圖的許閣森，現在也開始改變他的觀點，認爲中國政府是願意與日本談判的，但它不想聽由日本人摧毀它在華北的統治，而且國內輿論也不允許它向日本屈服。問題的關鍵在日本，日本軍方正在擴大事態，日本堅持「現地解決」就是要奪取冀察的控制權，而這將必然要引起中日間的戰爭。賈德干、艾登等外交部首腦也認爲日本具有侵略意圖。美國駐華武官史迪威（J. W. Stilwell）的報告這時也傳到了美國國內。史迪威認爲，蔣介石並不想打仗。他警告說，日本的目標是要占領天津、京山鐵路並控制北平，」「現在日本將要完成其大陸計劃的另一步的可能性非常巨大」❸❾。

---

❸❼　同上，184。
❸❽　《盧溝橋事變前後的中日外交關係》，第 474 頁。
❸❾　《美國軍事情報部門的報告，中國，1911-1914》（*United States Military Intelligence Reports, China, 1911-1941*），縮微膠卷第二卷，0673 號。

　　在這同時，中國方面不斷向英美提出調解的請求。7 月 21 日，蔣介石會見許閣森，表示中國方面希望和平解決，但「吾人對於日人無信用，最好請許大使爲中間保證」，「現在局勢只有英、美從中設法，或可變爲和緩，東亞和平亦可維持，請大使即電政府」。24 日，蔣介石再次會見許閣森，表示「此次宋哲元將軍所簽訂之三條件爲敝國政府對日之最後讓步」，「經此退讓後，日本再在華北或敝國其他領土內掀起事變，則其居心侵略，違背信義，不僅敝國所不能忍受，即世界任何主持公道維護正義之國家，亦不能坐視」。蔣介石指出日本正在增兵，事態將進一步擴大，日本人必將提出強硬苛刻的最後通牒，「敝國必不能接受，必致釀成戰爭，故預告貴大使，請轉告貴國政府，約同美國一致設法，事先預爲防止。」❹

　　蔣介石還要求正在英國訪問的孔祥熙在英國積極展開外交活動。7 月 25 日，蔣介石致電孔祥熙，指出「此時必須國際空氣對日監視警戒，英美暗示其非速了不可之意，或可消患於無形」，要求孔祥熙根據這一情況設法推動英美出面干預❹。

　　7 月 25 日，蔣介石又會見了美國駐華大使詹森（N. Johnson）。蔣介石詢問美國政府爲何不與英國聯合勸告日本，詹森答稱：「美國政府政策，受國會態度與中立法之支配」，「美國的行政部分不能不照立法部分之政策施行」。他表示美英不能聯合行動，但願意採取單獨和平行的行動。蔣介石告訴詹森，中國的讓步「已到最後限度，若日方再提其他要求向我威逼，我方決難接受，惟有出於一戰」，「現在應請美政府與英國協商，警告日本，預阻其再向中國提出任何要求。否則局

---

❹　《盧溝橋事變前後的中日外交關係》，第 473-474 頁；《先總統蔣公思想言論總集》，第三十八卷，第 74-75 頁。

❹　《作戰經過》，第二卷，第 66 頁。

勢危急，戰禍必不能免。」蔣介石並指出，美國作爲九國公約之發起國，無論在法律上還是在道義上都有協助制止日本之義務❷。緊接著,蔣介石又陸續會見了德國、法國和意大利駐華大使，表示中國希望和平，請各國盡調解之力。

　　7月28日，英國內閣會議討論遠東問題。張伯倫首相認爲，英美間聯合行動可能比同時的平行行動更有效果，即使戰爭降臨，仍值得一試。同日下午，艾登會見賓厄姆，指出華北局勢正急劇惡化，英美共同行動的時機已經到來。要求美國再次考慮英國的建議。

　　7月30日，賓厄姆奉命要求艾登說明英國將提出什麼樣的建議，並提出美方的建議，即要求包括日本人在內的所有的外國人，無論是軍人還是平民，以及所有的中國軍隊都從北平撤出。英國不贊成美國的這一提議,認爲現在要求日本軍隊從北平撤出他們的軍隊是徒勞的。艾登建議英美共同促成中日間的談判，並幫助克服和談中可能出現的困難。

　　這一次，美國接受了英國的意見，同意由格魯和道滋在東京分別向日本政府作非正式的提議。然而英美的提議被日本婉言相拒，日本外相廣田弘毅聲稱，日本正在與中國進行有關談判的接觸。

　　就這樣，在衝突爆發後的最初一個月中，英國的三次聯合行動的提議均是無結果而終。不難看出，美國對於這次遠東衝突的反應明顯比英國消極。這與1931年「九一八事變」時恰好相反。那時美國豎起「不承認主義」的旗幟走在前面，但英國卻不予積極配合，致使美國對此一直耿耿於懷，並成爲其以後一直小心謹愼不願再拋頭露面的一個重要原因。美英態度的差別從格魯的日記中也可明顯地感覺出來。

---

❷　《盧溝橋事變前後的中日外交關係》，第423-424頁。

格魯頗有幾分快意地評論說:「幽默家對 1931 年與 1937 年之間的形勢徹底顛倒過來會感到幽默。那時是我們站在臺前, 而英國人卻不願追隨, ……現在, 本政府正在非常聰明地玩牌, 或捏牌不放」。格魯並有幾分得意地寫道:「據我及我們這裡所有的人看來, 日本政府真誠贊賞我國政府自此次衝突開始以來的態度和行動」,「只要廣田有機會寫信給我, 他總要加上一句贊賞美國人(在目前的衝突期間)堅持對日本友好態度的話」❹。

中國政府對美國的態度多次表示不滿。7 月 16 日, 中國外交部次長徐謨會見美國駐華使館參贊裴克 (W. Peck) 時提醒說, 在當前的爭端中, 英國政府比美國積極, 這與「九一八事變」後的情形正好倒了過來。徐謨認為, 遠東的重大衝突一定會產生嚴重的世界反響, 美國很難避開它。他詢問裴克, 對美國來說, 致力於消除這樣一種衝突是否真的不如主張孤立更為明智?

蔣介石在 8 月下旬通過他人向羅斯福 (F. D. Roosevelt) 轉達了他的看法。他直接地抱怨說:「對於美國未與英國合作, 努力防止目前能夠通過對日本和中國的聯合交涉予以防止的危機, 我真感失望。中國和世界將銘記 1931 年西蒙 (J. Simon) 在東北問題上未能與美國合作, 而現在英國人將銘記美國的不合作。美國不應喪失它在世界上作為國際正義支持者的威望, 如果它繼續推行史汀生 (H. L. Stimson) 政策, 目前的衝突將不會擴展到包括美國在內的其他國家。」蔣介石表示,「我並不想讓美國捲入戰爭, 但我盼望它能維持其在太平洋的地位及該地區的和平。現在採取行動, 還不太遲, 我相信美國能為永久和平作出公正的解決。」❹

❹　《美國與 1933-1938 年間的遠東危機》, 第 294-295 頁。
❹　*FRUS*, 1937, 3, 460-461。

　　然而，必須指出，英國人所要進行的聯合行動，並不是想以強制力量對日本的侵略行爲進行干預。這在艾登與賓厄姆的談話中表述得十分清楚。艾登說他的建議只是爲中日雙方的和解提供幫助而已，它「在任何意義上都不構成干涉。任何干涉的姿態都可能激怒日本的輿論並加強軍方的地位，它還會鼓勵中國政府認爲美國政府和英國政府企圖採取積極的措施以限制日本」❹。

　　實際上，英國政府並不想走得太遠。7 月 20 日，賓厄姆曾以個人意見向英方提出實行貨物禁運的建議，他覺得「當前局勢極爲嚴重，如不能作出努力以制止日本的侵略，那麼不僅我們兩國與中國的貿易即將完結，而且兩國在遠東擁有的大量投資亦將喪失殆盡」，他主張英美停止與日本的一切貿易往來。艾登隨後把賓厄姆的建議向張伯倫作了報告。張伯倫表示，他希望不要再研究賓厄姆的建議了，因爲「這個建議很像制裁，它肯定會使日本產生敵對情緒，會損害我們和它的關係，會使我們在遠東耗費數百萬英鎊來搞防禦措施。我們的建議不應包含這樣一些可議之處」❻。賓厄姆的意見當然不會得到美國政府的批准，但由此可以看出，英國所說的聯合行動的程度其實是很有限的。英外交部顧問普拉特（J. T. Pratt）曾經很坦率地指出：「除武力外沒有任何東西能夠限制日本，而無論是我們還是美國人都不準備使用武力。」❼

　　8 月上旬，蘇聯曾表示它願意與英國一起參加反對日本的集體行動。但是英外交部認爲，蘇英之間的合作只能「作爲一種最後手段」。

❹　*DBFP*, 2/21, 206。
❻　安東尼・艾登著、武雄等譯：《艾登回憶錄》之《面對獨裁者》，商務印書館，下冊，第 953-954 頁。
❼　《英國與中日戰爭》，第 32 頁。

英國不願讓蘇聯干預東亞事務，尤其是當他們得知中蘇正在靠攏，中國正在積極尋求蘇聯的援助時，他們更覺憂慮。英國擔心蘇聯在中國影響力的增加，將會削弱英國在中國的地位，就像二〇年代中國大革命時期那樣。英還擔心蘇聯的干預會促使德國和意大利採取積極的干預行動。因此，英國不願尋求蘇聯的合作，外交大臣艾登直率地對蘇駐英大使表示：「在現時條件下，任何蘇聯的參與，將促使情況更趨複雜而於事無補」⑱。

　　比較起來，中國政府對英國寄予比較大的希望。8 月上旬，中國外交部長王寵惠和蘇聯駐華大使鮑格莫洛夫的一次談話即反映了中國政府的一些想法。王寵惠在談及列強對中日衝突態度時評論說：「美國持完全不干預態度，拒絕任何集體行動；英國在設法阻止日本進一步侵華，英國已對日聲明，兩國之間暫時停止任何談判。中國政府相信，英國會盡可能讓日本對中國的侵略不超過「一定的界限」⑲。

　　確實，英國對於中日衝突的反應要比美國積極些，但英國的行動也是有「一定的界限」的，它絕不會超出這個界限去採取有效的強硬行動。因此，當日本一意孤行，決意不理睬英國在說什麼時，英國也只得無可奈何地呆在一旁。不久，事態的發展便證明了這一點。

　　八一三後，上海又燃起了戰火。上海是中國現代經濟的中心，也是英美等列強在華利益的最為集中的地方。上海的戰爭不僅將使中日間的矛盾更加激化，而且，會大大損害英美在華利益。因此，英美積極尋求調解上海的衝突。8 月 31 日，英、美等五國駐滬領事提出了第一個調停計劃，提議日本撤回他們派往上海的增援部隊和艦艇，只留

---

⑱　中國社會科學院近代史研究所譯：《顧維鈞回憶錄》，第二分冊，中華書局，
　　1985 年版，第 459 頁；*FRUS*, 1937, 3, 460。

⑲　*ДВПСССР*, 20, 436-437。

下一支警備隊保護僑民。同時，中國也把正規軍撤至戰前的駐地，把保安隊撤至公共租界兩英里之外，在撤防地區只留下警察。對此，日本表示拒絕。他們聲稱日本軍隊需要在上海保衛它的兩萬僑民。中國則提出由列強充當日本執行協議的保證人的要求。

　　不久，英、美等五國大使又在南京設計出第二個計劃。他們認爲日本軍隊進駐上海地區，只會給日本僑民帶來危險。因此，他們要求中、日軍隊同時撤退，而由西方國家幫助日本從上海撤出它的僑民。當中國軍隊撤離完畢後，這些日本僑民再返回原地。但這一計劃未能正式提出，因爲上海的領事們認爲這一計劃不可能被日本所接受。

　　但是，英國人以此爲基礎形成了第三個計劃。8 月 18 日，英國向中日雙方提出撤兵建議，表示如果中日兩國政府同意從上海地區撤出包括軍艦在內的軍隊，並同意將公共租界和越界築路地區的日本僑民保護委託外國當局，如果其他大國願意共同參加，英國政府將準備承擔這一責任。日本人拒絕了這一建議。19 日，日外務次官崛內謙介會見英駐日代辦道滋，遞交了日本的拒絕覆文，聲稱：「日本僑民之生命財產，瀕於萬分危險……，帝國政府對於此等多數僑民自有加以保護之重大責任，而不便以其責任委諸外國。」日本認爲列強在上海的軍隊人數太少，不足以保護兩萬日本僑民。日本還指稱中國違反了 1932 年的停戰協定，派兵進入非軍事區，從而引發上海戰事。它要求各國「促使中國撤兵」❺⓪。

　　8 月 20 日，英外交部訓令道滋向日本指出拒絕接受調停的後果：「日本政府必須意識到英國的輿論以及整個世界輿論已必然地把上海事件的發展主要歸咎於日本在那裡的行動。因此，英國政府認爲，日

---

❺⓪　《盧溝橋事變前後的中日外交關係》，第 513-514 頁。

本政府尤其應義不容辭地協助採取結束這一對它國人民具有潛在災難的事態的行動。」(51)。

然而，日本政府依然拒絕英國的建議，繼續擴大它在上海的戰爭行動。對此，英國人頗感憤怒，但又無可奈何。正如駐華英軍總司令李特（C. Little）所悲嘆:「這對白種人來說是一種恥辱。白種人尤其是英國人苦心經營建立起了這座美好城市。它是遠東的一顆明珠。但他們現在卻沒有力量去阻止日本人破壞它或利用它」。普拉特則認爲日本人必定在上海戰鬥中取得勝利，而日本的勝利將意味著「英國在這一地區的利益的終結」(52)。

對於中日戰爭的擴大，美國的反應是重申「七一六聲明」的原則。國務院在 8 月 23 日發表的聲明中再次強調指出了「七一六聲明」原則的普遍意義。這種聲明對日本政府自然不會產生什麼影響。它站在完全中立的立場上表示,「我們不想評判爭端的是非，我們呼籲各方不要訴諸戰爭」,「從當前的遠東爭端一開始起，我們就努力勸告中日雙方政府，重要的是避免軍事行動，維持和平。」聲明唯一有意義的也許是它隱約包含的「和平不可分割」的觀點，這是一個尚未爲當時世界的政治家們所眞正認識的國際關係命題。只有美國及其他各國政府深刻地意識到這一點，它們才會在遠東採取積極的行動。歷史證明，這一認識過程是緩慢的，8月23日的聲明是其中的一級階梯。聲明指出:「世界上任何一個地方產生對立的威脅，或者存在嚴重的對立，總是關係到所有國家」,「當前太平洋地區的局勢與本國政府有著重大關係，它遠遠超出僅僅保護美國僑民和利益的直接問題」。聲明主張「各方按照那些不僅我國人民而且世界上大多數民族都認爲應支配國際關係的

(51) *DBFP*, 2/21, 258。

(52) 《英國與中日戰爭》，第 39 頁；*DBFP*，2/21, 263。

原則，解決他們之間的分歧」❸。

第三節　「中立」下的退卻

　　日本在中國的侵略行動不僅給中國人民的生命財產帶來巨大破壞，而且它勢必要侵犯其他列強的在華權益。對此，其他列強顯然是不樂意容忍的。然而，從本國的全球戰略以及遠東的力量對比考慮，列強不得不奉行了一種謹慎的、其實質是在日本的進攻面前步步退讓的中立政策。

　　從主觀願望來說，英國非常想對日本的行動進行某種限制。然而，英國在遠東的力量與日本比起來實在是微不足道，它只是在香港和馬來亞駐有數量不大的陸軍和空軍，在中國的北平、天津、上海等地有少量派遣部隊。作爲其遠東主要力量支柱的海軍遠東艦隊只擁有6艘巡洋艦、1艘輕型航空母艦、10艘驅逐艦、17艘潛艇及一些補助船隻❸。儘管整個英國海軍的實力居於世界第一，但它難以從歐洲向遠東增派艦隻，正如其海軍參謀長查特費爾德上將 (E. Chatfield) 所指出的那樣，只有英國的海軍力量才能夠令日本生畏，具有限制日本的作用，但任何派到遠東的戰艦「必須具有能夠擊敗日本海軍全部力量的足夠的兵力」，如果英國只派兩艘戰列艦去遠東，這只會誘使日本去攻擊它，而不是向它屈服。然而，如果英國派遣八、九艘戰列艦去遠東，那將會在歐洲的水域造成眞空❸。權衡輕重，英國在亞洲只得處於消

❸　*FRUS*, Japan, 1939-1941, 1, 355-356.

❸　尼古拉斯·克利福德：《退出中國：英國的遠東政策》(Nicholas R. Clifford: *Retreat from China, British Policy in the Far East, 1937-1941*)，西雅圖，1967年版，第14頁。

❸　《英國與中日戰爭》，第88頁。

極應付的地位。於是，它不情願地打起了「中立」的旗號以逃避它理應承擔的責任。

由於各種歷史的、地理的、現實利益與實力等因素的影響，早在戰前就已立下《中立法》的美國，對於遠東衝突更是奉「中立」為圭臬，惟恐惹火燒身。於是，在中立的最高原則下，英美步步退讓，不僅對日本的侵華活動得裝作視而不見，就是對日本對其在華權益的侵犯也盡量忍讓，惟恐惹惱了日本。

8 月 25 日，日軍宣布封鎖從北緯 32°4′東經 121°44′到北緯 23°14′東經 116°48′（即從上海到汕頭）的中國沿海。在封鎖區內，中國船隻自是無法行駛，外國商船也須停船接受檢查，以確認其所屬國籍和檢查所載貨物，如日本認為該船運載的是戰時走私貨物，它將予以扣留，並享有優先購買權。鑑於日本未對中國正式宣戰，日本這一對第三國船隻的非法阻攔行動便破壞了英美所一直標榜追求的「通商自由」和「航海自由」的原則，它也是對英美尊嚴的一種挑戰。

由於中國海軍力量極其薄弱，日本的這一封鎖政策能否取得成功，很大程度上將取決於英美的對策。但是，英美政府並不想積極地應付這一挑戰。8 月 28 日，英外交部的一份內部備忘錄表明了英國的底牌：「我們不能抵抗，或保護我們的船隻，因為我們不準備對日本使用武力」**⑤**。英國人認為唯一能使日本人改變或推遲實施這一封鎖令的辦法，就是美英一起行動，要求日本人澄清他們的態度。

但美國竭力避免在船隻通航問題上與日本發生衝突。它於 8 月 31 日拒絕了英國關於共同行動的要求，認為由於日本已多次聲明封鎖並非針對第三國船隻，只禁止中國船隻航行而不禁止外船，因此再對日

---

⑤　*DBFP*, 2/21. 268。

本進行詢問是不明智的。赫爾建議保持沈默，對日本不作任何表示。

8月30日，法國駐英代辦康蓬（R. Cambon）詢問英國政府對於日本要求檢查外船國籍的對策。31日，艾登通知康蓬說，如果「只是爲了鑑別國籍」，英國政府準備同意讓英國的船隻停船接受檢查❺❼。9月2日，英內閣會議討論了這一問題，決定接受日本的要求，同時保留對因停船延誤所帶來的損失要求賠償的權利。

日本得寸進尺，9月5日進一步宣布擴大封鎖水域，將除遼寧、青島以外的全部中國沿海都列入封鎖範圍，並要求外國輪船公司將他們在中國領水內的航線通知日方，其船隻應按日本軍艦的要求出示證件以供檢查。

9月8日，英內閣會議經過討論，決定通知日本政府，儘管英國政府不承認日本政府有採取這類行動的任何權力，但它仍準備同意對在英國註冊的船隻進行甄別檢查。

在美國，以日本發布封鎖令爲契機，孤立主義勢力進一步發動宣傳攻勢，要求實施《中立法》，以免像上次世界大戰那樣被意外事件捲入中日戰爭。《中立法》的條款對工業基礎薄弱的中國極爲不利，中國方面極力表示反對意見。9月10日，王正廷大使在與赫爾的談話中表示，中國正在爲自己的生存而戰，也是在爲門戶開放的原則而戰，因此，它需要來自友好國家尤其是美國的物資。王正廷指出，中國只要能繼續從國外得到軍事物資，它就能勝利地抵抗日本。但赫爾回答說，由於美國國內輿論和立法機構的壓力，他無法告知這一方面的政策發展。

美國政府反對實施完全失去外交回旋餘地的中立法，但它又不得

---

❺❼　*DBFP*, 2/21, 286。

不對輿論對國會作出一定的讓步，同時它也不想因偶然事件而捲入衝突。於是，美國政府於 9 月 14 日發布了一項妥協性的聲明，內稱「此後凡屬美國政府的商船，在有進一步的指示之前，不得向中國或日本運送任何種類的武器、彈藥或軍事裝備，……其他懸掛美國國旗的商船，在有進一步指示之前，如企圖運送上述物資去中國和日本，一切風險自負」**❺❽**。

美國的這一聲明，受到了中國方面的尖銳批評。9 月 16 日，宋美齡親自起草了一份題爲〈令人失望的美國態度〉的新聞稿，批評美國政府推卸維護條約責任的做法，對美國此舉表示「驚駭與失望」。宋美齡並警告說，美國如繼續妥協下去，則「結果不獨爲中國之悲劇，亦將爲世界之大患」**❺❾**。17 日，中國駐美大使王正廷會見美國國務卿赫爾，就此事提出抗議。

美國的這一做法也受到了英國外交官的批評，認爲它顯示了美國「過於膽怯」。賈德干指出：「這是由於他們盲目害怕被捲入某一事件，……這是一次糟糕的表演，對我們是一次警告，它提醒我們注意——如果這是必要的話——從他們那裡可以期望得到什麼」**❻❿**。

英美接受封鎖令的事實，無異是向日本表明，它可以冒犯英美利益而不致招引任何強有力的反應，英美目前並不想以實力來對抗日本。初次試探得手，日本越發地放開手腳，不把列強的抗議放在眼中。日本不顧列強的警告肆意轟炸南京，正是這一邏輯發展的必然結果。

9 月 19 日，日本發出通知說，日本空軍將於 9 月 21 日轟炸南京，

❺❽ *FRUS,* Japan, 1931-1941, 2, 210。

❺❾ 朱坤泉：《論抗戰之初國民黨政府的對美政策》，見《蘇州大學學報》，1992 年第二期。

❻❿ 《英國與中日戰爭》，第 42 頁。

因此，它希望外國人員撤至安全地區。美國國務院收到日本的這一轟炸通知後，發出了一封措辭比較強硬的照會，認爲這將危及美國僑民的生命，它指責這種對非交戰平民集中地區的轟炸是「不正當的，違背法律與人道原則」，呼籲日本人不要轟炸南京。格魯在遞交國務院的照會時，第一次使用了他自述是「措施強硬、迥異往常」的「最重分量的」語言。他指出「美國和其他國家對日本的反感正在日益增大，這是日本自作自受，它在世界各國人民中給自己積下了不信任、猜疑、普遍憎惡等傾向」，他警告說，這樣下去，日本會「被逐出國際大家庭」。格魯甚至還提醒廣田切不可忘記歷史。他說 1898 年，美國政府和美國人民都不想同西班牙打仗，可是「緬因號」一沈，戰爭就制止不住了。美國人民是最有耐心的人民，「但是遇到挑釁，我們又可以變成世界上最易動怒的人，最好不要忘記歷史」❻。

　　格魯認爲他的講話「強硬而直率，沒有給廣田先生留下任何幻想餘地」。然而，具有諷刺意味的結果是，被警告的日本還是照樣轟炸了南京，而美國的駐華大使詹森先生卻躲避到了美國的「呂宋號」軍艦上。

　　另一方面，爲了「中立」，美國政府對其所屬國民支持中國抗戰的行動卻進行了諸多限制。1937 年 8 月，美國政府宣布美國法庭可以禁止美國人在華從事軍事顧問和教練工作。美駐香港總領事甚至要求香港當局不許在中國航空公司服務的美國人離港赴華（國務院曾指示駐港領事館不給這些人簽證）。美國還拒絕給在戰前被聘爲中國航空教練的美國人發放護照。由於一些美國前空軍人員以個人身分來華，參與了中國空軍的對日空戰，日本強烈要求美國政府召回其在華空軍人員。

❻　*FRUS*, Japan, 1931-1941, 1, 504；約瑟夫‧格魯著、蔣相澤譯：《使日十年》，商務印書館，1983 年版，第 220-222 頁。

國務院接受了日本的這一要求，它甚至還要求已在中航公司為民航服務的美籍飛行員回國。為此，上海的美國僑民會長竟率領武裝人員以拘捕來威脅正參與中國抗日活動的美軍退役軍官陳納德 (C. L. Chennault)。在美國政府的壓力下，一些在華美國人離開了中國。

　　資深的美國外交官，時任駐日大使的格魯的一些想法，反映了美國政府中一些人的憂慮，他們千方百計地企圖盡可能不得罪日本。格魯在 9 月 15 日致赫爾電中說道：「日本人民也許比許多民族更能長久地記住感謝他們所認為的其他國家對它所表示的友好態度，更能長久記恨不友好態度。不管我們如何看待日本的軍事機器，難道我們需要在日本人民中再次製造新的敵視美國的情緒，從而危害我們自己的未來利益，以及我們未來可能為和平而作的有益工作嗎?」他認為，只有盡可能地避免不必要地犧牲美國與中國或日本目前存在的關係，美國才能夠「在現在和未來，在更為堅實的基礎上，維護美國的利益」[62]。

　　美國的這一態度受到了中國方面的強烈反對。時任中國航委會秘書長的宋美齡憤憤地對詹森說，她希望美國「不要在中國為自己的生存而戰鬥的道路上設置任何障礙。」詹森對美國政府的這一政策也表示不滿。9 月 10 日，他致電國務院說，如果沒有具體的指示，他不打算查找並勸告那些在中國航空界服務的美國人，除非美國法庭下達命令。結果，華盛頓部分調整了它的政策。9 月 15 日，美國務院致電中國政府，聲明那些繼續留在中國的人將自負其責，美國政府不贊成他們向外國政府提供軍事性質的服務[63]。

　　華盛頓的這種軟弱態度還受到了美國駐遠東軍人和商人的反對，

---

[62]　《美國與 1933—1938 年間的遠東危機》，第 313 頁。

[63]　阿瑟‧楊格：《中國與外援，1937—1945》(Arthur N. Young: *China and the Helping Hand, 1937 - 1945*)，劍橋，1963 年版，第 27 頁。

美國亞洲艦隊司令亞內爾上將（H. E. Yarnell）主張對日本採取強硬措施。9月2日，他向艦隊下達命令，授權艦隊船隻在受到攻擊時採取防衛措施。10月下旬，亞內爾進一步擴大防衛範圍。他簽署命令稱，當美國負責的防區遭到槍擊和轟炸時，海軍將實行自衛還擊。亞內爾還公開聲明他的保護美國僑民的職責，他聲稱，凡是在美國僑民需要幫助和保護的地方，美國海軍將冒任何風險去保護它們❻。在上海的美國商會及其他一些僑民組織也致電美國國務院，要求其採取明確的步驟來恢復九國公約的威望。

對於美國政府的過於謹小愼微，英國人也深爲不滿。英國首相張伯倫在1937年8月底的一封信函中曾私下批評說：「在美國人成爲世界事務中的有用伙伴之前，還有很長的一段路要走。我曾竭力在日本和中國的問題上讓美國人參與進來，可是他們已被自己的人民嚇破了膽——儘管我認爲，如果他們願意發揮作用，他們是完全可以制止那兒的戰事的。」❻

張伯倫的這一指責有些道理，但並不公允，因爲英國自身的態度並不那麼堅定。在日本的封鎖面前，英法等國也紛紛退卻。抗戰之初，中國曾與英銀行團簽訂了價值2000萬美元的借款合同，並訂購了36架戰鬥機。中國與法國和比利時也都簽訂了借款協議，並向法國訂購了36架轟炸機。現在各國爲了避免與日本發生衝突，都先後取消了向中國出售武器的協定❻。

❻　《美國軍事情報部門的報告，中國，1911-1941》，縮微第二卷，0709，0684號；第三卷，0050號。

❻　C. A. 麥克唐納著、何抗生等譯：《美國、英國與綏靖，1936-1939》，中國對外翻譯出版公司，1987年版，第43頁。

❻　《蔣總統秘錄》，第十一分冊，第71頁；《盧溝橋事變前後的中日外交關係》，第510頁。

最能反映英國對日態度的可能莫過於對「許閣森事件」的交涉了。8月26日，兩架日本飛機對正在京滬公路上行駛的許閣森的座車進行攻擊，造成許閣森重傷。當時，這一地區並沒有戰鬥發生，也沒有中國軍隊在調動，而且，許閣森的座車上插有標誌明顯的英國國旗。這是一起相當嚴重的外交事件。倫敦各報均以大字標題報導了這一事件。歐美各國政府亦就此事紛紛發表評論，表示了極大的關注。法國報紙指責日本的粗暴攻擊，聲稱在中國京滬公路上受傷者非僅英國之大使，攻擊實傷及歐洲之全部。德國報紙則推測遠東局勢由此將會發生重大變化。27日，日本外務次官就此事向英國駐日代辦表示遺憾。英方對日本這一態度很不滿意，指責日本對所有非軍事目標的不加區別的是「非法的不人道的」，並向日本政府提出了三點要求：1.日本政府向英國政府正式道歉；2.懲辦這次襲擊事件的責任者；3.日本當局保證採取必要的措施以防止這類事件的再度發生❻。

然而，日本拒絕接受英方的要求，它聲稱是中國飛機冒用了日機徽號，並責怪英方未將許閣森的行期安排通知日本有關方面。艾登遂訓令道滋向日方指出，英國的現場目擊者及日本地方當局都已證明襲擊確係日機所為，並表示英國不明白當英國大使在他的出使國（那裡並未宣布進入戰爭狀態）作合法的公務旅行時，他有什麼義務必須向一個外國當局通報他的行動，否則就須冒承受非法暴行的風險？艾登指出「英國以及整個英聯邦帝國的輿論在這件至關重要的事情上將不允許英政府的態度有任何軟化。」❻

然而，日本政府仍無正式道歉的表示。9月2日，艾登再電道滋，要他敦促日方盡快道歉，聲稱如果在9月8日英國內閣會議開會前仍

❻ *DBFP*, 2/21, 276。
❻ *DBFP*, 2/21, 279。

得不到日方的回答，或日方的回答完全不能令人滿意的話，英國政府
將可能決定召回即將到任的英國駐日大使克萊琪(R. Cralgie)。同時，
英國決定求助於其他國家外交官的幫助。道滋奉命與美、法、德、意
等國駐東京外交官聯繫，向他們指出對許閣森的攻擊實際上是一個關
係到所有國家外交官的問題，英國希望獲得他們的合作，以「促使日
本政府盡早給予令人滿意的答覆」**❻❾**。

克萊琪於 9 月 3 日到達東京後，也力勸日本及早道歉。但日本仍
無意接受英國的要求。9 月 6 日，日方向英方送交了一份文不對題的與
英方最初要求相距頗遠的照會，聲稱迄今爲止的調查尙未有任何證據
表明是日本飛機發動的攻擊，但考慮到「英日之間的傳統友誼」，日本
政府對此不幸事件表示「深爲遺憾」。由於不承擔責任，照會自然迴避
了英方提出的懲辦肇事者的要求。此外，照會再次重複了已爲艾登所
批駁過的無理要求，要求「英國有關方面與日本有關方面熱情合作，
採取一些必要的措施，諸如當他們進入危險地區時，提前通知當地日
本有關方面」**❼❶**。克萊琪認爲日本的這一不承擔責任的道歉是不能令
人滿意的，他尤其認爲日本無權要求英國給予「合作」，因爲英國不承
認那種違背凱洛格公約的「危險地區」的存在。

9 月 8 日，英內閣會議討論了「許閣森事件」的交涉問題。張伯倫
首相認爲，考慮到日本軍方的反應，日本政府不敢給予我們一個非常
滿意的答覆。英國從東京撤回大使的行動將會把事情搞得更難以解決。
在召回大使期間，日本不大可能作出英國所要求的令人滿意的答覆，
這將使英國處於一種丟臉的和尷尬的境地。張伯倫還認爲，要日本政
府接受懲辦事件的責任者這一要求是非常困難的，英國堅持這一條件

---

❻❾　*DBFP*, 2/21, 285。
❼❶　*DBFP* 2/21, 292。

是不明智的。他提出，如果日本政府承擔責任並作了道歉，即使其聲稱無法搞清誰是肇事者，英國也應視爲滿意的答覆。

這樣，英國內閣會議對「許閣森事件」的交涉作出了較大的讓步，從而爲事件的妥協解決準備了臺階。9月21日，日本終於承認射擊之事可能是日機所爲，因而正式向英國政府表示歉意。日本閉口不談懲辦有關責任者問題。在談及防止未來類似事件的發生時，日方再次提出了英國的所謂「合作」即通知英國人員的行蹤問題。鑑於英國的強烈反對，這一要求未列入道歉電文，而以日方非正式信函的形式由克萊琪轉達英國政府。次日，克萊琪奉命向日方表示，英國對日本的道歉表示滿意，認爲事情至此已告結束。

後來的事實表明，由於英國在「许閣森事件」交涉中的不堅定，它未使日本人從中獲得教訓，卻給他們造成了胡作非爲仍可免於懲罰的印象。此後，日軍的侵犯行爲有增無減，毫不收斂。10月12日，日機在上海閔行再次襲擊了英駐華武官等人乘坐的英使館汽車，當時該車車頂也塗有醒目的英國國旗。10月24日，日機向上海租界的英國防守地段開火，一名英國士兵被掃射致死。10月29日，又有三名英國長槍兵被日機炸死❼❶。

這一時期，法國的遠東政策也立足於「中立」。對於中國政府尋求獲取軍火供應的努力，法國政府盡力予以推託。8月21日，當中國駐法大使顧維鈞向法國總理肖當（C. Chautemps）提出供應軍火的請求時，肖當告其苦衷說，法國「在遠東艦隊力薄，如日人以武力干涉，勢難應付」。他聲稱法國軍火「鑑於歐局尚不敷自用，撥借少數，無裨於事，多則有礙法國國防，恐遭國會人民責問」，希望中國「另籌辦法」❼❷。

❼❶　《美國軍事情報部門的報告，中國，1911-1941》，縮微第二卷，0696,0709號。

❼❷　《盧溝橋事變前後的中日外交關係》，第492頁。

　　中法之間在抗戰之初交涉最多的一個重大問題是印度支那過境權問題。早在 8 月初，考慮到中日戰爭擴大時，日本海軍有可能封鎖中國港口，中國即向法國政府提出了經由印度支那把軍事物資從海外運入中國的過境權問題。在 1930 年簽訂並於 1935 年生效的中法條約已經賦予中國這一權利，中國希望法國政府對中國的過境權作出肯定的保證。然而，法國方面回答說，如果中國和日本交戰，通過印度支那運輸軍事物資一事勢必會引起糾紛。對此，法國將不得不承擔必要的責任，並採取相應措施應付所形成的局勢。

　　由於此時中日雙方均未宣戰,國際法意義上的戰爭狀態還不存在,因此，印度支那的過境不應成爲問題。根據這一想法，顧維鈞大使在 8 月 21 日與肖當的談話中再次討論了過境權問題。肖當擔心，一旦宣戰之後，日本人一定會封鎖中國海岸，那時印度支那便成爲中國的唯一對外通道，日本人將會把此事視爲法國助華反日的行爲而向法國尋釁。法在遠東的實力很有限，目前的歐洲局勢又不允許法國分散兵力，法國將難以應付因過境問題所引起的法日間的嚴重糾紛。經過交涉，法方表示，他們現時無意拒絕中國使用在印度支那的過境權，但如果中日間存在戰爭狀態，日軍封鎖中國海岸時，法國將重新考慮這一問題。

　　不久，日本就宣布封鎖中國海岸線，印度支那的過境問題隨之顯得更爲突出，來自日本的壓力也相應地增加，日本多次就印度支那爲中國提供過境便利一事向法國提出抗議,並威脅說如果繼續這樣下去，日本將被迫採取措施以應付這一局勢。

　　10 月 18 日，法國內閣會議終於決定禁止軍用物資經印度支那過境去中國。對此，顧維鈞奉命向法國政府聲明，中國政府對此感到非常遺憾和失望。顧維鈞指出，武器和軍用物資的源源不斷的供應，對

中國當前的抵抗是生死攸關的問題，不予過境便利，是對中國的沈重打擊。顧維鈞還指出，1930 年中法協定的第 6 條規定，凡屬中國政府的武器彈藥和軍用物資在印度支那過境時，免徵一切關稅。既然日本從未宣戰，從未承認日本和中國之間存在戰爭狀態，那麼，從法律觀點來看，情況沒有變化，中國在印度支那的過境權不應受到損害。

就此，顧維鈞與法國方面展開磋商。磋商過程表明，法國非常擔心日本的報復行動「會給法國造成麻煩和難堪」。法方表明了它們的三點擔憂：一、日本可能轟炸滇越鐵路和桂越公路，遭到損失的將是法國的股票持有人，中國和日本都不會承擔責任；二、日本可能會占領海南島和西沙群島，成為對印度支那的經常性威脅；三、日本可能會慫恿處在它影響之下的暹羅對印度支那侵擾滋事，製造困難❼❸。

中方再三向法方指陳事情的嚴重性，聲稱「不予中國經由印度支那的過境便利，將嚴重削弱中國的抵抗力量」，而中國的抵抗「不僅對中國本身重要，而且對整個遠東的和平與安全也是重要的」，「如果中國的抵抗由於海外供應不足而遭到失敗，日本侵略其他國家的危險就會增加」❼❹。經過反覆磋商，法國終於同意，把印度支那的過境問題留待不久將要召開的九國公約簽字國會議去解決。在這一會議召開之前，中國軍用物資可繼續經印度支那轉運。法國政府表示，法國在遠東力量單薄，難以單獨與日本周旋，它期待著能在九國公約簽字國會議上得到其他大國的支持。

---

❼❸　《顧維鈞回憶錄》，第二分冊，第 550-551 頁。
❼❹　《顧維鈞回憶錄》，第二分冊，第 557-558 頁。

第三章　集體仲裁的失敗

第一節　國聯會議

一

　　中日衝突升級爲全面戰爭之後，日本政府企圖竭力縮小中日戰爭的國際影響，它把這場戰爭解釋爲只關係到中日兩國的事，堅決排斥第三國的參與，而鼓吹中日間的直接交涉。這一伎倆與前此所鼓吹的「現地交涉」同出一轍，手段依舊，只不過是應用範圍擴大了一些而已，其目的在於阻止國際社會的干預而任由它以在中國戰場上的軍事勝利來勒索中國政府。

　　與此針鋒相對，中國政府則竭力強調中日戰爭對遠東和國際安全的重大影響，希望把列強引進中日問題的交涉中，藉列強之力壓迫日本，以獲得一種條件不致過分苛刻的結局。中國政府認爲，「目前的中日糾紛，如得各國參加，來謀解決，即令我國不能無所牽就，仍是於我有利。反之，如墜日本計中，實行兩國直接交涉，雖是成功，亦是失敗」。中國政府對在沒有列強參與的情況下，日本能否尊重中日雙方直接交涉所達成的協議也極爲懷疑，認爲「日本背信無義，目無公理，如由兩國直接交涉，毫無其他保證，無論條件如何，其結果必使中國國家生命陷於隨時隨地可被消滅之危險，永無獨立自由之機會。」❶

因此，促成事件的「國際化」，即讓中日衝突引起國際社會的關注，使國際社會來參與中日衝突的解決，成了中國政府所追求的目標。為此，中國努力求助於有關國際條約組織，意圖使中日戰爭成為國際社會共同關心的議題，在國際講壇上揭露日本對中國的侵略，以喚起世界各國對中國的同情，並力圖以國際條約來保護自己。

國際聯盟便是中國所選中的第一個目標。中國是國聯創始會員國之一。《國聯盟約》第 11 條規定：「凡任何戰爭或戰爭之威脅，不論其直接影響聯盟任何一會員國與否，皆為有關聯盟全體之事。聯盟須採取適當有效之措施以保持各國間之和平。」該條規定，當事會員國有權要求召集國聯行政院會議，以促其履行盟約所規定之義務❷。

7 月 14 日，中國駐英大使郭泰祺奉命向英國政府提出中國向國聯申訴問題。但賈德干認為，這樣做不會產生什麼結果，由於日本已不是國聯成員國，中國政府只能引用盟約第17條，但在日本政府的反對下很難應用這一條❸。外交大臣艾登也對郭泰祺表示，他不大贊成中國援用盟約第 17 條。他說，在阿比西尼亞危機時甚至使用了制裁，但都未起作用，在目前情況下，就更難奏效。英外交部遠東司司長奧德(C. W. Orde) 在 8 月 22 日的一份備忘錄中指出，目前與日本開戰的危險是非常現實的，「我們從 1931-1933 年的經歷知道，當日本受到威脅時，它會變得更為魯莽。」❹因此，他反對在國聯對日本採取制裁措施。

---

❶ 《先總統蔣公思想言論總集》，第十四卷，第 648 頁；第三十八卷，第 10 頁。

❷ 世界知識出版社編：《國際條約集，1917-1923》，1961 年版，第 270 頁。

❸ 盟約第 17 條規定：「若一聯盟會員國與一非聯盟會員國或兩國均非聯盟會員遇有爭議，應邀請非聯盟會員之一國或數國承受聯盟會員國之義務，俾按照行政院所認為正當之條件，以解決爭議」。

❹ 威廉·R. 路易斯：《英國遠東戰略，1919-1939》(William R. Louis: *British Strategy in the Far East, 1919-1939*)，倫敦，1971 年版，第 242 頁。

　　法國政府也不贊成中國向國聯申訴。7月中旬，顧維鈞向法國外交部長德爾博斯（Y. Delbos）提議國聯應採取聯合行動。但德爾博斯回答說，目前肯定不能指望從日內瓦得到什麼具體東西，他以「九一八事變」和意大利侵略阿比西尼亞爲例，說它們都曾經提交國聯討論，但國聯的反應很令人失望。有這些先例，如果現在把中日問題也提交國聯，那將是白費力氣，國聯根本談不上制裁。

　　確實，法國深知國聯的軟弱無能，但它又不想讓這一眞相因無力調解中日衝突之事徹底暴露，其原因正如德爾博斯對美國駐法大使所說：「國際聯盟今天是個廢物，現在已是一個不起作用的機構，中國去向它申訴，其結果只會是鏡花水月而已」，「但國際聯盟在歐洲還有點用處」，他不願看見它「成爲一個笑柄」❺。

　　對於國聯的軟弱，中國政府自「九一八」以來已早有體會，但中國處此危局，有一絲希望也是要極力爭取。即使一時得不到實質性的援助，多一分道義上的同情也是好的。這一思想明顯地反映在8月26日中央政治委員會致國防最高會議的一封信函中，該函分析說：「國際聯盟在近年來雖失去盟約上之有力地位，然既未正式解散，會員國之盟約責任依然存在，我國若訴諸國聯，縱然不能得其實力上之援助，則至少亦可得國際輿論上之同情，而輿論上之同情在國際戰爭上，往往發生不可思議之助力」，「在戰爭時期，國際間之助力無論如何微小，均有一顧價值，而況國際聯盟會員六十餘國，其心理上之同情與精神上之援助，其力量亦正不可忽視」❻。

　　因此，中國政府決定盡可能地利用國聯這一國際講壇。8月30日，中國向國聯秘書處遞交了一份照會。照會聲明，自中日衝突發生以來，

❺　《顧維鈞回憶錄》，第二分冊，第726頁。
❻　《盧溝橋事變前後的中日外交關係》，第348頁。

中國政府一直抱著妥協的態度，對日本一再退讓，以求中止戰事，但日本蓄意侵略，力事擴大，致使中國政府的努力勞而無功，中國迫不得已，實行抗戰，是在行使正當的自衛權。照會指責日本的侵略係有預定計劃，並已一一違反了現行的各種國際條約，如「該國蓄意破壞遠東和平，此中違反國聯盟約各項基本原則，該國利用戰爭，以遂行國策，並不屑用和平方法，解決國際爭端，此乃違反 1927 年非戰公約，該國不知尊重中國主權獨立，與領土完整，此乃違反 1922 年九國公約」❼。中國要求秘書處將中國的照會通知國聯遠東諮詢委員會成員。

8 月 31 日，蔣介石在對路透社記者發表的談話中公開聲稱，國際社會對中日之間不宣而戰的戰爭，很有必要進行干涉。這種國際干涉，不只是爲了中國的安全，也是爲了謀求國際間整體安全。

同時，中國繼續與有關大國商討正式向國聯提出申訴的時間、步驟和適用條款等問題。因爲國際盟約第 17 條還規定，「如被邀請之一國拒絕承受會員國之義務以解決爭議而向聯盟一會員從事戰爭，則對於採取此行動之國可適用第 16 條之規定」。第 16 條實際上是一制裁條款，該條規定，如某國不守盟約而從事戰爭，則「應即視爲對於所有聯盟其他會員國有戰爭行爲。其他各會員國擔任立即與之斷絕各種商業上或財政上之關係，禁止其人民與破壞盟約國人民之各種往來，並阻止其他任何一國，不論爲聯盟會員國或非聯盟會員國之人民與該國人民財政上、商業上或個人之往來」❽。

列強不贊成中國援用這一條款。9 月 8 日，賈德干與英國外交部的一些法學專家對郭泰祺說，如引用第 16、17 條，則表示中國與各會員國正式承認中日已進入戰爭狀態。這樣，「恐一則使日本實行其交戰團

---

❼　《全民抗戰匯集》，第 84-85 頁。

❽　《國際條約集，1917-1923》，第 272-273 頁。

體權利，封鎖香港，檢查第三國商船，二則使美政府不能不施行其中立法案」❾。

美國雖非國聯成員國，但它與國聯配合與否對會議的成功至關重要。9 月 3 日，中國駐美大使王正廷告訴赫爾，中國將在國聯會議上援引盟約第 17 條，希望美國對國聯可能採取的行動給予支持。但赫爾認為，中國提出制裁問題，將使國聯重蹈處理意—阿糾紛的覆轍，那將意味著「向後倒退」。赫爾還指責其他列強過於沈默，他說，美國國會早已立下《中立法》，在這種情況下，「如果其他各國仍一言不發，中國能指望我們幹些什麼?」❿

9 月 11 日，顧維鈞會見國聯秘書長愛文諾 (J. Avenol, 法國人)，繼續討論中國向國聯的申訴問題。顧維鈞要求國聯對日本的侵略行動予以制裁。愛文諾回答說，在目前情況下，制裁是無論如何也辦不到的。國聯過去對意大利入侵阿比西尼亞的制裁的失敗，使得過去那些曾經贊成實施制裁的國家，現在也反對制裁，大多數會員國對「制裁」一詞畏之如虎。他認為，國聯不同於法庭，法庭的程序非常嚴格，法律的條文有明確的解釋，而國聯則是一政治性的機構，它的程序有很大的靈活性。

情況確實對中國不利。一年多前，由於對意制裁未起作用（主要是執行得不徹底），英國和許多歐洲小國，就主張取消有關對侵略國實行制裁的盟約第 16 條。這以後，國聯開了許多會，要進行修改盟約的工作，主要是取消制裁的規定，但始終未得出具體結果。顯然，在不少國家有著取消第 16 條的強烈要求的情況下，中國在這時提出制裁要求是難以成功的。

❾　《盧溝橋事變前後的中日外交關係》，第 427 頁。
❿　《美國與 1933-1938 年間的遠東危機》，第 355-356 頁。

在制裁明顯無望的情形下，中國代表改而提出，國際盟約有一原則，它可以宣布侵略者。顧維鈞表示，中國雖無意堅持制裁，但要求國聯宣布日本是侵略者，因爲一個反對侵略者的正義宣言對中國也是有利的。

二

9 月 12 日，中國代表團首席代表顧維鈞正式向國聯秘書長遞交了中國政府的申訴書。內開：

> 本代表茲奉本國政府訓令，謹請秘書長注意日本以其陸海空軍全力侵犯中國，且仍繼續侵犯中國之事實，此係對於中國領土完整與政治獨立之侵犯行動，中國爲國聯會員國，故此種行動明白構成應依國聯會章第 10 條處理之案件，又日本之侵犯行動，如此造成之嚴重情勢，亦在同會章第 11 條範圍以內，故亦爲國聯全體有關之事件……本代表謹以本國政府名義，請求適用國聯會章第 10 條第 11 條及第 17 條，並向國聯行政院訴請對於上述各條所規定之情勢，建議適宜及必要之辦法，採取適宜及必要之行動。⓫

同日，出席國聯大會的中國代表團向報界發表聲明，揭露日本軍隊在中國的侵略行爲和野蠻的戰爭罪行，指出日本的侵略不只威脅著中國，也危及世界的和平。聲明指出：「最近兩個月來，遠東局勢大爲惡化，其嚴重性現已盡人皆知。在這種情況下，日本不僅威脅中國作

⓫　《全民抗戰匯集》，第 91 頁。

爲一個獨立國家的生存,而且使外國在中國的租界及其利益受到威脅。日本違反其莊嚴簽署的國際條約，瘋狂推行占領中國的政策，並夢想在亞洲和太平洋建立其霸權統治」,「遠東危機現在有了世界意義。日本的侵略不僅威脅著中國的獨立和領土完整，而且也威脅著全世界。」聲明呼籲說,「中國政府和中國人民認爲，作爲一個由多數愛好和平國家參加的大型集體組織，國聯應當制定和採取迅速而有效的措施，制止日本對中國的侵略，以維護神聖的國際義務。中國政府和中國人民並且希望，忠於和平事業與主持國際正義的美利堅合眾國支持國聯就這一問題所採取的行動，以此來幫助反擊侵略並恢復遠東的和平。」⓬

　　9月13日，國聯大會開幕。次日，國聯行政院宣布了中國的申訴，並將它列入議程。

　　這時，英法方面仍然力勸中國不要訴諸盟約第17條。9月15日，在艾登、德爾博斯、愛文諾與顧維鈞的會談中，他們一致建議中國政府不要堅持援引第17條，因爲這樣勢必引向採用第16條，而在目前情況下制裁是毫無希望的。他們還聲稱，援引第17條是要以存在戰爭狀態爲先決條件的。英法認爲，最要緊的是獲得美國的合作，他們對中國代表說,「美國政府的合作具有極大的重要性」。鑑於美國不是國聯成員，它不可能參加國聯行政院會議，英法便提議把問題提交到有美國觀察員出席的遠東諮詢委員會上去討論，從而把美國也拉入國聯的討論中來。他們認爲「與行政院比較起來，美國將更易於與遠東諮詢委員會合作」⓭。

　　列強還希望中國不要提出要國聯宣布日本是侵略者的要求。9月15日，顧維鈞對國聯秘書處政治部主任維吉埃（法國人）說，國聯有

⓬　《蘇聯「眞理報」有關中國革命的文獻資料選編》，第三輯，第199-200頁。
⓭　《英國遠東戰略》，第322頁。

必要宣布日本是對中國的侵略者，並採取必要的措施，阻止日本獲得武器和借款，而使中國更容易取得這種援助。維吉埃對這一要求表示了他的疑慮。他認爲如果正式宣布侵略，就可能會被視爲確認戰爭狀態的存在，美國就可以以此爲藉口而實施中立法，這對中國是不利的，而且，一旦宣布日本的行爲爲侵略，將會引起各國代表的擔心，怕中國會據此進一步要求國聯採取制裁措施。另一方面，如果中國正式提出宣布日本爲侵略者的要求，而未獲大會通過，則會產生對中國的不利影響。因此中國倒不如不去追求這一空洞的決議，而去著眼於獲得具體的援助❶。

由於日本的缺席（日本不是國聯會員國，且很可能拒絕國聯會議的邀請），爲了所謂「公正」起見，英法最初企圖把中國排斥於諮詢委員會之外。這遭到了中國方面的強烈反對。中國代表指出，國聯盟約中沒有任何可以排除中國參加遠東諮詢委員會會議的條文，中國作爲行政院成員國，對於問題的審議一直是可以隨意參加的，它無論如何也應在該委員會中有一席之地。日本退出國聯是它自己選擇的，以此取消中國在諮詢委員會上的發言權是不公正的。如果這樣，中國寧可把問題交回行政院審議，要求按第 17 條程序行事。

9 月 16 日，行政院正式決定指派遠東諮詢委員會調查中日衝突問題。秘書長將此事通知了委員會的全體成員國和美國，並向中國、日本、德國和澳大利亞發出邀請。結果，美國同意按 1933 年議定的條件，作爲不參加投票的觀察員出席會議。日本和德國拒絕了邀請，日本給國聯秘書長的答覆重申只有中日直接交涉才能眞正解決問題：

---

❶　《顧維鈞回憶錄》，第二分冊，第 486-487 頁。

關於本事件之解決，本帝國政府前已屢次聲明，現仍堅信，凡涉中日兩國之問題，其公正、持平以及切乎實際之解決辦法，當能由兩國自行求得之。

對於國際聯合會之政治活動，本帝國政府現無改變其從來行動路線之理，故對於諮詢委員會此次邀請，歉難予以接受。**⑮**

正在國聯開會期間，日本於 9 月下旬的最初幾天對中國非軍事目標的南京和廣州地區公然進行了大規模轟炸，激起世界輿論的強烈反對。英、美、法、蘇以及德、意政府都向日本的這一野蠻行爲提出了抗議。中國代表團決定利用這一事件，爲要求宣布日本爲侵略者和對日本實行石油禁運打開道路。9 月 24 日，蔣介石在南京答外國記者問時，再次強調：中國抗戰，不僅在中國之存亡，亦爲九國公約、國聯盟約伸張正義。他要求各簽字國應遵守其義務，援助中國。他特別指出，美國爲華盛頓會議的召集者，九國公約的訂立，胥屬美國之力，故其責任尤爲重大**⑯**。

英法也想做點兒什麼，但又不想走得如中國所期望的那樣遠。9 月 25 日，秘書長爲英法準備的一份關於中日局勢的備忘錄反映了這一點。該備忘錄顯然是經過英法雙方協商之後才擬就的。其計劃採取的行動主要有：一、不附任何譴責之詞，客觀陳述當前局勢；二、宣布不承認由日本武力所造成的任何變動；三、拒絕承認中日糾紛只是這兩個國家之間的問題，堅持認爲，從和平的利益來看，它也是關係到國聯和其他國家的問題；四、出於人道主義考慮給中國以援助；五、聲明保留在將來適當的情況下進行調解和採取類似措施的可能**⑰**。當

---

⑮　中國第二歷史檔案館館藏檔案，案卷號：十八‧3428。

⑯　《先總統蔣公思想言論總集》，第三十八卷，第 79 頁。

天晚上，英國代表團向報界發表聲明，表示英國將支援中國。英國擬免除中國在當年度的應付債務款項，並將向中國提供救濟捐款。

9 月 27 日下午，在舉行諮詢委員會第一次會議之前，中國代表顧維鈞、郭泰祺、胡世澤與法國代表德爾博斯、英國代表埃利奧特 (W. Elliot)、克蘭伯恩 (Cranborne) 及國聯秘書長愛文諾再次進行磋商。顧維鈞表示他將在會上要求國聯對日本轟炸平民發表譴責聲明，並要求國聯各成員國不向日本提供燃料，不得幫助日本獲得貸款、武器及棉、毛、橡膠、鐵等原料。

英法對任何類似制裁的東西都害怕出現，他們竭力勸說中國不要在會上提出這些具體措施。德爾博斯認爲「中國所要求的實際上是沒有援引第 16 條的制裁」。英國代表則聲稱，如果中國提出制裁的具體要求，這將是一個巨大的錯誤。克蘭伯恩說:「國聯在阿比西尼亞問題上所得到的教訓是，如果沒有以全部力量去支持的決心，實施制裁是毫無用處的」，他懷疑國聯能否走得像中國政府所期望的那麼遠。英法代表還聲稱，提出制裁問題不僅對國聯來說是不明智，對中國也沒有好處，因爲如果實施制裁，就要形成戰爭狀態，其後果將比給日本以任何援助都對中國不利⓲。

中國代表接受了勸告，在諮詢委員會上未提出制裁問題，而只是譴責了日軍在中國的侵略暴行，並要求國聯譴責日本違反國際法基本準則的行爲。各大國代表發言支持中國的這一要求，會議通過了譴責日本轟炸中國不設防城市的決議，稱這一行動「已在全世界激起了極端的厭惡與憤慨」⓳。

⓱　《顧維鈞回憶錄》，第二分冊，第 496-497 頁。
⓲　*DBFP*, 2/21, 351-352。
⓳　《顧維鈞回憶錄》，第二分冊，第 503 頁。

　　為了更靈活地推進和加快有關工作，諮詢委員會又醞釀組成小組委員會。10月1日，諮詢委員會通過了小組委員會的組成，授權它審查和探討有關問題，並向諮詢委員會提出可供討論的主導意見。

　　此後，小組委員會便開始了起草準備提交國聯大會通過的報告書的工作。在小組委員會的討論中，英國代表提出了召開九國公約簽字國會議來討論遠東衝突的建議。顧維鈞形容這個建議「像從天而降的炸彈，這個意想不到的顯然是將責任推卸給美國的巧妙手段，一時驚呆了所有在場的人」❷⓿。很明顯，英國是要抓住美國人不放。鑑於美國在世界尤其是在環太平洋地區的影響力，會議接受了英國的這一建議。

　　10月5日，小組委員會提出了決議草案，並獲遠東諮詢委員會通過。10月6日，國聯大會以二票（波蘭和暹羅）棄權的結果通過了諮詢委員會提交的決議。

　　決議由兩個報告書組成。第一報告書指責日本違反條約義務，該報告書在結論部分指出：「對日本以陸海空軍對中國實行軍事行動一節，不得不認為與引起衝突之事件殊不相稱，……上述行動不能根據現行合法約章或職權認為有理由，且係違背日本在九國公約及巴黎非戰公約下所負之義務。」大會通過的第二報告書駁斥了日本人所聲稱的中日爭端只能由兩國自行解決，第三國不能介入的說法。該報告書認為：「目前中國之局勢，不只關係衝突之兩國，且對於一切國家均有若干關係，許多國家與其人民皆已直接蒙受其影響，……故國聯有依照盟約及條約下之義務，以謀迅速恢復遠東和平之職責與權利」。

　　決議對中國的抗戰表示了一定程度的同情和支持。決議聲明：「大

---

❷⓿　《顧維鈞回憶錄》，第二分冊，第506頁。

會表示對於中國予以精神上之援助，並建議國聯會員國應避免採取一切其結果足以減少中國抵抗之能力，致增加中國在現時衝突中之困難之行動。」決議建議國聯會員國「應考慮各該國能單獨協助中國至何種程度」。會議還決定提議召集九國公約簽字國會議來討論中日衝突❹。

三

就這樣，國聯會議在對日本作了一番道義上的譴責之後，把採取實質性的具體行動的問題推給了九國公約會議。中國方面爭取物資援助或制裁日本的目標均未達到。其實，會議產生這樣的結果也是不奇怪的。因為，在整個國聯會議的過程中，各大國都不想給自己負上採取實際行動的義務，即使打算採取一點點行動，也切切不肯拋頭露面，走在別人前面，惟恐招來日本的怨恨。因此，他們總希望把別人推到前面。美國並非國聯成員，但是英、法等國都觀望著美國的態度，希望得到明確的事先承諾，而美國則堅守不作任何事先承諾的立場，不肯稍越雷池一步。

赫爾在指派哈里森（L. Harrison）作為出席遠東諮詢委員會會議的觀察員時，曾指示哈里森說，在國聯達成結論之前，美國將維持置身事外的政策。赫爾給國聯秘書長的一份照會明確地表示了美國願意合作但不願意承擔義務或作事先承諾的立場。該照會聲稱：「在美國政府得知國聯期望該委員會履行何種職能之前，無法說出本政府能在多大程度上同它進行有效的合作」，「它不可能承擔國聯各國因其成員國資格而產生的那些責任……，它對國聯可能向其提出的明確建議，準備予以認真的考慮。但是，對於以假設問題的形式提出的政策與計劃，

---

❹　《盧溝橋事變前後的中日外交關係》，第 359-362 頁。

它不準備表明其立場。」**㉒**

　　如此，一方說先有承諾才敢行動，另一方說先有行動才可作判斷才能言支持，互為條件，互相推卸，從而形成了一個解不開的循環結。不過，有一點可以肯定，美國政府不想採取任何制裁行動。10 月 2 日，蘇聯駐美代辦奧曼斯基拜會了美國副國務卿韋爾斯 (S. Welles)，他批評美國對遠東的態度是「非常令人沮喪的」，他認為在目前形勢下，美國與其他國家通過強制性的軍事制裁、經濟制裁或通過互相磋商進行合作是有益的。對此，韋爾斯指出，如果代辦期望美國在制裁方面予以合作，那他一定完全誤解了美國政策的整個基礎。韋爾斯告訴蘇聯代辦，美國政策的基礎是「在現時衝突中不偏不倚」，美國不能採取任何被認為是不中立的行動**㉓**。

　　在國聯會議上，中國代表提出，除了召開九國公約會議外，國聯自己也須有所行動。蘇聯代表也指出，即使只是國聯的一些大國採取制裁，也會對日本產生影響，以為非實行普遍制裁不可，實在是一個錯誤。然而，英法代表認為，美國的合作絕對不可缺少，否則，國聯不可能採取任何有效的行動。

　　9 月底，英國外交部曾設想就制裁問題與美國進行一些商討，以協調雙方的行動。外交部就此事起草了一封徵詢美方意見的電報。該電聲稱目前「不僅是在英國而且在其他許多國家，都有一種強烈的情緒在增長，即認為應該採取有效的國際行動以停止遠東的衝突」，「現時的這種壓力儘管還未完全形成，但看起來它將導致要求由英國和美國帶頭採取某種形式的對日經濟制裁，英國政府將樂於知道美國政府對這些想法的態度」。英表示它願意首先表明自己的意圖：「英國政府準

㉒　*FRUS*, 1937, 4, 24。

㉓　*FRUS*, 1937, 3, 571。

備考慮這類以及其他的可能縮短現時衝突的任何行動，只要我們認為這種行動確有成效。」㉔艾登最後並表示，對於美國政府在這一問題上的任何行動，英國都準備加以考慮。

然而，英首相張伯倫不同意採取這種積極態度。他將艾登起草的電文的最後一句改寫為「我們現在雖不確信我們所建議的這類行動是有效的，但如果美國政府認為它值得採取，我們將準備獨自或與美國政府一起再作進一步的研究」㉕。艾登事後才得知了這一改動，他大為不快，認為這實際上是引誘美國人拒絕英國的建議。

果然，美國國務院於 10 月 5 日發來一封被艾登稱為「通篇都是不痛不癢的話」的覆電㉖。該電聲稱在許多重要方面，中立法反映了美國政府的總政策，美國不想被拉入武裝衝突，「美國政府必須時刻記住這一美國人民的願望和決定的表達，並受其指導」。聲明大講了一通戰爭以來美國對國際法準則的闡述和對中日雙方的敦促，最後表示，如果英國政府在考慮到決定美國政策的若干因素的情況下，能提出美國政府可以「和平方法」給予合作的計劃，美國政府將樂於予以仔細的考慮和充分的協商」㉗。於是，英美這次在國聯會外的接觸亦不了了之。

這樣的會議自然不會取得什麼突破性的進展，儘管中國代表在會議上疾呼援華制日，但並不能影響會議的進程。顧維鈞曾力圖在將要提交國聯大會通過的報告中加上希望國聯成員國以「物資供應及金融措施援助中國」的字句，但未被採納。同時，會議還拒絕對日本的侵

㉔　*DBFP*, 2/21, 355。

㉕　*DBFP*, 2/21, 355-356。

㉖　《面對獨裁者》，下冊，第 956 頁。

㉗　*FRUS*, 1937, 3, 583。

略行爲使用「侵略」的字樣。

日本政府深知西方列強的弱點，斷定它們不會形成反對日本的統一戰線，因而敢於與國聯持公然對抗的立場。10 月 1 日，日本外務省發言人聲稱：「日本既不期望在它與中國的衝突中由外國調停，也不期望任何企圖解決這一矛盾的國際會議。日本決心戰鬥到底，直到中國重新考慮它的態度和決然改變它的反日政策。」❷❽在國聯報告書通過之後，日本政府還於 10 月 9 日發表了反駁聲明。聲明顛倒是非，指責中國被赤色勢力所操縱，頑固地實行排日抗日，企圖把日本的權益排除出中國，並稱中國係有計劃地挑起衝突，日軍在中國的行動只不過是在進行自衛，以消除中國對日挑釁行爲的根源，使其拋棄排日抗日政策，在兩國之間眞誠合作，以實現東亞的和平。聲明稱國際聯盟和美國「全然不理解本次事變的眞相和帝國的眞意」，對此表示甚爲遺憾❷❾。

當然，就對國際輿論的影響來說，國聯會議還是有一些積極作用的。顧維鈞認爲，會議「雖然沒有達到我們期望的目標，但是公眾輿論要比大會初開幕時我們所預料的好」❸❶。國聯決議還爲今後中國要求外國援助打下了基礎。在國聯大會閉幕的次日，中國代表團致電外交部，建議應當利用贊成給予中國援助的大會決議，對中國的需要和外國可能的供應，作出具體計劃或明確要求。

第二節　布魯塞爾會議

---

❷❽　《美國軍事情報部門的報告，中國，1911-1941》，第二卷，0696 號。
❷❾　《日本外交史》，第二十卷，第 172-173 頁。
❸❶　《顧維鈞回憶錄》，第二分冊，第 509 頁。

一

毫無疑問，英國代表提議召開九國公約簽字國會議，是想「把馬鈴薯扔進華盛頓公約的菜籃子裡」，目的在於把美國拉進遠東的這一棘手問題中來❸。這一點艾登直言不諱，他後來在下院回答會議為什麼是在布魯塞爾而不是在日內瓦舉行的詢問時指出：「如在日內瓦舉行，美國代表就成了觀察者，不參與會議程序，也不承擔對決議的責任。我們大家都知道，在遠東戰爭中所能採取的任何行動，不論其性質如何，基本上都要靠美國的合作」。艾登還表示，「為了在國際會議中在平等的基礎上得到美國政府的充分合作，我不但願從日內瓦去，而且願從墨爾本到阿拉斯加」❸。

其實，英國的提議實際上也反映了當時許多國家的普遍想法。法國一直認為，沒有世界最強國家——美國的參與，遠東問題是無法解決的。蘇聯外交人民委員李維諾夫（M. M. Литвинов）在出席國聯會議期間，也曾對中方表示，希望能召開太平洋國家會議以加強國際聯盟的行動。而澳大利亞代表則早在 9 月 21 日的國聯大會發言中就提出了召開了太平洋國家會議以便讓在東亞有直接重大利益的非國聯成員大國參與的建議。因此，可以說召開九國公約簽字國會議是眾議所歸，它是可能採取集體行動的最理想的場所，也是最後一個場所。

美國的態度似乎也給會議的成功帶來了某種希望。10 月 5 日，美國總統羅斯福在芝加哥發表了著名的「防疫隔離」演說，措辭頗為強硬。羅斯福對「近來已日趨惡化的世界政治形勢」表示「嚴重關切和憂慮」。他指出：

❸ 《顧維鈞回憶錄》，第二分冊，第 568 頁。
❸ 《面對獨裁者》，下冊，第 960 頁。

目前一個不幸的事實是，國際上毫無法紀的瘟疫正在蔓延。

一旦侵害人們身體的瘟疫開始蔓延，社會上會確認並參與對病人實行檢疫，以保障全社會的健康，防止疾病之蔓延。

……在當今的時代，面對過去的經驗教訓，有的國家竟然愚蠢到無情地甘冒把全世界拖入戰爭的危險，這簡直是不可思議的。這樣的國家違反莊嚴的條約，侵犯那些對其從未造成任何危害，本身又軟弱到不足以自衛的國家的領土。然而，世界和平與每一個國家的幸福與安全，在今天所受到的威脅正是來自那些無法無天的人們。

……戰爭乃是一種傳染病，不論是否宣戰都一樣。它能夠吞噬那些遠離戰爭發源地的國家和人民。我們決心置身於戰爭之外，但是，我們不能保證我們自己免於戰爭的災難性影響，和避免捲入戰爭的危險。

……最爲重要的是，所有愛好和平的國家必須堅持表達和平的願望，以使那些圖謀破壞彼此間協定和他國權利的國家停止其作爲。❸❸

10 月 6 日，即在國聯決議通過的當天，美國國務院也發表聲明說：「美國政府鑑於遠東事態的發展，不得不得出結論說，日本在華之行動，與國和國之間的關係不符，也有違九國公約和凱洛格—白里安協定的條款」，表示「本國政府所得結論與國聯大會之結論相符合」❸❹。

❸❸　黃德祿等選譯：《一九一七-一九三九年的美國》，商務印書館，1990 年版，第 148-152 頁。

❸❹　*FRUS*, Japan, 1931-1941, 1, 397。

就連艾登也被美國的這一姿態所鼓舞。他在 10 月 6 日的內閣會議上說，召開九國公約會議，是目前能夠採取的最好步驟，它將給美國最充分的機會去提供他們能提供的任何合作。在羅斯福總統的演說發表之後，美國政府幾乎不能拒絕這個建議。

但實際上，這時無論是美國還是英國都不想走到制裁這一步，儘管他們內部對於這一問題時有爭議，不時出現一些比較積極的意見，但決策人物的意見是不主張制裁的。

英國首相張伯倫就極力反對捲入中日衝突。他在內閣會議上說道，「想像不出在歐洲形勢如此嚴重的時候，還有什麼比在此時向日本尋釁更帶有自殺性質。如果我國捲入遠東衝突，那麼獨裁國家就可能抵抗不住在東歐或在西班牙採取行動的誘惑」❸❺。

10 月 13 日，英國內閣會議討論外交部關於經濟制裁問題給美國的一份電報稿。財政部和陸、海軍等都反對捲入遠東衝突，張伯倫在會上把制裁分為有效和無效兩種，並強調指出三點：一、不冒戰爭的風險，不可能實行有效的制裁；二、如搞無效的制裁，則不可能達到制裁的目的，只會導致像在意大利問題上那樣的長期的痛苦和惡感；三、如果制裁有效，則日本有可能會對東印度群島的石油供應地、香港和菲律賓發動報復性的進攻，在現在的歐洲形勢下，派遣艦隊去遠東是不安全的。因此，他認為得不到美國願意正視制裁後果的保證，是不能實行制裁的，而美國能否有長久支持這一立場的公眾輿論則又是很可懷疑的。總之，張伯倫認為，如果沒有壓倒性的力量，制裁是無用的❸❻。10 月 21 日，張伯倫在下院就布魯塞爾會議發表了更明確的

---

❸❺　約翰・科斯特洛著、王偉等譯：《太平洋戰爭》，東方出版社，1985 年版，第 66 頁。

❸❻　*DBFP*, 2/21, 390。

講話：「我認爲到這個會議去談什麼經濟制裁、經濟壓力或武力，完全是錯誤的。我們是在這裡締造和平，而不是擴大衝突」❸❼。

張伯倫對「隔離演說」後的美國是否眞能有所作爲仍持懷疑態度。他表示「我非常擔心在作了一番大吹大擂的宣傳之後，美國人會不知不覺地溜走，讓我們單獨去承受全部責難與公憤」。英國外交部認爲，布魯塞爾會議的成果可能不大，但英美合作的事業將由此而向前推進。但張伯倫不持這一看法。他認爲布魯塞爾會議將一無所成，只是浪費時間。他說，英國在布魯塞爾「將要得到的主要敎訓是在獲得美國有效合作方面的困難」❸❽。因此英國政府確定了這樣的指導方針：「我們在這種危險和困難的局勢中應和美國齊步前進，步伐一致，不前不後」❸❾。

在美國，儘管中國的抵抗侵略已經贏得了一般民眾的同情，但道義同情和出手支持畢竟是兩碼事，這兩者之間還有一段漫長的道路。正如10月4日的一份民意調查所顯示，接受調查的人中有59%表示同情中國，但這其中又有68%的人表示，對中國的同情並不足以使他們不買日貨❹❶。可見，這時美國的民意尙處於同情但又不願挺身而出的階段。

同時，孤立主義的勢力仍很強大。在羅斯福的「隔離演說」發表之後，孤立主義者便指責羅斯福是在鼓動戰爭，攻擊羅斯福是戰爭販子，反對的聲勢頗爲浩大。六大和平組織宣稱總統企圖把美國引上戰爭道路，聯合發起一場徵集二千五百萬人簽名的運動，要求「避免使

❸❼　赫伯特・菲斯著、周穎如等譯：《通向珍珠港之路——美日戰爭的來臨》，商務印書館，1983年版，第14頁。
❸❽　《美國、英國與綏靖》，第51頁；《英國與中日戰爭》，第77頁。
❸❾　《面對獨裁者》，下冊，第960頁。
❹❶　《美國與1933-1938年間的遠東危機》，第637頁。

美國捲入戰爭」。有的眾議員提議彈劾總統。羅斯福對他的一位朋友說：
「你一心想領著人民朝前走，可是回過頭來朝身後一看，沒有一個人
跟你走，這真可怕啊！」❹於是，羅斯福很快從他芝加哥演說的立場上
後退。他降低調門對記者說，制裁是個「可怕的字眼」，「應該扔到窗
外去」，他聲稱他「壓根就沒有提議制裁」。10 月 12 日，羅斯福在爐邊
談話中告訴美國人民，九國公約會議的目標僅僅是通過協商來尋求解
決遠東衝突的方案❷。

　　美國駐日大使格魯也提醒政府應謹慎行事。他在給赫爾的電報中
說道：「任何斡旋或集體調停的建議，不管其措辭如何謹慎，能為日本
政府接受，這是難以置信的，因為日本人將發現其中暗含一種外國壓
力的因素」，「為了不關閉這種終將發生的調停之門，布魯塞爾會議應
避免對有關中日衝突的責任和起源再表示任何意見，而且它應該嚴格
遵守試圖以協商促進和平的委託……最終調停成功的機會將與奉行的
公正程度而成正比地增加。」❸

　　日本政府對羅斯福的演說頗感不安而前來探詢。10 月 7 日，日本
駐美大使齋藤博奉命拜訪赫爾，詢問美國是否在考慮採取新的方針。
赫爾回答說，「我們目前不考慮採取任何特別的步驟；我們將繼續遵循
我們以往所遵循的方針和政策。」❹美國國務院的決策者們經過一番爭
論後，對美國出席布魯塞爾會議的指導原則作出了如下的規定：

❹　巴巴拉・塔奇曼著、陸增平譯：《史迪威與美國在華經驗》，商務印書館，
　　1985 年版，第 245 頁。
❷　《美國與 1933-1938 年間的遠東危機》，第 283-284 頁；《赫爾回憶錄》，第
　　一卷，第 551 頁。
❸　外交學院編：《中國外交史資料選輯》，第三冊 (1937-1945)，北京，1958
　　年版，第 134-135 頁。
❹　FRUS, Japan, 1, 398。

問：美國是否願意從事制裁？

答：到現在爲止，會議的範圍與目的只要求以協議來結束衝突。

問：美國能否同意任何會侵犯到中國領土完整或九國公約原則的解決方式？

答：不能。 ⓯

10月18日，赫爾在給美國出席布魯塞爾會議的首席代表戴維斯 (N. H. Davis) 的信中具體闡述了這一原則：「你要牢記我國外交政策的首要目標是我國的國家安全……，我國作爲1928年巴黎非戰公約的簽署國，否認把戰爭作爲國家政策的一種工具，並保證自己將以和平方式作爲解決爭端的唯一方式，你也要記住美國公眾輿論已表達了美國不捲入戰爭的決心。」美國政府對於布魯塞爾會議的設想是：「大會的主要作用應是提供建設性討論的論壇，創造解決問題的可能基礎，或就此提出建議，並努力通過和平談判把各方拉到一起來」 ⓰。

羅斯福也向戴維斯發生指令，要求戴維斯務必記住，美國不想被推到第一線，成爲未來行動的領導者或倡議者，它不想成爲英國風箏上的尾巴。羅斯福還捎口信給艾登，不同意英國把美國推向前臺，「強迫美國履行一項特定的聲明」。羅斯福聲稱，「要美國履行在芝加哥的演說的內容，這種企圖是討厭的，而且是有害的。」因此，戴維斯到達布魯塞爾後在與英國代表艾登的一次會前磋商中坦率地表示，美國不

⓯　《美國與1933-1938年間的遠東危機》，第405頁。

⓰　美國國務院編：《和平與戰爭：美國外交政策，1931-1941》(U. S. Department of State: *Peace and War: United State Foreign Policy, 1931-1941*)，華盛頓，1943年版，第389-390頁。

想起領頭作用，無論是美國還是英國都不應該只是追隨著對方，而應該沿著相同的路線一道行動。戴維斯並提醒艾登說，相當一部分美國輿論認為，美國在遠東的利益遠遠小於英國利益，英國現在無力保護其遠東利益，正盡力促使美國「為它火中取栗」。艾登對流行於美國的這一情緒表示極為痛惜**❼**。

由此可見，英美的目標與中國最初的設想實在是大相逕庭。中國期望會議根據國際公法宣布日本是侵略者，並希望得到武器、軍火、貸款等物資支援的保證，而其他國家則把重點放在以斡旋或調解的方式促成和平上。英美不願意在考慮調停的同時考慮援助中國的措施。他們認為這兩者是不相容的。10 月 28 日，出席九國公約會議的中國代表顧維鈞在巴黎與戴維斯會晤。顧力勸美國帶頭對日本實施禁運政策。但戴維斯表示，除非以軍事實力為後盾，否則禁運和經濟制裁是不起作用的。他認為日本的物資儲備充足，在制裁的情況下也可以支持一段較長的時間。戴維斯還表示，在此各國正試圖進行調停之時，又討論其他方案是不合理也不適宜的。他認為同時進行調停和採取積極援助敵對行動的措施是自相矛盾的。

在布魯塞爾會議尚未開始之時，種種跡象已經顯示這一會議將注定要失敗。對此，前往布魯塞爾出席會議的蘇聯外交部長李維諾夫對這次會議的結果也頗為悲觀。他對中國代表郭泰祺說，此次會議只不過是「重演倫敦不干涉委員會故事，別無結果」。鑑此，他稱「此來僅係作客，即委員會亦不擬加入」**❽**。

中國方面對此亦有所估計。國防參議員傅斯年曾預言：「此會議成

---

❼　羅伯特・達萊克著、伊偉等譯：《羅斯福與美國對外政策，1932-1945》，商務印書館，1984年版，上冊，第216頁；《赫爾回憶錄》，第一卷，第533頁。

❽　《盧溝橋事變前後的中日外交關係》，393 頁。

功之可能固遠不如其失敗之可能爲大，然必吾國盡力圖助其成事，方可於失敗後不負責任，而留爲下一步國際助我之張本。」❹10月19日，中國政府特派顧維鈞、郭泰祺和錢泰組成出席該會的中國代表團。10月24日，中國外交部致電中國代表團，指示了政府對於布魯塞爾會議的應付方針。該電第一條便指出：「依照目前形勢，會議無成功希望，此層我方須認識清楚」。但同時該電又要求代表團「對各國代表態度須極度和緩……並須表示會議成功之願望，我方求在九國公約規定之精神下謀現狀之解決，此係我方應付之原則」，「我方應使各國認識會議失敗責任應由日本擔負，切不可由中國態度之強硬而令各國責備中國。」該電說明了中國之所以如此應付九國公約會議的眞正原因，明確告訴代表團「我方應付會議之目的在使各國於會議失敗後對日採取制裁辦法」。外交部還指望從蘇聯那兒得到無法從英美那兒得到的東西，要求代表團「應竭力設法促使英美贊成並鼓勵蘇聯以武力對日」❺。

蔣介石給中國代表團的訓令也強調了同樣的方針。該訓令明確表示，「我與日本無直接妥協餘地」，但他要求代表團「務以和平態度對友邦，博取同情，使會議失敗後，責任歸諸日本，如是則各國對我同情增加，對日感情惡化，國際制裁辦法可以希望做到，且可使英美格外了解我國立場，策動蘇聯取積極態度。」❺

這時，在淞滬戰場上，中國軍隊敗象已露。從軍事角度看，應立即主動作有組織有層次的後撤，以免出現全面崩潰，一退而不可收的危險後果。但爲了配合九國公約會議，蔣介石決定在這個列強利益最

---

❹　吳相湘：《第二次中日戰爭史》，臺北，1973年版，上冊，第422頁。

❺　中國第二歷史檔案館館藏檔案，案卷號：十八・1289。

❺　中國國民黨中央文化工作委員會主編：《中國國民黨與國際關係》，臺北，1984年版，第107頁。

為集中的中國最大的工商城市再死拼一段時間，以期引起列強的同情甚至干預，至少也可使他們不會覺得中國的勢力太弱而失去援華信心。蔣介石在 10 月 22 日致各戰區司令及全軍將士的電中說：「世界各國之同情，亦隨我奮勇堅決的抗戰而日益普遍。國聯大會有嚴重之決議在先，東西諸邦社會民眾，均發動抵制日貨，以為應援。比京九國公約會議，克日即將召集。以足證我愈團結，人愈重視，我之團結抵抗愈堅強奮勇，則友邦之同情與援助，必日益增強……當此比京九國公約會議即將舉行之際，敵必傾全力，以期獲得軍事上的勝利，而轉移國際之形勢，我全體將士尤當特別努力，加倍奮勵，使敵人速戰速決之企圖，不能僥幸以逞。且當於此時機表示我精神力量，以增加國際地位與友邦同情。」[52] 李宗仁曾明確指出蔣介石的意圖是「在上海和敵人的主力火拼一番，不特可以轉變西人一向輕華之心，且可以引起歐美國家居間調停，甚或武裝干涉。」[53]

二

布魯塞爾會議向九國公約簽字國（包括最初的中、美、英、法、意、日、荷、葡、比九國及後來加入的玻利維亞等七國）和在遠東有重大利益的蘇聯、德國等共二十一國發出了邀請書。邀請書明確表明會議的目標是「檢討遠東局勢，研究盡快結束那一地區令人遺憾的衝突的和平手段」[54]。日本和德國拒絕參加此次會議。日本在致各國政府的照會中辯稱：「此次會議顯係出於根據國聯決議而召集者，而國聯既下有關日本帝國名譽之斷案，且對帝國復採非友誼的決議，不得不

[52]　《作戰經過》，第一卷，第 55 頁。
[53]　《李宗仁回憶錄》，南寧，1980 年版，下冊，第 702 頁。
[54]　《赫爾回憶錄》，第一卷，第 550 頁。

使帝國認為此次會議難期由關係國舉行充分而無隔閡之交涉，以使中日事變導於根據事實之公正妥當的解決」，「再則，此次中日事變為基於東亞之特殊事態，且與中日兩國有生死攸關之重大關係，若由對於東亞利害關係不同，甚至毫無利害關係之各國開會解決，其必反使事態益趨糾紛，而有礙正常之收拾」 ⑤。

　　11 月 3 日，九國公約簽字國會議在布魯塞爾開幕。會議主席、比利時外交部長斯帕克 (P. H. Spaak) 首先致詞。斯帕克聲明此次會議並非國際法庭，其目的在於以調解或仲裁等和平手段促使衝突早日停止。美英法代表隨後相繼作基調發言。戴維斯指出，中日戰爭不特使中日受損，世界各國都感受其害。因此與會各國應設法尋找雙方可以接受的基於條約的公正條件。艾登則強調，戰爭易於傳染，即使是局部戰爭，也與全世界有關。他表示願以最大的合作來求和平的實現。德爾博斯指出，與會各國應積極工作，此不僅為對於人類的義務，亦為維持和平及公平的義務，如意存自私不加努力，反有被牽入漩渦的危險。

　　意大利代表馬柯迪的發言明顯傾向於日本。馬柯迪聲稱，這次會議不能用強制的方法，亦不能進行譴責。會議的目的不在於調查爭端起點，因為這往往不易判明。他鼓吹會議的目的在於邀請中日雙方直接交涉，此後之事各國即不必過問。

　　蘇聯代表李維諾夫的發言表現出比較積極的態度。李維諾夫批評以往的國際會議往往忘了它的成立目的。為獲一時苟安不斷對侵略者讓步，結果，新侵略事件不斷發生，新會議也不斷召集。再加上各國間意見不一，就更給侵略者造成機會。李維諾夫還提醒會議不可掉入

---

⑤　《盧溝橋事變前後的中日外交關係》，第 383 頁。

侵略者的和平陷阱。這種和平一方面對侵略者說:「放心好了,搶來的都是你的」,一方面對受害者說:「愛你的侵略者。不要與邪惡對抗」❺⑥。他希望「此項會議不蹈覆轍,得有結果,立成一公正之和平,不可因求會議之成功,犧牲被侵略者」❺⑦。

　　會議開始進行兩方面的磋商。一是協商成立由少數幾個國家組成的小組委員會,以便更有效更迅速地研究遠東衝突,承擔調停任務。戴維斯提議由美、英及東道主比利時組成這一小組委員會。但意大利反對這一調停方式,它主張把中日雙方找在一起,由他們直接談判求得解決。法國和蘇聯對小組的構成持異議,他們要求加入這一小組委員會。戴維斯擔心如此則意大利也將要求加入,一個過大的委員會將難以展開有效的行動。蘇聯對把它排斥於小組委員會外的計劃反應強烈,甚至表示如果不讓蘇聯參加,蘇聯代表團將退出會議。李維諾夫說,讓一個大國的代表團站在會議門外等什麼時候用得著他才叫他進去開會,這簡直是荒唐。於是,組織小組委員會的計劃只好取消。

　　同時,會議還在忙於起草對日本拒絕參會的書面覆信,決定再次向日本發出邀請,並稱為滿足日本的願望,九國公約會議擬組成一個人數有限的委員會,僅由與遠東有關的少數國家參加討論。但是,日本決意抵制國際社會的干預,它再次拒絕了會議的邀請。日本政府在11月12日的覆文中聲稱,「日本既迫不得已而採取目前之自衛行動,則此項行動自不在九國公約範圍之內」,「日本政府深信,以集體機構,如此京會議所為之干涉,徒刺激兩國之民情,而使各方引為圓滿之解決更不易得。」❺⑧

---

❺⑥　鮑家麟:《列強對中國抗戰的態度》,載中華文化復興運動推行委員會主編:《中國近現代史論集》,臺北,1985年版,第二十六集,上冊,第481頁。
❺⑦　《盧溝橋事變前後的中日外交關係》,第395頁。

　　爲了對抗和破壞九國公約會議,日本在 10 月下旬即開始促請德國出面調停中日戰爭,以此排斥它國的干預。對此中國政府亦有所察覺,並未作出積極響應。而仍把主要注意力放在九國公約會議方面。11 月 5 日,蔣介石對傳遞信息的德國駐華大使陶德曼(O. Trautman)表示,中國現在不能正式承認收到日本的要求,因爲中國現在正是九國公約會議各國關注的對象,各國「有意要在九國公約會議的基礎上覓取和平」❺❾。同日,蔣介石在國防會議上明確地闡述了中國此際應當奉行的外交政策。他說道,「我們一貫的外交政策,是什麼呢? 就是中日問題的解決,應該使各國參加,以打破日本侵略中國,獨霸遠東,排斥第三國干涉的陰謀」❻⓿。

　　英美列強也風聞陶德曼調停之事,它們不贊成中國接受德國的調停。11 月 6 日,戴維斯就此事詢問顧維鈞和程天放。程天放否認有德國出面調停之事。他稱這一傳說並不可靠。事實是他曾向德國外長詢問德國何以不出面勸日本改變侵略政策,因爲日本認德國爲友,德易於說話。但德國外長回答說,目前尚非其時。戴維斯復問中國是否願意接受德國單獨調停。程天放答稱,此事未受政府訓令,不能正式答覆,但個人意見認爲,任何調停應有先決條件,即須恢復「七七」以前的狀態。戴維斯進而建議,若德國以後再提及調停,中國政府可以說這件事關係到九國公約各國,非僅中日兩國之間的事❻❶。

---

❺❽　《盧溝橋事變前後的中日外交關係》,第 387 頁。

❺❾　《德國外交文件集, 1918-1945》(*Documents on Germany Foreign Policy, 1918-1945*),倫敦,1949 年版,第四輯,第一卷,第 780-781 頁。(以下簡稱 *DGFP*,後列數字分別表示輯/卷,頁數。)

❻⓿　《先總統蔣公思想言論總集》,第十四卷,第 648 頁。

❻❶　《盧溝橋事變前後的中日外交關係》,第 396-397 頁。

　　11月7日，蔣介石在答記者問時，否認當時流傳的有在九國公約會議之外進行調停的說法。他聲明：「中國立場始終為尊重九國公約及國際一切條約。中國除竭誠與合法集團努力合作以外，決無單獨行動之理。中國最重信義，斷不自行違反一貫之立場。」⑫

　　11月8日，中國外交部就調停一事致電顧維鈞，表示：「我方惟一途徑只求由此會議獲得適當解決。日本於此時使用離間手段，自在意中。而德國亦未嘗不欲利用時機以調人自居，藉以抬高其在遠東之地位。德大使已頻頻微露其意。」外交部指示代表團「可斟酌情形，密商英、美二國。如有關於調停具體計劃，不妨於會外與德國隨時商洽；必要時並可請德國與英美等國向日本斡旋。如此既可打破日本之離間計劃，而以集體力量圖謀解決之政策，亦可始終貫徹。」⑬

　　在等待日本覆函期間，英美代表頻頻在會外活動，協調雙方的行動，探討可能的行動方式。戴維斯向艾登透露，「總統對遠東的前景大為不安，他認為大不列顛可能被迫撤出那裡的陣地，結果美國有朝一日也許不得不單槍匹馬地與大大加強了的日本太平洋力量打交道。現在正是這種可怕的前景使總統力求制止事態的繼續惡化。」戴維斯聲稱，如果會議失敗，「不能排除美國將採取進一步行動」⑭。戴維斯和亨培克一再表明，會議可能失敗，但世界輿論尤其是美國輿論可以從中得到教育。他們不知道美國下一步會採取什麼步驟，但希望會議能在教育公眾方面發揮作用，使他們能獲得公眾更有力的支持。

　　關於可能採取的行動，戴維斯說美國不會採取別的制裁行動，但可以「不買日本貨」。他認為英美共購買日本出口貨的75%，這一制裁

⑫　《先總統蔣公思想言論總集》，第三十八卷，第101頁。

⑬　《第二次中日戰爭史》，上冊，第423-424頁。

⑭　《面對獨裁者》，下冊，第961-962頁。

是一定會起作用的。但艾登懷疑這一措施的有效性。他指出這種特別措施曾被用來對付意大利，1935年國聯會員國所占意大利出口貿易的比例數字也是這麼多，但制裁並未取得顯著效果。艾登提醒戴維斯，制裁不外兩種：有效制裁和無效制裁。搞無效制裁，只會惹人動火而沒有實效，搞有效制裁，就必須看到要冒戰爭的風險。他認為英美對此應有足夠的認識，並應有共同承擔風險的意願，不論風險多大，都應堅持到底。

中國政府期望在列強出面斡旋下進行中日間的談判。11月12日，外交部指示中國代表團：「倘各國已正式或非正式促令日本仿照華盛頓會議解決山東問題辦法，與中國直接談判，同時受有關關係國之協助，則我方可不反對。至停戰問題，倘各國向中日提議雙方先行停戰，中國亦可同意。」⑥

日本拒絕會議的再次邀請，表現出它絲毫不肯讓步的態度，這使英美法代表大為不滿，並促使其態度轉向強硬。在11月13日的會議上，戴維斯、艾登和德爾博斯一致抨擊所謂「意識形態的十字軍」。他們指出，各國內政制度有自由選擇之權，它國不能強行干涉。他們反駁了日本有權侵入中國反對共產黨的荒謬理論。中國代表亦就此強調指出，日本政府已以它最近的答覆在各國代表面前關上了調停與和解之門。因此，中國籲請各國停止對日本提供戰爭物資及信貸，並對中國提供援助。英美代表準備採取某些行動。戴維斯要求美國政府拒絕向日本提供貸款，不承認日本的征服，並要求艾登保證英國在這些方面給予合作。艾登對此作出積極的響應。

同時，會議開始起草批駁日本第二次拒絕聲明的宣言。該稿由美

---

⑥　《盧溝橋事變前後的中日外交關係》，第407頁。

國代表亨培克起草，經英、法代表團修改，於 11 月 15 日獲大會通過。宣言批駁了日本所鼓吹的中日戰爭僅僅是中日兩國之間的事情的觀點，指出：「這場衝突實際上涉及 1922 年華盛頓九國公約和 1928 年巴黎非戰公約的全體簽字國，實際上也涉及國際大家庭的所有成員」，它「使國際交通中斷，國際貿易受阻，給各國人民帶來一種恐怖感和憤慨，使整個世界感到不安和憂慮」。針對日本要用武力「使中國放棄現行政策」的企圖，宣言指出：「在法律上，根本不存在任何國家動用武裝力量去干涉他國內政的法律根據」。

宣言對日本主張的日中兩國單獨解決的公正性表示懷疑，認為「如果聽任他們自己解決，沒有任何理由可以相信日中兩國會在不久的將來達成給該兩國間的和平、其他國家的權益保障以及遠東的政治和經濟的穩定帶來希望的協議」，「恰恰相反，倒有一切理由相信，如果這個問題完全留待中日單獨解決，則武裝衝突——隨之而來的生命財產的毀滅、混亂不安、動盪不定、苦難、不和、仇恨和整個世界的不安寧——將永無止境」。宣言最後宣稱，對於日本「固執與所有其他簽字國相反的見解」，「各國代表不得不考慮其共同態度」❻❻。

通過宣言後，會議決定休會一個星期以便各國代表有機會與本國政府商討下一步的行動。中國政府對這一宣言比較滿意，命令中國代表團向美英代表團轉達中國政府對他們的同情和協助態度的讚賞。

然而，出於戰略利益、實際力量、國內輿論等方面的考慮，英美政府此時尚未想邁出由道義支持到行動支持這一步。戴維斯希望採取某些行動的積極想法未能獲得美國國務院的同意。在對日本答覆宣言通過之前赫爾就給戴維斯等人潑了一盆冷水，他拒絕了戴維斯的提議，聲稱目前採納不承認政策的決議的時機尚未成熟。赫爾提醒戴維斯說：

❻❻　*FRUS*, Japan, 1, 410-412。

「至於你所建議的反對政府貸款並緊縮私人借款與信貸的宣言，你應當記得這些措施是在邀請開會條件範圍之外的，你更應記得國聯在日內瓦參加會議的國家都絕對避免採取此類措施」**❻**。數小時後，赫爾致電戴維斯，表示出他對布魯塞爾氣氛的不安。他說，「自布魯塞爾來的新聞報導，尤其是過去幾天的，予人以一種印象：其他與會國家願意並熱心採取對日施加壓力的方法，只要美國也肯這麼作。這些報導的語氣似乎在說，美國應單獨對決定此次會議的態度負責……我也請你注意布魯塞爾會議開會的目的。請你注意對日施加壓力方法的問題是在會議範圍之外的。」**❻**副國務卿韋爾斯則聲稱戴維斯在布魯塞爾已經走得太遠了。宣言通過之後，美國國內對戴維斯的批評之聲甚高，孤立主義勢力在國會和輿論界發出了「召回戴維斯」的強烈呼聲。

　　一直以不安的目光注視著布魯塞爾會議進程的日本政府在會外對美國政府施加壓力。會議決議中「共同態度」一詞，在日本傳為「聯合行動」，這引起了日本人的某種擔心。11 月 16 日，日本外相廣田弘毅會見了美國駐日大使格魯。廣田認為，「聯合行動」之意，似乎是實行某種制裁，「這種行動不僅無助於停止戰爭，而且只會使中國人得到鼓勵，從而無限期地延長戰爭。」廣田聲稱根據他們得來消息，「美國不僅倡議召開布魯塞爾會議，而且，還正在會上起著積極的領導作用。」廣田並含有威脅性地說道，這些消息不久將會出現在日本報刊上，它將產生「很壞的影響」，過去日本公眾一向認為，拼湊反日聯合陣線的首要國家是英國，假如報刊報導了這些消息，反日的責任大部分就會移到美國肩上」**❻**。

---

❻　*FRUS*, 1937, 4, 181。

❻　*FRUS*, 1937, 4, 197。

❻　《使日十年》，第 228-229 頁。

　　英國決策集團也不贊成採取積極行動。英國參謀部 11 月 12 日的一份重要報告指出，英國不具備同時抵抗德、意、日的能力，因此，從國防角度來看，英國應該努力「減少我們的潛在敵人的數目，獲得潛在盟友的支持」，這一工作的重要性「怎樣估計也不會過高」❼⓿。張伯倫贊成這種少樹敵的觀點，他早在 11 月 8 日就對趕回倫敦報告布魯塞爾會議情況的艾登表示過，他「無論如何」也不會考慮對日本實施制裁，結果兩人還為此發生了爭吵，以致於艾登在次日表示懷疑張伯倫是否有能力擔任首相。

　　在來自國內的壓力下，布魯塞爾會議代表的態度又趨向消極。中國代表曾奉命拜訪英美代表，對他們的支持表示感謝。對此，美國代表似乎頗感不安。亨培克希望中國代表不要在外面宣揚美國是中國最好的朋友，以免給美國人民帶來一種印象，說美國代表團在會議中處處帶頭，並且負起了全部重擔。戴維斯也認為這一點很重要，並聲稱事實上英國的表現也一直是非常之好的。美國代表團的這番苦心，充分反映了當時美國輿論的壓力，美國人害怕被捲入戰爭，當時還不準備採取堅定的立場。

　　在休會期間的另一次拜訪中，顧維鈞向亨培克提出，事至如今，會議應考慮採取援助中國削弱日本的措施。但是，亨培克表示，九國公約僅僅規定在締約國之間交換意見，當締約一方仍不停止公約所禁止的行為時，公約並未規定任何強制措施，它沒有為簽字國規定採取措施的義務，各國採取措施只是出於自願，而不是公約義務。他指出，美國人同情中國，但現在他們還不願冒戰爭的風險。戴維斯則更直率地對中國代表錢泰說，「（國聯）盟約有制裁辦法，尚且不能執行，九國公約無制裁辦法，中國豈可奢望」❼⓵。

❼⓿　《英國與中日戰爭》，第 80 頁。

中國代表還與蘇聯代表、副外交人民委員波將金進行了長談，提出了蘇聯在蒙古和東北邊境地區舉行軍事演習的建議。蘇方提出了其他大國的保證問題，認為如果蘇聯以軍事演習這樣的實際行動支持了中國，而無第三者保證援助的話，那就等於要求蘇聯去冒獨自面對日本的危險。

11月22日，布魯塞爾會議復會。會前，中國代表拜訪了英美代表，提出會議應採取助華制日的有效辦法，如提供軍事物資，英美法聯合進行海軍演習等。但英美代表聲稱，如各國明顯助華，恐反促成日本實行封鎖，使中國現有的物質援助亦不可續得，且這一辦法難望在大會通過。顧維鈞提出，英、美、法、蘇、荷、比諸國可以在會外舉行圓桌會議，以便就對華援助達成一項總的諒解，但美國代表反對共同商討，主張中國與各國單獨交涉。亨培克說，如果美國得知戴維斯先生參加考慮援助中國的會議的話，他首先將會得到華盛頓將他召回的電報。

11月24日，與會國舉行最後一次會議，再次通過了一項宣言。該宣言重申了11月15日宣言的原則，宣稱「九國公約所載各項原則，乃係維護世界和平促進有秩序的國家生活與國際生活所必須加以尊重之基本原則」，「九國公約會議相信中日戰爭若能迅速制止，匪特為各該國之真正的利益所在，即全世界各國亦均利賴之」，因此會議「向當事雙方懇切建議，停止戰事，並改取和平程序」。會議並宣布，「為使與會各國政府得有充分時間以交換意見，並賡續覓求和平方式起見，認為暫時延會乃賢明之舉」❼❷。至此，九國公約會議實際上無限期暫停。中國代表對這樣的結果表示失望，在會上對會議所採取的軟弱

---

❼❶　中國第二歷史檔案館：《民國檔案》，1989年，第二期，第39頁。

❼❷　《中國外交史資料選輯》，第三冊，第138-140頁。

態度提出嚴重抗議。

布魯塞爾會議沒有解決任何實際問題。例如，印度支那過境問題就由於列強間互相推諉而懸而未決。法國要求美英政府作出保證：一旦法國因在這方面幫助中國而受到攻擊時，美英將予以支援，共同對付這一局勢，法國並要求這種保證應該是書面的。對此，英國表示，如果沒有美國的參與，它難以作出這種保證。問題轉到了美國那裡，可美國又表示，美國根本不可能這樣做，因為美國的一貫政策是不使自己承擔義務，不僅書面保證，就連口頭上的保證也決無可能。對此，法國又聲稱，讓法國單獨去應付危險的局勢是不公正的。如果出現了麻煩，法國國會和法國人民不會原諒政府在採取向中國提供過境便利政策時，沒有事先取得保證。

美國認為，法國是在有意地把責任推給美英。戴維斯指出，印度支那對於法國遠比香港對於英國以及遠東任何地方對美國重要得多，如果法國不願保衛其印度支那殖民地，又如何能指望別人替它來保衛呢？戴維斯並聲稱，美國拒絕在一切問題上預先承擔義務，即使美國決心在下周使用武力，它也不得向任何國家作事先承諾，美國人民不允許這樣做❼❸。

羅斯福對法國在印支過境問題上的態度也表示了不滿。他在 11 月 16 日會見法國駐美代辦時形容說，某些在遠東有領土、利益的大國，目前的所作所為就像「受驚的兔子」。幾天後，法國總理肖當反唇相譏，他對美國駐法大使說，法、英及其他一些民主國家目前的所作所為的確像受驚的兔子，但他發現「那隻最驚恐萬狀卻並未被瞄準的兔子就是美國」❼❹。

---

❼❸　《顧維鈞回憶錄》，第二分冊，第 663，665 頁。
❼❹　《美國與 1933-1938 年間的遠東危機》，第 421 頁。

　　對於布魯塞爾會議，格魯的某些批評也許是中肯的（儘管其出發點有偏差），他覺得從一開始就很明顯，大家不會同意採取反對日本的有效措施，既然如此，為什麼還要召集九國公約會議呢？他認為這樣的會議反而會使日本的軍國主義分子因會議所表現出來的「大國缺乏團結與軟弱無能」而受到鼓舞。他反問道：「政治家們為什麼不能把事情先考慮好再做呢？」**⑦⑤**

　　但是，對於國聯會議和布魯塞爾會議的積極意義也絕不可忽視。不難看出，這兩次會議的報告書或宣言都是對日本持批評態度的。它使世界更清楚地了解了中日衝突的真相，使世界輿論更多地傾向於中國。這打破了國際間從前對中日衝突「絕對中立」的狀態，中國在國際講壇上贏得了正義的一票。會議使中日問題的解決「國際化」，挫敗了日本企圖「直接交涉」的圖謀，使這一問題成為國際社會所共同關注的一個中心問題。而且，道義上的援助必將為以後的物資援助打下基礎。中國參謀本部早在 7 月下旬所擬的一份《國防外交政策提案》對這一情況就曾有所預計。該提案在逐個分析了與遠東問題有關的英、美、法、蘇、德、意等國與中日交往的歷史及現狀後指出，「我國國際上之情勢，實較敵方為優越」。但又指出「欲據此判斷歐美各國在中日衝突中對我將有何種積極援助，則亦未免奢望。其原因由於各國在遠東均無生死關係之利害，且各有其他牽制問題，如英為意所牽制，俄為德所牽制是也」。提案認為，「目前我國所能期望於各友邦者，不外㈠精神援助；㈡經濟援助；㈢軍事上發生一種牽制力量。」並具體分析指出，「精神援助雖似空洞，但對於我敵人方面，隨時有變為經濟制裁之可能」**⑦⑥**。

---

⑦⑤　《美國與 1933-1938 年間的遠東危機》，第 441 頁。

⑦⑥　中國第二歷史檔案館館藏檔案，案卷號：七八七・2041。

第四章　華盛頓體系之外的蘇聯與德國

在第一次世界大戰後所構造起來的遠東華盛頓體系中，有兩個大國被排除在外，直到三〇年代中期它們在遠東秩序中仍未取得與英美同等的位置，它們就是蘇聯與德國。

蘇聯作爲當時世界上惟一的共產黨領導的社會主義國家，既受到以英美爲主導的國際社會的排斥，同時蘇聯本身對東西方的資本主義國家也一直懷著警惕的目光，不願因輕舉妄動而陷入糾紛之中。因此，它在國際講壇上的發言權遠不如英美重要，也不那麼引人注目。德國作爲第一次世界大戰的戰敗國，理所當然地被排斥於華盛頓會議之外，其在遠東的殖民地和權益被悉數剝奪。到了三〇年代中期，儘管德國實力大增，其部分勢力又回到了遠東，但它在遠東問題上的發言權仍是很有限的。

有趣的是，恰恰是這兩個最初被排斥於華盛頓體系之外，如今在遠東秩序中也不占主流地位的國家，在抗戰的最初階段，給了中國最爲實際的援助。

第一節　中蘇訂立《互不侵犯條約》

一

蘇聯是諸強中惟一與中國和日本領土相鄰的國家。中日戰爭的發

展對於它的國家安全有著直接的影響。如果中國被征服，一個強大的無後顧之憂的日本將對它構成一個重大威脅。因此，它對中日衝突的關心之切自非其他列強所能相比。另一方面，蘇聯的舉動對中日雙方也將發生最為直接的影響，無論是援助也罷，威懾也罷，它都處於最方便最直接的地位。因此，蘇聯對於中日戰爭的立場便顯得尤為重要。

中蘇兩國在意識形態上有著巨大差異，但在面對著具有擴張性的日本這一問題上，中蘇有著共同的利益。就蘇聯的國家利益來說，它不希望看到日本過於強大，在中日兩方中，抑強扶弱自然是它的上策。而中國對利用蘇聯制約日本也寄予較大的希望，這不僅是基於對蘇聯戰略利益的判斷，還因為在各大國中惟有蘇聯擁有在東亞迅速干預的力量，蘇聯在其遠東地區擁有強大的陸軍和空軍。因此，聯蘇制日便成為中國政府的一個重要戰略。

早在戰爭爆發前兩年，中蘇之間就已經開始了訂立有關中蘇條約的商討。1935 年秋，國民黨中央執行委員陳立夫曾與蘇聯駐華大使鮑格莫洛夫討論過一旦中日戰爭爆發時蘇聯如何對華援助的問題。陳立夫提出了訂立中蘇互助條約的建議，但鮑洛莫夫認為這一條約「太危險」，未接受這一建議❶。不久，蔣介石在與鮑格莫洛夫的談話中也表示了願與蘇聯簽訂一個秘密軍事協定的意向。蔣介石聲稱他願以「中國軍隊總司令」的身分，與蘇聯訂立「有實質性的真正促進中蘇親密關係並能保障遠東和平的協定。」❷

但蘇聯對中國的實力和意圖都持有懷疑態度。1935 年 12 月 14 日，蘇聯外交部電告鮑格莫洛夫，表示蘇聯政府不反對簽訂這一協定，

❶ 高龍江：《中蘇關係，1937-1945》（John W. Garver: *Chinese-Soviet Relations, 1937-1945*），紐約，1988 年版，第 18 頁。

❷ *ДВЛСССР*，18, 538。

並準備同中國方面具體討論這一問題。為此，蘇聯要求中方澄清一些問題，即中方如何具體實現它所提出的建議？蘇聯將承擔什麼樣的義務？中國政府的義務又是什麼？雙方的義務從何時開始履行？蘇聯外交部在不久後給鮑格莫洛夫的信中進一步談了他們對中國的感想:「各方面的情況都使我們相信，南京政府的一切考慮只建立在其他國家對日作戰的基礎上，它並不認為自己能同日本作戰。」❸

　　1936 年 10 月，蔣廷黻出使蘇聯，他在莫斯科與蘇聯要員討論了互助條約和互不侵犯條約的問題。李維諾夫拒絕討論互助條約，他聲稱，蘇聯在遠東捲入衝突會使它在歐洲處於不利地位，同時還會增加西方國家對蘇聯的懷疑，減少他們對中國的同情。李維諾夫表示願意與中國簽訂互不侵犯條約，聲稱這樣便可為蘇聯向中國提供貸款以便它向蘇聯購買軍事物資提供一個政治基礎❹。

　　隨著歐洲和遠東時局的日趨緊張，蘇聯希望倚重中國以牽制日本，鑑於其本身的國際處境以及它所面臨的東西線作戰的危險，蘇聯在歐洲鼓吹集體安全原則的同時，在東方也努力推行集體安全的方針。1937年 3 月 10 日，蘇聯外交人民委員李維諾夫在記者招待會上重新提起蘇在 1933 年曾經提出過的訂立太平洋地區公約的主張。次日，李維諾夫在與蔣廷黻的會談時表示，「我堅信只有這樣的公約才能最終制止日本侵略和保衛遠東和平。日本不可能也不敢與其他太平洋國家的聯盟對壘」。蔣廷黻詢問能否先以中蘇協定的形式建立某種核心，然後再讓太平洋地區的其他國家參加，李維諾夫認為不可以這樣做，他說道:「如果說有極小的可能性建立太平洋聯盟，那麼這一極小的可能性就會被

---

❸　杜賓斯基著、湯宜標節譯:〈抗日戰爭時期的蘇中關係〉，載中國社會科學院近代史研究所編《國外中國近代史研究》，第十一輯，第 359 頁。

❹　謝鍾鏈譯:《蔣廷黻回憶錄》，臺北傳記文學出版社，1979 年版，第 19 頁。

蘇中雙邊協定化爲烏有。即使是現在這樣，英國和美國還很不願意承擔任何新的義務，那時，他們會很樂意從遠處觀望蘇中單獨締約發揮作用，希望靠這個條約就足以擋住日本對中國的侵略。」❺

1937年4月，剛從莫斯科接受了新使命而返華歸任的鮑格莫洛夫，頻繁與孔祥熙、陳立夫、蔣介石等中國要人會見，轉達了蘇聯政府請中國發起太平洋地區公約談判的建議，並希望開始進行中蘇互不侵犯條約的磋商。4月12日，鮑格莫洛夫與中國外交部長王寵惠詳細地進行了有關中蘇在遠東協調行動問題的會談。鮑格莫洛夫表示「蘇聯近年來感覺其在遠東所處之環境與中國相同，中國強則爲遠東和平之一種保障，中國弱則爲遠東戰爭之導火線。」他向王寵惠提出了一個依次分爲三個步驟的共同預防外患的計劃：一、以中國政府名義邀請太平洋有關各國（包括英、美、法國）召開一國際會議，商訂集體互助協定，蘇聯將協助向各國疏通，使它們能共同接受中國的提議；二、若第一項未能實現時，中蘇商討訂立互不侵犯協定；三、中蘇訂立互助協定❻。

鮑格莫洛夫建議立即開始蘇中互不侵犯條約的談判。他聲稱簽署這一條約不僅會給中國帶來具體好處，而且「必定會爲進一步加強蘇中關係創造一個有利的氣氛，並在很大程度上有助於未來可能就互助條約進行的談判」。鮑格莫洛夫並表示，「我國政府無論如何也鬧不明白，究竟爲什麼中國政府對這一問題持否定態度？」但中方對蘇聯的動機持有疑慮，擔心與蘇聯締約將會影響英美對中國的援助，引起德國的不滿，並刺激尚處於和平狀態的中日關係，因而對蘇聯的提議未作積極響應。中方一時看不清蘇聯這一提議的利弊究竟如何，只覺它「關

❺ *ДВЛСССР*，20，117。

❻ 《戰時外交》，第二卷，第325頁。

係我國存亡至深且巨，我國似不宜輕易拒絕，亦不宜倉促贊成」❼。

　　抗戰爆發前夕，中國行政院秘書長翁文灝以參加一國際學術會議為名訪蘇。李維諾夫在與翁文灝會見時再次提出簽訂互不侵犯條約問題。他明確指出，蔣介石政府與蘇聯的關係本來是很壞的，現在從頭做起，建立交情，應當立即訂立互不侵犯條約。李維諾夫表示蘇聯根本不會侵略別國，訂立互不侵犯條約就是表明中國可得蘇聯幫助的意思。實行幫助的辦法是訂立中蘇易貨合同，這樣蘇聯便可以向中國提供一部分設備。翁文灝將蘇方要求如實向南京最高當局作了報告，但仍未引起積極的反應❽。這樣，直到「七七」事變時，中蘇對於以上條約的交涉仍處於不定狀態，沒有什麼進展。

二

　　盧溝橋事件發生後的次日，蔣介石立召立法院院長孫科和外交部長王寵惠至盧山。蔣對他們說。如果事態擴大，可能會演變成一場全面戰爭。在這場全面戰爭中，「最關鍵的因素」是與蘇聯達成協議，由蘇聯供應軍事裝備並締結一個中蘇互助條約❾。次日，孫科與王寵惠立即趕赴上海，與鮑格莫洛夫就此事進行商談。

　　中國外交部並試擬了一份中蘇互助協定的草案,其條文約定:「中華民國或蘇聯遠東領土有被第三國直接或間接侵犯之恐怖或危險時，兩國應即商定辦法，以實行國際聯合會盟約第 16 條之規定」,「中華民國或蘇聯遠東領土受第三者之直接或間接侵犯而違反兩國之和平意思時，兩國即彼此予以軍事及其他援助。」為防止出現中國政府所害怕出

❼　《戰時外交》，第二卷，第 326 頁；*ДВЛСССР*，20, 167-168。

❽　《文史資料選輯》，第一輯，第 65 頁。

❾　孫科：《中蘇關係》，中華書局，1946 年版，第 16 頁。

現的另一種情況，草案還提出，「一方軍隊爲實行上列兩款之義務起見，
經雙方同意而調至他方之領土內，若他方請求調回應即調回。」❿

　　然而，蘇聯此時不願與中國談判中蘇互助條約。鮑格莫洛夫對孫
科和王寵惠說，締結互助條約的目的在於以其威懾力量防止戰爭的爆
發。如果在九一八事變之後不久就簽訂這樣的條約，那麼，日本的侵
略是有可能被制止的。但如今戰爭已經開始了，再締結這種條約已爲
時過晚。他坦率地說，如果現在蘇聯與中國簽訂這種互助條約，即意
味著蘇聯必須參戰，日本就很可能進攻蘇聯，但蘇聯現在尚未作好與
日本作戰的準備。因此，以互助條約去刺激日本人來進攻是不明智的，
鮑格莫洛夫提議中蘇簽訂一個互不侵犯條約。

　　但中國政府對締結互不侵犯條約不感興趣，爲了促使蘇聯政府同
意簽訂互助條約，中國要員不斷向蘇方強調日本對蘇聯也具有重大的
也許是更大的威脅。陳立夫在 7 月 19 日與鮑格莫洛夫的談話中聲稱，
「中國是日本進攻的首當其衝的目標，而蘇聯則是第二個」。蔣介石也
向蘇聯駐華武官雷平（Э. Лерин）指出，從日本方面來看，根本的問
題不是中國問題，而是蘇聯問題。

　　但鮑格莫洛夫認爲，「不管日本政客們的準則如何，他們在作出實
際決策時都必須依據實際的想法。一方面，他們不可能不考慮我國紅
軍的強大威力，另一方面，他們也會考慮到華北諸省幾乎未有防衛的
狀況」。他認爲日本不會鋌而走險去與蘇聯打一場吉凶未卜的戰爭，而
會去奪取能輕易取得的華北資源。鮑格莫洛夫覺得中國政府正在「把
賭注固定地壓在日蘇戰爭上」，這是中方對互不侵犯條約持消極態度的
原因，也是其對外政策的失誤所在。於是，鮑格莫洛夫向中方反駁了

❿　《戰時外交》，第二卷，第 327 頁。

日本將會進攻蘇聯的看法，聲稱「我們完全相信，日本不可能對蘇單獨開戰，因爲現在蘇聯在軍事方面已經比日本強大，日本人現在也明白這一點，他們只有考慮到蘇聯在西方也將被捲入戰爭時，才會制定進攻蘇聯的計劃。」他表示，蘇聯「只能根據自己的力量制定我國的整個政策。」❶

鮑格莫洛夫並向陳立夫再次提出太平洋地區公約問題。他表示，「我們毫無條件地反對日本侵華，因爲這威脅著遠東的和平，而遠東和平則與蘇聯有極爲密切的關係。我們願意幫助中國也正是出於這個原因，希望提出太平洋公約的建議也因此而來」。鮑格莫洛夫認爲，現在的局勢對中國政府在這個問題上表示主動是極爲有利的❷。

蘇聯外交部反對與中方進行互助條約的談判。李維諾夫在給鮑格莫洛夫的電報中指出，「與過去相比，目前更加不宜簽署互助條約，因爲這樣的條約會意味著我們立即對日宣戰。」蘇方多次明確拒絕中方簽訂互助條約的要求，鮑格莫洛夫先後對王寵惠、徐謨和蔣介石聲稱：「蘇聯政府認爲，當前關於互助條約的任何談判都是不合時宜的。」❸

蘇聯仍然希望締結太平洋地區公約或中蘇互不侵犯條約。但中方多次表示，中國難以承擔發起太平洋公約的任務，因爲日本肯定不會同意參加締結這一公約的談判，即便它同意參加，由於公約通常是以維持地區現狀爲目標，日本便會提出要人們承認已經存在的僞滿洲國等要求。此外，中蘇以外的其他國家對太平洋公約不會很感興趣，因爲它們只是在中蘇被打敗後才會受到威脅。

於是，蘇聯只得把重點放在簽訂互不侵犯條約上。鮑格莫洛夫對

---

❶　*ДВПСССР*，20，392。

❷　*ДВПСССР*，20，388-390、392-394。

❸　*ДВПСССР*，20，430、436。

中方強調說，「蘇聯政府認為這個問題具有特別重要的意義。如果需要有其他一些意義深遠的協定，那就更有必要立即就互不侵犯條約開始談判。」其時，中蘇之間正在就軍事物資的援助問題進行商談。於是，鮑格莫洛夫向蘇聯外交部提議，在同意向中國提供軍事物資之前，「應堅持簽署一項互不侵犯條約，為此可提出一個理由，說我們必須得到保證，使我們的武器不被用來對付我們。」❶

　　蘇聯之所以堅持要訂立互不侵犯條約，實際上反映了蘇聯對中國仍存疑心，擔心中國經不起日本的硬打軟拉而倒向日本，與日本締結對蘇聯不利的反共協定。簽訂互不侵犯條約就是要得到中國不與日本合伙反共反蘇的保證。然而，奇怪的是，中國政府並不願意訂立互不侵犯條約，它要麼就要求訂立互助條約，要麼連互不侵犯條約也不想簽訂。中國政府的這種兩個極端的態度看似矛盾，但它恰好說明，中國政府不想在得不到蘇聯重大支持的情況下給外界造成親蘇的印象，因此而影響它對其他列強的外交。這時，英、美等國對蘇仍存顧忌之心，而德、意與蘇聯的敵對則是公開的。所以，中國政府不願輕易地邁出這一步。但是，如果蘇聯同意簽訂互助條約，公開幫助中國打日本，中國政府則可不顧忌任何影響問題，畢竟目前這有關生死存亡的抗戰壓倒一切。

　　當然，中國政府中也有人主張積極地大膽地推行聯蘇政策，立法院院長孫科便是一個代表。他在 7 月下旬發表談話時指出，法國為歐戰的戰勝國。它還在竭力尋找朋友，「中國為弱國，當然更須朋友，絕不能因怕得罪敵人，而不敢覓取友邦，自陷孤立」。現在與遠東政局有關係者為英、美、蘇三大國，英美為海軍國，它決不會運用其海軍以

---

❶　*ДВП СССР*，20，392-394。

參加大陸戰爭。而「蘇聯為遠東惟一大國，且為陸軍國家」，「故中國惟一可找之朋友為蘇聯」❶。但是，持孫科這種看法的人在國民政府中畢竟只是少數，他們無法對中國的對蘇政策產生決定性的影響。

中國政府反對把簽訂互不侵犯條約作為獲得軍事物資的先決條件。7月20日，國民黨中央執行委員張沖會見鮑格莫洛夫，轉達蔣介石的意見說，目前中日戰爭已勢不可免，任何政治問題的解決都需耗費很多時間，因此，應該把軍事物資供應問題與一切政治問題分開來單獨解決。考慮到華北事態的迅速惡化，鮑格莫洛夫向蘇聯外交部建議改變他原來的提議，他現在覺得，「更妥善的辦法是不把軍事供貨同互不侵犯條約攪在一起，而從商務方面入手解決這個問題」。但蘇聯外交部駁回了鮑格莫洛夫的新建議。7月31日，蘇外交部在給鮑格莫洛夫的特急電報中指出：「提供軍事物資務必以先簽署互不侵犯條約為先決條件。」❶

南京政府對蘇聯的這一堅定立場頗感無奈。它甚至想求諸列強來推動蘇聯援華。中國選中了列強中與蘇聯關係相對來說比較緩和的法國。7月27日，蔣介石在與法國駐華大使那齊雅（P. E. Naggiar）的談話中帶有誇張地說：「蘇俄在此次事件後態度非常冷淡，殊出乎常理常情之外，敝國一般人士原來希望聯俄者，現甚失望！對於蘇俄非常不滿」。蔣介石問那齊雅「有何辦法，能促使蘇俄政府態度之轉趨積極否？」蔣介石甚至還說道：「中俄本為利害關係甚密切之友邦，此時日本進攻敝國，蘇俄不出面幫助，將來蘇俄被日攻擊，敝國亦愛莫能助矣」❶。此話顯然是說給蘇聯人聽的。7月30日，中國駐法大使顧維

❶　《盧溝橋事變和平津抗戰（資料選編）》，第92頁。
❶　ДВП СССР，20，405、430。
❶　《先總統蔣公思想言論總集》，第三十八卷，第88頁。

鈞在會見法方重要人士時也提出，希望法國政府作爲中間人，代爲探
詢莫斯科對與中國締結軍事同盟的態度。他認爲，「法國實際上是俄國
的盟國，可以運用法國的影響，幫助促進南京與莫斯科的相互了解」
⑱。然而，法國是否如中方所願，積極活動以促成蘇聯援華，則不得
而知。

　　8 月 2 日，鮑格莫洛夫與蔣介石進行了一次關鍵性會談，著重討論
了互不侵犯條約問題。蔣介石聲明他不能同意把軍事供貨和這一條約
用任何形式聯繫起來。他表示如果互不侵犯條約中不含有招致侵犯中
國主權的內容，他原則同意簽約。但如果把這一條約作爲中國爲獲得
軍事援助協定而付出的報酬，那他是絕不會同意的。鮑格莫洛夫不同
意所謂「報酬」之說，他認爲互不侵犯條約的實質在於雙方承擔互不
進攻的義務，十分清楚，不進攻另一方這個義務絕不能被說成爲某事
物而付出的報酬。他希望中國政府理解蘇聯的處境：「我們如果不能以
互不侵犯條約的形式作爲起碼的保證，不致讓中國用我們的武器打我
們，那我們是不能向中國提供武器的」。

　　對此，蔣介石向蘇聯保證，中國絕不會進攻蘇聯。他並另有深意
地說，日本正是要求與中國結成反蘇軍事同盟，爲此日本願意作很大
的讓步，但是中國政府斷然拒絕了日本的要求，且以後任何時候也絕
不會同意這個要求。鮑格莫洛夫不理會蔣介石打出的這張牌，他接著
說，這恰巧說明堅持簽定互不侵犯條約是必要的。

　　雙方還討論了簽署互不侵犯條約的時間。蔣介石希望能先簽軍事
供貨協定，待簽訂互不侵犯條約後再履行供貨協定。但鮑格莫洛夫認
爲，如果沒有互不侵犯條約，那麼簽署供貨協定就毫無意義，他主張

---

⑱　《顧維鈞回憶錄》，第二分冊，第 430 頁。

至少兩個條約應同時簽署。蔣聲稱這將使他很為難，因為這使得互不侵犯條約看起來就像是對於軍事供貨協定而付的報酬。鮑格莫洛夫再次強調蘇聯需要得到不致使蘇聯武器被用來打擊蘇聯的保證，而不得不堅持先簽互不侵犯條約❿。

　　這以後，中蘇之間又經過多次磋商，結果是以迫切需要獲得軍事物資的中國作出讓步而告終，雙方商定於 8 月 21 日先行簽訂互不侵犯條約。然而，在條約簽訂的當天又發生了一點波折。中國外交部次長徐謨突然通知鮑格莫洛夫說，中國政府堅持同時簽署互不侵犯條約和軍事供貨協定。鮑格莫洛夫當即要徐謨轉告蔣介石，「這將會在莫斯科造成極不愉快的印象，並把整個事情拖延下去。」這一天內，鮑格莫洛夫幾次會見孫科，直率地說，「中國政府似乎是在玩火，我根本不明白中國政府對我們有什麼要求：是要飛機抗日，抑或只不過是要一個目的不明的書面擔保？」晚上，蔣介石會見了鮑格莫洛夫，解釋說是徐謨個人的誤會把兩個條約聯在一起。蔣介石同意立即簽約。事後，鮑格莫洛夫急電蘇聯外交部，他認為這說明親日派在最後時刻對蔣介石施加了強大壓力以拖延條約的簽署，他希望盡快把軍用物資運抵中國，以加強抗日派的地位⓴。

　　《中蘇互不侵犯條約》規定：

　　　　兩國約定不得單獨或聯合其他一國或多數國家，對於彼此為任何侵略。倘兩締約國之一方受一個或數個第三國侵略時，彼方締約國約定：在衝突全部期間，對該第三國不得直接或間接予以任何援助，並不得為任何行動，或簽定任何協定，致該侵

---

❿　　*ДВЛCCCP*，20，437-440。

⓴　　*ДВЛCCCP*，20，472-473。

略國得用以施行不利於受侵略之締約國。

　　此外，雙方還有一口頭約定，蘇聯承諾它不與日本締結互不侵犯條約，中國承諾不與第三國簽訂共同防共協定**❷❶**。

　　中蘇互不侵犯條約正式公布的時間是 8 月 30 日。為了不致引起列強的猜忌和日本的敵視，8 月 29 日，蘇聯外交部分別致電蘇聯駐英、美、法、德、意、日等國大使，其主旨是說明這一條約並沒有在現時針對某一國的含義。該電所說明的幾點是：1、簽訂這一條約的談判已進行了一年以上；2、談判的拖延是中方受內政和外交的某些因素的影響而引起的；3、近來中國人民對蘇同情急趨高漲，遠東局勢變化引起中國與蘇聯增進友好關係的願望；4、簽訂這一條約是蘇聯在一貫的和平政策的道路上邁出的新的一步**❷❷**。

　　中國政府也擔心引起國際間的誤解，從而疏遠英美等資本主義國家，因而在條約公布前，事先通告列強駐華使節，並向他們保證條約的目的在於實現中蘇鄰邦的和睦相處，別無它意。中國政府聲明此條約「沒有秘密協定」，並表示「中國願意與任何國家簽訂同樣的條約。本條約並不意味著中國改行容共政策，中國的政策依然不變。」**❷❸**中國駐日大使許世英奉命向日本外相作了類似的解釋，並特意聲明，根據 1924 年中蘇條約所確定的禁止在中國進行共產主義宣傳的各項規定繼續有效。許世英還表示，如果日本願意，中國也準備與日本簽署互不侵犯條約。

　　中國政府在公布中蘇互不侵犯條約時，還以外交部發言人發表談

---

❷❶　《戰時外交》，第二卷，第328頁；《蔣總統秘錄》，第十一分冊，第74頁。

❷❷　*ДВЛСССР*，20，481–482。

❷❸　《日本外交史》，第二十卷，第 163 頁。

話的形式，公開申述了中國方面的立場。談話解釋說：「此項條約內容，極爲簡單，純係消極性質，即以不侵略及不協助侵略國爲維持和平之方法。約文簡賅而宗旨正大，實爲非戰公約及其他維持和平條約之一種有力的補充文件。世界各國在最近十年間，締結不侵犯條約者不知凡幾，即雙方所抱主義迥然不同之國，亦多有締結此約者，中蘇兩國簽訂之不侵犯條約，與各國締結者並無異致，雖在太平洋各國間尚屬創例。而與世界確保和平之主旨，正相符合。」談話還表示，「酷愛和平爲我國人之特性，今日以武力侵凌我者，苟能幡然覺悟，變更其國策，則我人亦深願與之簽訂不侵犯條約，共維東亞之安全，而謀人類之幸福。」❷❹

中蘇政府訂立這一條約的用意不一，但由於個中內幕並不爲外人所知，這一條約還是對外部世界產生了積極的影響。在當時的特殊條件下，在各主要大國都力圖表明自己的中立立場之時，蘇聯單獨與戰爭中的一方聲明互不爲敵，以條約形式表明它與中國的非敵對立場，這對抗戰中的中國軍民在精神上是一大聲援。孫科認爲這一協定「有著十分重大的意義，一方面表示了蘇聯對我的友好態度，對於我們在艱苦奮鬥中的人民自是一種精神上的鼓勵；另一方面無異坦白地告訴日本侵略者，他們對這種不義的舉動是絕不同情的」❷❺。中國國內輿論普遍對這一條約持歡迎態度。可以說，外界對於中蘇互不侵犯條約的這種理解一直持續了半個世紀之久。人們從常識出發，一般皆認爲這一條約是蘇聯應中國政府的要求而簽訂的。殊不知恰恰相反，是蘇聯政府在強烈要求簽訂這一條約。然而，就其效果而言，不可否認，這一條約對中國是有利的。

❷❹　《中國的抗戰》，第一輯，第305頁。
❷❺　《中蘇關係》，第35頁。

　　中蘇條約的簽訂對日本也是一個打擊。9月1日，日本外相廣田對美國駐日大使格魯表示，蘇聯和中國選定這個時刻和在這個局勢下締結條約，令人十分不滿[26]。日本還懷疑這一條約另有秘密條款，其內容傳說有：一、在有第三國入侵內蒙古和外蒙古時，中蘇進行軍事合作；二、蘇聯將向中國提供武器、彈藥及其他軍事物資，派遣軍事顧問；三、中國接納共產黨參加政府，並不與任何第三國訂立反共協定[27]。這些消息雖無從證實，但日本人心中總是留下了疑問。後來廣田曾對格魯說，他感到自從中蘇協定成立後，中國政府的對日態度轉向強硬。

三

　　三〇年代，蘇聯雖然居於世界大國之列，但由於其獨特的社會主義制度，其他西方大國曾長期地反對和孤立它，阻礙其介入國際事務，同時它本身也對參與國際活動持有高度的警惕。這兩個因素便使得蘇聯在國際上的發言權與其國力頗不相稱。

　　在中日戰爭之初，中國曾有過謀求由蘇聯出面調停的想法。但李維諾夫對提出這一試探要求的中國駐蘇大使蔣廷黻表示，蘇聯不可能單獨調停，但它可以考慮與其他國家一起調停。7月下旬，德國和義大利的駐蘇外交官又先後向蔣廷黻表示，如果蘇聯介入中日衝突，那麼德國和意大利就不得不幫助日本。於是，蔣廷黻電告國內，反對由蘇聯參加調停，他認爲如讓蘇聯參加進來，反而會使事態複雜。他建議中國的外交活動應注意對英美的工作[28]。考慮到蘇聯在國際政治舞

---

[26]　*FRUS*, Japan, 1931-1941, 1, 360。

[27]　《美國軍事情報部門的報告，中國，1911-1941》，縮微第十三卷，0456 號。

[28]　《盧溝橋事變前後的中日外交關係》，第 484 頁。

臺上的特殊處境、它在國際組織中的地位、它對其他國家的影響力都遠不如英美的狀況，抗戰初期，中國對蘇活動的重點並不放在敦請其出面調停或參加聯合行動等國際外交活動方面，而是放在爭取蘇聯的實實在在的物資援助上。

增強中國的抵抗能力，也符合蘇聯的戰略利益。因此，抗戰初期，在向中國提供軍事物資方面，蘇聯表現出相當積極的態度，其熱心程度遠非英美所能相比。「七七」之後不久，在商訂中蘇互不侵犯條約的同時，中蘇間就開始了對軍事供貨問題的磋商。除了蘇聯要求簽訂互不侵犯條約以作為保證外，談判並未出現其他重大困難。隨著互不侵犯條約的簽訂，軍事供貨的障礙亦告消除。8月27日，中蘇達成協議，蘇聯同意向中國提供價值一億元法幣的軍事物資，詳細條約留待以後在莫斯科簽署。由此，中國開始從蘇聯源源不斷地獲得軍事物資。

由於軍工基礎薄弱，中國自己不能製造飛機。僅有的由意大利援建的南昌飛機修配廠所裝配出來的意大利製飛機質量低劣，不適應戰鬥需要。陳納德稱意大利的斐亞特戰鬥機「在作戰中是一種害人的陷阱」，而它的薩伏亞—馬奈蒂式轟炸機「則完全是廢物」，根本不能用於作戰，中國人只好把它當作運輸機使用❷❾。這樣，當抗戰開始時，中國空軍實際可用於作戰的飛機只有91架。在與日本空軍的作戰中，中國飛機損失很大。

因此，獲取作戰飛機是中國最迫切的需求。1937年8月下旬，中國政府即派遣航空委員會處長沈德燮出使蘇聯，商洽飛機採購事宜，要求蘇聯提供200架驅逐機和100架重轟炸機。

為了進一步爭取蘇聯的軍事援助，並主持獲取具體項目的軍事物

---

❷❾　陳納德著、陳香梅譯：《陳納德將軍與中國》，台灣傳記文學出版社，1978年版，第40頁。

資的申請和交接事宜，1937 年 9 月，中國政府派遣軍委會參謀次長楊杰和國民黨中央執行委員張沖出使蘇聯。楊杰之行名義上爲考察實業，實際上負有獲取軍援的重要使命。他頻繁地與蘇聯要人進行會談，並直接與蔣介石進行聯繫。

談判進展順利，據 9 月 14 日楊杰的一份報告，蘇聯此時已同意向中國提供包括轟炸機 62 架、驅逐機 163 架、坦克 82 輛、防坦克炮 200 門、高射炮一營在內的戰爭物資，總價值高達一億元，其中飛機已談定在 10 月底前全部啓程運出❸。11 月中，蘇聯援華的第一批飛機運抵蘭州，此時正值中國軍隊在淞滬作戰失敗之際，中國空軍損失慘重，能作戰的飛機不過 12 架而已。日本飛機在中國上空活動猖狂❸。蘇聯飛機的到來給中國空軍帶來了新的打擊力量，迅即有一部分飛機被投入到南京保衛戰中。

第二節　德國保持中立

一

德國在第一次世界大戰後喪失了它在中國的特權和經濟利益以及隨之而來的影響力。然而，到了三〇年代，中德關係又有長足發展。由於中德貿易具有互補性，中國需要德國在經濟和軍事方面的技術和經驗，德國擴充軍火工業需要從中國進口其必不可少的鎢、銻等稀有金屬，中德關係的發展勢頭極爲迅速。1929 年時，中國在德國向歐洲以外的出口貿易中，排名在第十七位，到1937年，中國已成爲德國在

---

❸　《戰時外交》，第二卷，第 465 頁。
❸　《陳納德將軍與中國》，第 64 頁。

歐洲以外的第三大貿易伙伴。德國對華出口額相當於德對美國出口額的 80%。在 1936 年上半年，德國對華出口額已超過英國和日本，僅次於美國。德國從中國的進口額在 1929 年占它全部進口額的 5.2%，到 1936 年時上升到 15.9%❸❷。

　　德國在中國的經濟建設中也開始扮演越來越重要的角色。1936年，它幫助中國制訂了一個雄心勃勃的《中國工業發展的三年計劃》，這個計劃的主要目標是在華中華南建立新的經濟中心，以抵禦日本的可能的入侵，並爲未來中國工業的發展打下基礎。德國還先後與中國簽訂了浙贛路、玉(山)南(昌)路、南(昌)萍(鄉)路、湘黔路的合同，投資興建從杭州到貴陽的這條橫貫中國東西的鐵路大幹線。爲了幫助中國獲得建設資金，中德於 1936 年簽訂了數額爲一億馬克的易貨貸款協定，其方式是在五年之內，中國每年可用 2000 萬馬克向德國購買軍火和機器，而以向德國出口價值 1000 萬馬克的鎢、銻、桐油等農礦產品作償還，償還期爲 10 年。這實際上等於德國分期向中國提供了 5000萬馬克的貸款。由於不願引起日本的注意，這一協定一直未對外公開。

　　中德關係中最爲密切的是在軍事領域的合作。在中國二〇年代建立軍事工業和使軍隊現代化的努力中，德國發揮了極爲醒目的作用。它幫助中國擴建和新建了一批兵工廠，並先後派出了以前國防部長賽克特 (H. Seeckt) 和前參謀總長法肯豪森 (A. Falkenhausen) 等人爲團長的德國軍事顧問團，協助中國進行軍制改革和軍事訓練，到抗戰爆發前約有 30 萬中國軍隊接受了德式訓練和裝備，整個中國軍隊都採用德式操典、訓練和組織方法。中國還不斷選送青年軍官赴德深造。中國軍火供應大部分也來自於德國。1936 年中國從德國訂購軍火

---

❸❷　柯偉林：《德國與中華民國》(Willian C Kirby: Germany and Republican China)，第 190 頁，斯坦福，1984 年版。

64050000 馬克，占德國出口軍火的 28.8%，占中國自國外輸入的軍火武器的 80%[33]。

根據中德間的以貨易貨協定，中國向德國提供礦產品和農產品，其中一些物資是德國工業所不可缺少的，例如鎢，它是國防上和工業上不可缺少的稀有金屬。中國鎢產量居於世界首位，1937 年時達 17895 噸，接近世界總產量的一半，而德國通常要輸入世界鎢產量的一半，故從中國進口鎢占其進口量的大半（見下表）[34]。

德國進口鎢礦砂表　　　　　　單位：噸

年份	德國進口總數	自中國進口數	自中國進口數占進口總數百分比
1934	4385	2510	57.2%
1935	7881	4784	60.7%
1936	8726	5091	58.3%
1937	11372	8037	70.6%

這一時期中德關係的密切程度及合作之順利，實超出一般人的想像。這在某種程度上恐怕也與德國的國際地位有關。德國作為第一次世界大戰的戰敗國，被剝奪了它過去在世界各地所獲得的各種特權和利益，包括在中國所享有的所有不平等特權。這使中德之間的經貿關係成為中國與一個西方國家之間建立在平等基礎上的互補關係。如單純就中外貿易的數量及外國在華投資而言，英美等其他西方列強仍較德國領先，然而，他們在中國仍然享有一系列頗受中國人非議的特權，

[33] 《德國與中華民國》，第 221 頁。
[34] 《德國與中華民國》，第 213 頁。

他們在對華交往中仍不時流露出舊時的傲慢情緒。相比較而言，中國對與能以（或不得不以）平等地位待我的德國的合作自然更感興趣。明白了此中道理，也許讀者就不會對一位中國高級官員對中德關係的如下評論感到吃驚了：1936 年 11 月 27 日，中國外交部部長張群對德國駐華大使陶德曼說：「德國迄今在同中國友好的國家中處於首位」❸❺。考慮到當時中國與英美的緊密聯繫，這樣明確地把中德關係的友好程度置於中外關係之首位的評價，是非同尋常的。

　　中德關係的這一狀況使德國在遠東衝突中處於一種非常微妙的境地。一方面，維護中德關係的繼續發展無疑符合其國家利益。隨著德國在華利益的不斷增長，它也不希望日本獨占中國，使自己的在華利益被取而代之。因此，它不贊成日本大舉侵華。

　　但另一方面，德國在戰略利益上與日本有較大的一致性，它在爭霸歐洲乃至爭霸世界的過程中，需要得到日本在東方的協助。1936 年 11 月，德日簽訂了反共產國際協定，形成了一種非正式的盟友關係。因此，德國的遠東戰略就具有兩個層次：第一、如果可以在中日的戰與和之間選擇，它將贊成和解；第二、如果必須在中日之間作出明確的捨棄選擇，它將偏向日本。在演變趨勢明朗之前，德國的上策是在中日間保持中立。

二

　　7 月 20 日，德國外交部向其駐日大使狄克遜（H. Dirksen）、駐華大使陶德曼發出促使中日妥協的指示。在這同時，德國還力圖勸誘中國政府加入反共產國際協定，企圖以此彌合中日間的衝突。7 月 22 日，

---

❸❺　*DGFP*, 3/6, 121-122。

德駐英大使里賓特洛甫（T. Ribbentrop）在倫敦會見了正出訪歐洲各國的中國行政院副院長孔祥熙和中國駐英大使郭泰祺，里賓特洛甫力勸中國加入德日反共產國際協定。但中國顯然不願意追隨日本，充當其反共協定中的小伙伴，並擔心這樣做將為日本提供在反共作戰的藉口下干涉中國內政的機會。因此，他們拒絕了里賓特洛甫的這一建議。

中國政府希望德國能對日本作一些勸告。7月27日，蔣介石約見陶德曼，聲稱日本的行動正危害著東亞和平，他請德國以德日反共產國際協定簽字國之地位，勸告日本停止在華行動，陶德曼答稱：「日本已聲明不願意第三國干涉，故敝國雖欲調解，恐亦不能收效」。他表示德日兩國外交僅限普通關係。反共產國際協定似僅為防止各自國內第三國際之行動，且自簽訂該協定後，德日兩方始終未有任何舉動，該協定內所規定成立的委員會亦未組織，故該協定實與現在中日形勢無關。蔣介石又詢問若英、蘇捲入，形成世界大戰，德是否據約參戰。陶德曼表示這「與日德協定並無關係，蓋此項協定之目的在防止共產黨之活動，其中實無軍事條款」❸❻。

7月30日，陶德曼告訴中國外交部次長徐謨，德政府認為陶德曼關於反共協定之說明「甚為適當」，「德政府認為不能以該協定為根據，請求日本停止在華行動，反之日方亦不能以該協定為根據，請求德方為任何協助，但德政府業已再向日政府勸取和緩態度」❸❼。

7月28日，德國外交部在給狄克遜的訓令中指出：「日本企圖將其在華行動解釋成為履行反共產國際協定而進行反共作戰，這是故意曲解」，「在第三國領土上對抗布爾什維克主義並非反共協定的目標。我

---

❸❻　《盧溝橋事變前後的中日外交關係》，第459頁；《先總統蔣公思想言論總集》，第三十八卷，第79頁。

❸❼　《盧溝橋事變前後的中日外交關係》，第496頁。

們認爲，日本的作法實已違反反共協定，因爲它將阻礙中國的團結統一，導致共產主義在中國的進一步蔓延，其最後結果將驅使中國投入蘇聯懷抱。」德國外交部明確通知日本「日本沒有理由期望獲得德國的支持。」❸

中日戰爭擴大以後，德國仍決定盡可能保持中立的態度。8月16日，希特勒（A. Hitler）在與德外長牛拉特關於對華政策的談話中指出，他「原則上堅持同日本進行合作的意見，但在目前的中日衝突中，德國仍須保持中立」。關於與中國所訂協議物資的交貨問題，希特勒指示「只要中國方面用外滙購買或提供相應的原料，這些物資就應該繼續出口，當然對外應盡量加以僞裝。」同時，他又指示，「對中國人繼續訂購軍用物資的要求則應盡量不予接受。」❸ 9月下旬，牛拉特會見中國駐德大使程天放時，表示了德國將繼續維持中德合作現狀的態度。牛拉特說他曾與總理「商議遠東時局多次，決定仍嚴守中立，只須雙方不正式宣戰，德對於中國之經濟合作辦法必仍繼續。」牛拉特表示，儘管日本曾對此事提出異議，但德國的態度「絲毫不變」。他還要求程天放保持這一絕對秘密，以免引起麻煩❹。

在此方針指導下，德國繼續維持對中國的軍火供應。據臺灣的一些史學家統計，在抗戰的最初幾個月，中國對日作戰的軍火有80%左右來自德國❹。美國國務院的情報也表明，德國確實是中國進口軍火

---

❸　*DGFP*, 4/1, 742-744。

❸　*DGFP*, 4/1, 750。

❹　《盧溝橋事變前後的中日外交關係》，第508頁；《使德回憶錄》，第210頁。

❹　台灣史學家張玉法、吳相湘、張水木等先生均持此說，參見張玉法主編：《八年抗戰》，第375頁，台北，1982年版；吳相湘：《第二次中日戰爭史》，上冊，第456頁；張水木：〈對日抗戰期間的中德關係〉，載《中國近現代史論集》，第二十六編，上冊，第527-551頁。另英人湯因比主編的《國際

的最大來源。據1938年7月5日美國國務院遠東司製成的一份《中國輸入軍火備忘錄》統計，自盧溝橋事變以來，各國輸入中國的武器包括步槍、重炮、飛機、坦克車、載重汽車、防空武器等，而德國軍火無論是在數量上還是在品種上都占據第一位。其次為蘇聯❷。

在這同時，總數達30人之多的德國駐華軍事顧問仍在繼續活動❸。對於這些人在中國前線的活動，當時外國通訊社有很多報導。美聯社就曾報導說，有五名德國顧問在上海閘北協助中國軍隊作戰。德國駐日大使狄克遜也向德外交部報告說，德國駐華軍事總顧問法肯豪森及兩名德國顧問確實在上海前線。

陶德曼在給外交部的報告中否認這些說法，他聲稱外電的有關報導是捏造的。但事實證明，陶德曼顯然是在作掩飾。當時曾幫助中國空軍工作的美國退役軍官陳納德後來在其回憶錄中，曾有名有姓的記述了一位德國顧問「參與領導上海抗戰，是蔣介石很重用的軍事顧問，指揮著蔣介石的教導總隊和空運中隊。」陳納德還曾與另一德國顧問設計在夜間空襲日軍陣地❹。更有權威的證據是，德國軍事總顧問法肯豪森後來在他的回憶錄中也證實了這一情況。他回顧說，「我們係以個人身分為中國聘雇，無理由讓我們中國朋友們獨自面對他們的命運。所以我派遣團員們去任何需要他們的地方，而那裡通常都是前線」。法肯豪森還在給軍事委員會參事室主任朱家驊的一封信中表示，「我和我

事務概覽》估計，這一時期德國輸華軍火約在中國全部進口軍火的50%至80%之間。阿諾德·湯因比：《國際事務概覽》(Arnold J. Toynbee: *Survey of International Affair*)，1938年第一卷，第570頁，倫敦，1941年版。
❷ *FRUS*, 1938, 3, 214。
❸ *DGFP*, 4/1, 654。
❹ 《陳納德將軍與中國》，第64頁。

的部屬皆認為在中國危急時刻為其服務是我們應盡的責任」❹。法肯豪森等人積極參與了中國軍事計劃的制訂，他們對華北、華東的作戰以及日後對華北、東北甚至朝鮮西岸的空襲都提出過他們的設想和計劃。德國顧問不只是在後方圖上作業，他們還常常深入前線的戰區指揮部參贊戎機。華北戰爭爆發後不久，法肯豪森便奔赴保定，淞滬戰爭中又多次前往淞滬前線。法肯豪森還參與了臺兒莊戰役的戰略規劃❹。

　　1937 年 9 月，計有 71 名德國軍事顧問和其他各類顧問在各方面積極活動著。這是一個公開的秘密。英國駐華人員的報告曾指出「德國提供了大量的武器彈藥，遠遠超過其他任何國家。不僅如此，它們的軍事顧問實際上正指揮著戰爭。」該報告認為，德國在軍事上這樣支持中國，有一個重要的政治原因，即防止中國依靠蘇聯的援助❹。

　　由於德日之間存在著緊密的條約關係，中國方面最初在對德國顧問的使用上也還存在著顧慮。8 月中旬，從哈瓦斯社傳出的消息稱，日德之間，已有密約，由德籍顧問供給日方關於中國的軍事秘密，日方則允於事後予德國以青島及山東之權益。國民政府軍事委員會辦公廳接到外交部情報司的這一報告後，認為此事「案關國防」，應「嚴切注意」。為此，軍政部曾向有關方面發出密令，提醒他們「注意防範」❹。後來的事實證明，哈瓦斯社的這一消息是沒有根據的。國民政府對於

❹　《蔣中正先生與現代中國學術討論集》，臺北，1986 年版，第 64 頁。
❹　劉馥著、梅寅生譯：《中國現代軍事史，1924-1979》，臺北，1986 年版，第 111 頁。
❹　約翰·P. 福克斯：《德國與遠東危機，1931-1938》(John P. Fox: *Germany and the Far Eastern Crisis, 1931-1938*)，紐約，1982 年版，第 244 頁。
❹　國民政府財政部中央信託局檔案，見中國科學院近代史研究所南京史料整理處選輯：《蔣介石與希特勒勾結史料》。

德國軍事顧問的盡職仍予以足夠的信任。

　　面對中日衝突的日益擴大，德國方面有人提出了召回在華軍事顧問的主張。但陶德曼反對這一做法。他在 9 月 22 日致德國外交部電中指出，「現在改變我們的政策是太遲了。如果我們召回顧問，這將可能引起嚴重的後果。」❹

　　對此，日本一再向德國提出抗議，強烈要求德國停止對華軍火供應，並撤回駐華軍事顧問。日本認爲德國的行動「是對 1936 年秋德日條約繼續存在的一個威脅。」並聲稱德如繼續以軍火支援中國，日本將不惜退出德日反共協定。然而德國的回答卻是勸日本「不要言過其實」❺。德國拒絕撤出駐華軍事顧問。他們表示：「在目前情況下召回駐華軍事顧問，即意味著與南京政府爲敵，德國不考慮採取這一行動。」❺另一方面，德國政府也對駐華軍事顧問的行動加以限制，命令他們不得參與中國前線的作戰。

　　德國還拒絕了日本要求其在外交上與日本採取共同姿態的一些提議。9 月 22 日，日本駐德國大使會見牛拉特，要求德國政府召回其駐華大使。牛拉特直率地予以拒絕。他說：「我們沒有撤回大使的慣例，即使日本的轟炸機把炸彈投到我們大使居住的不設防城市中。」❺此外，日本還曾要求德國承認僞滿洲國，要求給予僞滿駐德商務專員以外交官待遇，德國政府均未接受。牛拉特聲稱：「目前承認滿洲國是不適當的，因爲我們會因此而放棄我們至今在遠東衝突中所持的立場。而公開偏袒日本。」❺希特勒本人也對日本駐德大使說，現在還不可能

❹　*DGFP*, 4/1, 761。

❺　*DGFP*, 4/1, 744。

❺　*DGFP*, 4/1, 743。

❺　*DGFP*, 4/1, 760。

❺　*DGFP*, 4/1, 785-787。

正式承認「滿洲國」，因為這將導致與中國的貿易關係的中斷，而給德國的原料供應帶來嚴重的困難。但他同時也對日使允諾，德國將不斷地對日本的這一要求進行考慮❺❹。

三

其時，關於德國在中日戰爭中應持的立場，德國政府內明顯存在著兩種意見。一是以希特勒、戈林 (H. Göring) 及里賓特洛甫等人為代表，持比較親日的立場。一是以外交部長牛拉特、國防部長白龍柏 (W. Blomberg)、經濟部長沙赫特等人為代表的政府人士，他們主張持謹慎的中立立場。前者在納粹黨中占主導地位，他們控制著國家的最高權力，後者則多為職業外交家、職業軍人和經濟專家，他們多年來一直控制著政府重要部門的運行。希特勒的納粹黨勢力此時尚未完全控制這些政府部門。因此，在抗日戰爭的最初階段，實際主持德國對遠東政策的是這些務實的政府官員。但希特勒也不時進行干預，使德國政策不斷從中立向親日方向傾斜。

在日本宣稱要退出反共產國際協定的威脅下，10月上旬，希特勒發出指示：「在目前的中日衝突中，武裝部隊要避免採取可能以任何方式妨礙和阻止日本實現其目標的任何行動。」他決定「要對日本採取毫不含糊的態度」❺❺。根據希特勒的指示，戈林發布了停止向中國出口戰爭物資的命令，但軍方一些重要人士，如武裝部隊參謀長凱特爾上將 (W. Keitel)、國防部長白龍柏元帥等對此持有不同看法。經與軍方和外交部磋商後，10月20日，戈林指示托馬斯上校 (G. Thomas)「仍以目前的方式繼續與中國的貿易」❺❻。隨後，白龍柏向有關軍事

❺❹　《德國與遠東危機》，第270頁。
❺❺　*DGFP*，4/1，768-769。

機關發出命令,許其「繼續以迄今沿用的僞裝方式與中國進行貿易」**57**。

　　此後,德貨常常由第三國船隻通過第三國港口轉運,當日本獲得有關情報而向德國提出抗議時,德外交部回答說,對於中立國船隻運送德國武器,德國船隻運送外國武器,甚至德國私人船隻運送德國出口武器之事,德國政府不承認有任何責任,因爲遠東「沒有戰爭」,不存在禁止此類活動的法律。德外交部政治司長威澤克表示:「不僅日本無權控制或質問德國武器輸華,就連德國政府亦無權阻止私人對華軍售」。牛拉特則強調,「德國武器輸往中國,保持適當之限量,中德經濟之發展,是基於純粹商業基礎,並非經由德日談判所能解決」**58**。

　　德國這種中立態度,給其他國家的駐華外交官也留下了鮮明的印象。美國駐華使館武官處在它的情報中報告說,德國對華態度不同於意大利,「德國的態度看上去是冷靜的,經過周密考慮的,由對中國的友誼和眞誠的感情所支配著,儘管它與日、意訂有條約」。他們認爲,德國軍事顧問儘管是以個人身分在華服務,但政府仍可召回,這些人「對於中國政府的價值是不容低估的」。他們還報告說,儘管德國與日本簽有反共協定,但在中國人中很少聽到對德國的怨言。相反,人們都認爲德國是中國的老朋友**59**。

　　由於日軍封鎖中國沿海,中國進口的軍火大部分途徑香港轉運。據估計,在戰爭爆發後的前16個月中,平均每月有六萬噸的軍火經香港運入中國。其中,德國軍火約占60%左右。根據德國資料,德國易

56　*DGFP*, 4/1, 772。

57　*DGFP*, 4/1, 772。

58　王正華:《抗戰期間外國對華軍事援助》,臺北,1987年版,第70頁;《德國與遠東危機》,第247頁。

59　《美國軍事情報部門的報告,中國,1911-1941》,縮微第二卷,0777,0756號。

貨供應中國作戰物資，1936 年爲 23748000 馬克，而 1937 年則增爲
82788600 馬克 ❻。應該說,在美英觀望之際，在蘇聯大批援華物資到達
之前，德國軍火對於維持中國初期的抗戰是很有作用的。再加上這時
在華北和華中前線，又有數 10 名德國顧問在活動，因此日本有人把這
場戰爭稱爲「德國戰爭」❻。而中國方面對於中德關係的繼續發展則
感到比較滿意。1937 年 10 月 1 日，中國政府委托程天放大使向牛拉特
頒贈了一等采玉勳章，以表彰他對中德關係所作出的努力。

---

❻　《德國與遠東危機》，第 246 頁；*DGFP*，4/1，852-856，874-876。
❻　《德國與遠東危機》，第 447 頁。

第五章　陶德曼調停

第一節　日本謀求秘密談判

在中日戰爭不斷升級的同時，日本並未放棄在另一條戰線上的努力，企圖通過秘密會談來最終解決中日衝突一直是日本統治集團內一部分人所追求的目標，所以如此，主要有兩個原因：一是擔心中日戰爭曠日持久，演變成日本難以應付的長期戰爭；一是企圖趁日軍在戰場上取得軍事勝利的有利時機，謀得對其有利的外交解決，將其侵略成果條約化、合法化。

平津失陷之後，日本方面便謀求發起一輪新的外交接觸，其實質是以其掌握於手中的平津爲籌碼，要求中方答應給予他們多年來所夢寐以求的東西。7 月 31 日，參謀本部作戰部長石原莞爾面奏天皇，認爲現在「以外交手段結束戰爭爲最善之策」❶。天皇對此表示同意。

8 月 4 日，日本外務省邀請曾任日本駐上海總領事現任日本在華紡織聯合會理事長的船津辰一郎回滬與中方接觸，商談停戰條件。但當船津到達上海時，自 7 月上旬以來一直在華北的日本駐華大使川越茂也從青島回到了上海。經倆人協商，對華接觸工作遂改由川越茂接手，擬由川越茂與中國外交部亞洲司司長高宗武直接會談。日本外務

---

❶　《日本外交史》，第二十卷，第 103 頁。

省在給川越茂的指示中表示，目前的事變實爲改善中日兩國關係的一個契機，日本希望通過對華北 29 軍的掃蕩，中國政府能夠反省，由此而使「日華關係明朗化」❷。

何謂「日華關係明朗化」？日本所希望的是怎樣一種局面呢？日本政府在 8 月 10 日所提出的《日華國交全面調整案要綱》反映了日本的要求。在政治方面，日本要求：中國承認「滿洲國」爲今後討論之議題；訂立日華防共協定（尤其是非武裝地帶，應特別嚴屬地實行防共）；在冀察、內蒙和綏遠，南京政府應容納日本的「正當要求」，日本則允諾在這些地區也不排斥南京的勢力；中國須嚴屬取締全國的抗日排日運動（非武裝地帶的抗日排日，應特別嚴加取締）。在經濟方面，日本要求中國降低特定商品的關稅率，意在有利於日貨的傾銷❸。

次日，由日本外相、陸相和海相三要員在首相室所確定的《日華停戰條件》，則更爲具體地提出了日方的要求。關於非武裝地帶，日本要求把連接德化、張北、龍門、延慶、門頭溝、涿州、固安、永淸、信安、獨流鎮、興農鎮、高沙嶺一線以東及以北地區統統劃入。在這一地區內中國軍隊不得駐紮，而由保安隊維持治安，根據日本對非武裝地帶共同防共、取締抗日的規定，這些地區實際上將處於日本的變相控制之下。關於中國中央政府在華北的權力行使問題，日本同意撤消在冀察的偽政權，讓南京政府在冀察自由行使職權，但要求這一地區的行政首長，「希望選擇能適合於日華和睦的有力人物」來擔任❹。這實際上是要求應由順從日本意志的人來充任華北地區的領導人，所謂中央政府將自由行使職權將成爲一張空頭支票。

---

❷　《第二次中日戰爭史》，上冊，第 379 頁。

❸　《日本外交史》，第二十卷，第 105 頁。

❹　《日本外交史》，第二十卷，第 108，110 頁。

　　日本外務省將這兩份文件都向川越茂發出。8月10日，川越茂與高宗武在上海會面。川越茂提出了基於上兩份文件的日方條件。高宗武表示，他須向上級報告後再作答覆。然而，兩天後，淞滬戰爭爆發，這一由日本主動發起的日本與中國中央政府的第一次秘密接觸遂不了了之。

　　淞滬戰爭的爆發，無論是從地域上還是從規模上來說，都使中日戰爭最終升級爲全面戰爭。8月17日，日本政府宣布放棄「不擴大方針」。9月2日，日本內閣會議決定將「華北事變」改稱「中國事變」。日本政府和軍部的強硬派主張使用武力徹底把中國打垮。但以參謀本部內的一些人爲代表的愼重派仍未放棄談判媾和的想法。他們對中日兩國的軍事力量和潛力比其他部門有著比較深入的了解，擔心中日戰爭將發展成遙遙無期的長期戰爭，這將使日本國力大耗，陷入困境。

　　9月中旬，參謀次長多田駿預計日軍將在10月中下旬在淞滬和華北戰場上取得勝利，他認爲「這將是媾和的最好時機，失去這個時機就會變成長期戰爭。所以從現在起，需要在外交方面展開秘密活動。」❺因此，以愼重派爲主要掌權者的參謀本部展開了秘密活動，以求早日結束戰爭。它避開外務省，直接指示日本駐德國的陸軍武官大島浩去試探德國方面是否願意出面調停中日戰爭。

　　日本政府也不願意看到對華作戰轉變爲長期戰爭，10月1日，日本首相、外相、陸相和海相制訂了《處理中國事變綱要》。一方面作繼續進行侵略戰爭的準備，一方面也準備外交解決。《綱要》指出，「根據形勢，爲了能夠長期使用武力」，要「探討與此有關的必要措施」，要「擴充國家總體力量」，並提出「爲了使作戰能順利進行和應付國際

❺　《中國事變陸軍作戰史》，第一卷，第二分冊，第54頁。

形勢出現最惡化的局面，可使國家的各項工作適合於總動員的實施，制定戰時法令，實施持久的舉國一致的局面」。

同時，《綱要》也提出日本處理中國事變的方針，是要「使這次事變在軍事行動取得成果與外交措施得宜的配合下盡快結束，使中國取消抗日政策和容共政策，在日華之間建立眞正明朗而永久的邦交，以期實現日滿華的和睦與共榮」。《綱要》規定：「外交措施的目標，在於迅速促使中國重新考慮，將中國誘導到我方所期待的境地……在結束事變方面，使中國取消抗日與容共政策，不拘泥過去的情況，爲調整邦交而進行劃時代的談判」。

然而，《綱要》所提出的談判條件卻是中方所難以接受的。關於華北，日本仍然要求由所謂「適合於實現日華和睦的有力人物」擔任華北的行政首腦，並在華北劃定非武裝地帶；在上海周圍亦劃定一塊非武裝地帶；在日華經濟合作方面，要求從全中國的海運、航空、鐵路、礦業等事業入手，以日華平等的立場進行共同開發，並要求中國糾正在關稅上的排日措施。顯然，日本的談判條件的範圍又比從前擴大了許多，由有關戰地的處置擴展到對整個國家經濟的侵蝕❻。

圍繞著中日談判問題，日本參謀本部和外務省都展開了活動。10月中，參謀本部派馬奈木敬信中佐與德國駐日武官奧特 (E. Ott)少將進行聯繫，二人並共赴上海，邀德國駐華大使陶德曼出面調停。10月21日，日本外相廣田弘毅會見德國駐日大使狄克遜，表示「日本隨時準備和中國直接談判，假如有一個和中國友善的國家，如德國、意大利，勸說南京政府覓取解決辦法，日本是歡迎的。」❼10月28日，日

---

❻　復旦大學歷史系編：《日本帝國主義對外侵略史料選編，1931-1945》，上海人民出版社，1975 年版，第 241-243 頁。

❼　*DGFP*，4/1，770。

本外務次官崛內再次對狄克遜表示，日本不贊成兩個或兩個以上的國家的聯合調停，但如果德國能夠推動中國政府來和談，日本政府是歡迎的❽。

日本之所以在這時頻繁發出希望它國「調停」的信息，還有一重要的國際因素。其時，專門討論中日衝突的九國公約簽字國會議不久將在布魯塞爾召開。不管日本出席與否，日本都將處於不利的被告地位。日本如此急切地推出德國出面調停，企圖與中國政府直接談判，也是為了抵制和破壞布魯塞爾會議，防止可能出現英美等列強聯合干涉的局面。廣田在 10 月 21 日與狄克遜的談話中就曾表示，日本在原則上反對召開九國公約會議這樣的廣泛性的會議的想法，因為這種會議對於衝突的解決是有害的。

無論是參謀本部還是外務省，它們所伸出的觸角都指向了德國。這無非是因為德國是所有大國中惟一與日本沒有尖銳的利害衝突的國家。它既是日本的準盟國，又與中國保持著良好的關係。那麼，德國的反應如何呢？它是否能如日本所願擔當起調停的責任呢？

實際上，處於兩難境地的德國一直期望中日能坐到談判桌子上來，結束正日益擴大的戰爭。但日本對第三國調停一直持拒絕態度，德國亦覺無能為力。中國曾多次希望德國以日本的友好國家的身分出面調停，但德國均以時機不成熟，日本未必肯接受調解而婉拒。德國希望中國邀請英美出面來結束這一讓德國感到為難的衝突。德方曾對中國駐德大使程天放表示，德國已對日本進行了勸說，但卻毫無結果，「德國在遠東只有經濟利益而無政治力量」。因此，「中國如需第三者出面干涉，以邀英美為宜」❾。德國外長牛拉特甚至曾對美國駐德大使多

---

❽　*DGFP*，4/1，773。

❾　《使德回憶錄》，第 201 頁。

德 (W. Dodd) 表示，如果英美能在遠東促成和平，德國將支持他們。這表明德國對調解中日衝突持著積極的態度。它未採取行動只是在等待著一個適當的機會。

現在，這樣的機會終於到來了。

第二節　陶德曼調停始末

一

在收到日本發出的歡迎德國出面調停的信息之後，德國外交部幾乎沒有什麼猶豫便擔當起了「遞信員」的角色。10月29日，陶德曼會見中國外交部次長陳介，表示德國願作中日之間的聯繫途徑，陶德曼並指出現在正是解決中日問題的時機。陳介以中國希望先知道日本所提條件作答。針對中國對即將召開的九國公約會議所寄予的期望，陶德曼指出該會議不會產生任何實際結果，奉勸中國不可抱有幻想❿。

10月30日，日本外務省發言人對外國記者發表談話，他公開表示，假如中國直接提出和平建議，日本將不拒絕舉行談判。但德國外交部認為，「現在很難期望中國採取主動，而日本在達到了它的軍事目標之後，是可以邁出第一步而不失面子的」⓫。

經過一番試探後，11月2日，廣田外相會見狄克遜，正式提出日方的議和條件。該條件主要包括七個方面的內容：㈠、內蒙古自治，建立一個與外蒙古相似的自治政府；㈡、擴大華北非軍事區，由中國警察和官吏維持秩序，中日如能締結和約，則華北行政權交給南京政

---

❿　*DGFP*, 4/1, 774。

⓫　*DGFP*, 4/1, 775。

府，但要委派一親日首長，如不能締結和約，華北將建立新的行政機構；㈢、擴大上海非軍事區；㈣、停止反日政策；㈤、共同防共；㈥、減低對日本貨物的關稅；㈦、尊重在華外僑權利❷。

狄克遜將會談情況即告外交部。他認爲「這些條件是很溫和的，南京可以接受而不致有失面子。」❸狄克遜還建議適當地對南京方面施加影響，讓德國在華顧問在向蔣介石報告戰局時鼓吹和平談判。

11 月 3 日，德外交部電令陶德曼將日方條件轉告中國。11 月 5 日，陶德曼會見蔣介石，轉告了日方條件，並在蔣介石徵詢其個人意見時表示了他希望中日盡快開始談判的看法。他聲稱，根據上次世界大戰的教訓，一個國家不應該等到筋疲力竭的時候再去談判。

其時，布魯塞爾會議剛剛開始，中國力爭在英美列強的參與下解決中日問題，無意立即與日本直接談判。對於日方的要求，蔣介石雖未明確拒絕，但表現出相當冷淡的態度。概括起來他的回答主要表示了中國方面的三點意見；一、如果日本不願意恢復戰前狀態，中國不能接受日本的任何要求，只有在這個前提之下，才可以進行會談；二、日本人現在執行的政策是錯誤的，它不對中國作友好的姿態，卻提出非分要求。假如日本繼續作戰，中國不會放下武器；三、中國現在不能正式承認收到日本的要求，因爲中國現在正是布魯塞爾與會各國關切的對象，各國「有意要在九國公約會議的基礎上覓取和平」。利用日本及德國當局的反共心理，蔣介石還聲稱，如果中國政府被打垮了，「那麼惟一的結果就是共產黨勢力將在中國占據優勢」。這就意味著日本無法與中國議和，因爲共產黨是從不投降的。蔣介石並煞有介事地說，他剛剛重讀了俄國革命的歷史，假如中國發生同樣的革命，那景

---

❷　《日本外交史》，第二十卷，第 179-180 頁。

❸　*DGFP*, 4/1, 779。

象十分可怕的❶。

　　另一方面，中國政府希望在九國公約會議與會國的參與下與日本談判。中國政府在給出席此會的中國代表團的指示信中，提出了中國的基本議和條件。其主要原則是：㈠東北問題至少按李頓報告書之建議加以解決；㈡華北不容許任何傀儡組織或察綏特殊化，中國如能確保華北主權和行政權，則將在經濟開發和資源供應方面作相當讓步；㈢上海恢復 8 月 13 日以前的原狀，一切仍照原《上海停戰協定》的規定辦理，該協定所規定的區域不能格外擴大❶。

　　陶德曼向德國外交部轉告了中國政府的這一態度。陶德曼還報告說，中國的重要人士都反對與日本妥協，但他們願意由英美出面調停，先成立停戰協定。於是，德國的調停行動暫時中止。

　　但中國並未斷然關閉與日本談判的大門。11 月 19 日，行政院副院長孔祥熙在給一位日本人的密電中，表示了願在日本有所悔悟的情況下進行談判的願望。孔在該電中說道：「倘日方不急懸崖勒馬，必致兩敗俱傷，坐使漁人得利。此次戰起，使中國民氣日益激烈，滬戰及太原之戰雙方損失皆巨，而現在日本已獲相當面子，倘再事續進，則勝負無常，我方步步為營拼死抗禦，雖日軍有犀利之武器，然以中國之大，若深入內地，何能立獲勝利。」孔祥熙指出中日間長期戰爭將給日本帶來災難性後果的前景，他提醒說，中日戰爭「代價既巨，消耗必多。現在日本已處孤立，列強忌猜日甚，一旦有事恐無力應付。年來日人口唱中日共存共榮，而行事乃共亡共枯。近來又盛倡反共，而行為反為造共。倘再不悔悟，恐不僅自耗防共之國力，且促使中國聯共赤化，後患無窮。唇亡齒寒之意，甚望日本明達之士注意及之……」❶。

---

❶　*DGFP*, 4/1, 780-781。

❶　《第二次中日戰爭史》，上冊，第 423 頁。

　　但在公開場合，中國政府的態度則顯得更爲堅決。11 月 20 日，國民政府發表遷都重慶宣言，指出日本「分兵西進，逼我首都，察其用意，無非欲挾其暴力，要我爲城下之盟」，中國「爲國家生命計，爲民族人格計，爲國防信義與世界和平計，皆已無屈服之餘地，凡有血氣，無不具寧爲玉碎不爲瓦全之決心。」❼

　　這時，在日本內部，由於淞滬戰場的勝利，強硬派的地位進一步上升。他們主張乘勝攻克南京，推翻中國現政權。參謀本部的一些人則認爲，攻克對方首都將對「和平」工作極爲不利。因此，它規定了蘇州—嘉興一線的追擊限制線。參謀本部並曾發表一政策聲明，指出否認中國現政權將會使其陷入極爲絕望的境地，從而會拼死地與日本作困獸之鬥。他們擔心，「在長遠的將來，它仍然是對帝國力量的一個巨大消耗」❽。但強硬派堅決主張攻打南京，日軍在華作戰部隊的態度則更爲狂熱。11 月 19 日，日第十軍突破限制線，擅自決定全力向南京追擊。參謀次長多田駿得知此事後甚爲驚訝，立即命令作戰部向第十軍發出停止進攻的指示。但第十軍和華中方面軍卻認爲，「爲了解決事變，攻占對方首都具有最大的價值」❾。他們在 11 月 22 日給參謀本部的報告中都提出反對意見。在參謀本部內也有一些強硬派的支持者，在各方面的壓力下，多田駿終於在 24 日發出指示，宣布廢除作戰限制線。

　　隨著日軍在上海的勝利和向南京的大規模追擊，日本上層出現了

❻　中國第二歷史檔案館館藏檔案，見《中國現代政治史資料滙編》，第三輯，
　　第九册。
❼　國民政府：《外交部公報》，第十卷，第 7-12 號。
❽　《中日戰爭中的合作政治，1937-1945》，第 71 頁。
❾　《中國事變陸軍作戰史》，第一卷，第二分册，第 106 頁。

不承認中國現政權而另行扶植傀儡政權的主張，但參謀本部的一些人認爲，「不承認蔣介石政權，會把他們趕到反日的一邊，造成窮鼠反噬」，「同時在此期間，蘇英美也必然極力擴大自己的勢力範圍，爲了長期與之對抗，帝國要付出巨大的國力」，他們擔心這樣會「誤了治理東亞的前途」❷⓪。然而，沒有多少人能聽得進去他們的警告。

　　布魯塞爾會議未能實現中國期望列強聯合調停的目標。日本覺得利用戰場上的有利局面而由德國單獨調停的機會再次到來。11 月 25 日，廣田又向狄克遜表示希望德國出面調停。11 月 28 日，陶德曼奉命拜訪中國行政院副院長孔祥熙和外交部長王寵惠，轉述了日本的要求❷①。

　　12 月 2 日，蔣介石召集軍事長官會議，參加者有白崇禧、顧祝同、唐生智、徐永昌等高級將領。會議聽取了外交部次長徐謨關於此事的報告。各將領詢問有無別的條件？是否限制中國的軍備？徐謨回答說，德使稱別無條件，只要中方答應即可停戰。於是，各將領陸續表示同意就此條件進行談判的態度。最後，蔣介石表示兩點：1. 德國調停不應拒絕，如此尙不算是亡國條件。2. 華北政權要保存❷②。

　　同日下午 5 點，蔣介石會見了陶德曼。這一次，蔣表現出了上次所沒有的妥協態度。他詢問日本的條件是否仍和原來的一樣，表示中國願意接受德國的調停，同意以日本先前提出的各點作爲談判的基礎。但他同時指出，這些條件在任何情況下都不應被認爲是以最後通牒形式提出的不可變更的要求。蔣介石表示，他不能接受「那種認爲日本

❷⓪　崛場一雄著、王培嵐等譯：《日本對華戰爭指導史》，軍事科學出版社，1988
　　年版，第 107-198 頁。
❷①　*DGFP*，4/1，794-795。
❷②　《中國近代對外關係史資料選輯》，下卷，第二分冊，第 53-57 頁。

在這場戰爭中已經成爲勝利者的看法」，他表示中國願以協調和諒解的精神，討論日本的要求，但日本切不可以勝者自居，將所提條件視爲最後通牒，「中國不能接受日本的最後通諜」。蔣介石還明確表示了中國政府的最低立場。即「華北的主權、完整和行政獨立不得侵犯」❷。

12 月 6 日，中國國防最高會議副主席汪精衛對和談問題也作出類似的表示。汪精衛在漢口聲稱：中國並不需要戰爭，故無發動停止戰爭的責任。中國已下長期抗戰到底的決心，中日間的一切和平條件必須以承認中國之獨立與主權完整爲前提❷。

二

12 月 7 日，狄克遜將中國方面的意向轉告廣田外相，並詢問中日談判是否仍在原提條件基礎上進行。這時，日方的態度已發生變化，廣田表示需要徵求軍方的意見，因爲他「懷疑能否在一個月前所提出的基礎上進行談判，那是在日本取得巨大的軍事勝利之前所起草的」❷。而這時在中國戰場上，日軍對中國首都南京的攻擊進展順利，指日可下。廣田表示，由於形勢發生了變化，日本可能要擴大原來所提出的要求。

戰場上的勝利，使日本軍方的強硬派的勢力更爲壯大。強硬派對中國政府的談判姿態很不滿意。12 月 8 日，陸軍首腦會議認爲「還看不到蔣的反省態度，將來能否反省姑且不論，現在這樣的態度是不能接受的。」❷他們要求根據新形勢重新研究以後的新條件。南京的失陷，

❷　*DGFP*，4/1，787-789。

❷　劉紹唐主編：《民國大事日誌》，臺北，1973 年版，第一册。

❷　*DGFP*，4/1，799。

❷　《中國事變陸軍作戰史》，第一卷，第二分册，第 136 頁。

更加助長了日本強硬派的戰爭情緒。他們主張乘勝前進，同時對中國提出強硬的和談條件。內相、預備役海軍大將末次信政就曾在大本營與政府聯席會議上聲稱，「除非把和平條件訂得十分強硬，否則，我們的人民就會不滿」，他認為南京政府已經陷入困境，「如果我們稍微放鬆作戰，蔣政權顯然會恢復元氣，但如果我們再推它一把，它就會倒了。」㉗他反對對中國採取溫和一些的態度，說這樣會重振中國人的士氣。

日本首相近衛這時也認為，「對於一個不斷取得勝利的國家來說，採取一種極其類似戰敗國的態度並有意顯示我們的寬宏大量是不妥當的」㉘。12 月 14 日，日本政府發表聲明，聲稱「國民政府毫無反省之意，日本決心提攜親日政權，徹底懲罰抗日政權，從而根本上解決日華問題。」㉙

日本軍政首腦經過多次討論，於 12 月 21 日的內閣會議上正式議定了《為日華和平交涉致德國駐日大使的覆文》及有關談判條件的極密的具體解釋。次日，廣田據此約見狄克遜，提出了日方新的談判條件：一、中國應拋棄親共反日反滿政策，並與日本及「滿洲國」合作，實行反共政策；二、在必要的地區建立非軍事區和特殊政權；三、中、日、滿締結關於在經濟上密切合作的協定；四、中國償付日本所要求的賠款㉚。

狄克遜對這四項條件的具體內容提出詢問，廣田對他的補充說明是：第一條意味著中國承認滿洲國，並希望中國廢止中蘇條約或參加

㉗　原田熊雄述：《西原寺公和政局》，東京，1951 年版，第六卷，第 187 頁。

㉘　《中日戰爭中的合作政治，1937-1945》，第 73 頁。

㉙　《中國事變陸軍作戰史》，第一卷，第二分冊，第 142 頁。

㉚　《日本外交年表及主要文書（1840-1945）》，下冊，第 380 頁。

反共產國際條約；第二條指在華北和長江流域建立非軍事區，在內蒙
古建立特殊政權，華北政府將擁有廣泛的權力，它不屬於中央政府，
但是在中國的主權之下；第三條指中日訂立關稅協定，一般貿易協定
等；第四條即中國賠償戰費和日本財產損失費。廣田要求德國暫不要
讓中國知悉他對這四項條件的補充說明。此外，廣田還向狄克遜表示，
中國如接受條件，須派代表來日本，在規定的時期和指定的地點進行
和談。在和談期間，日軍將繼續進行軍事行動。只有到和約締結時，
才有停止軍事行動的可能。廣田要求在年底左右獲得中方的答覆。從
這些條件來看，日方此時已自居於受降者的地位。

對於日方的新要求，作為旁觀者的狄克遜也感到太過分了。他指
出這些條件「遠遠超過」原先的條件，「我認為中國政府是完全不可能
接受這些條件的」。廣田則表示，由於軍事局勢的改變和輿論的壓力，
現在不可能有其他方案。狄克遜認為日方所提要求答覆的時間太短，
希望延期至 1 月 5、6 日左右，廣田表示同意❸。

12 月 26 日，陶德曼將日方的四項要求 (不含具體解釋) 轉告孔祥
熙。由於這四項要求過於廣泛和模糊，日本可以在這四條之下提出若
干苛刻要求，即使是此時很想妥協的中國政府也不敢貿然接受這些條
件。蔣介石在這一天的日記中寫道：「倭所提條件如此苛刻，絕無接受
餘地。」❸次日，孔祥熙對陶德曼說，日本提出的是無所不包的條件，
它猶如一張空白支票，在此之下，日本也許需要十個特殊政權和十個
非軍事區，沒有人能夠接受這樣的條件❸。

同日，中國外交部將上述日本條件電知中國駐外各使節，令其轉

❸ *DGFP*, 4/1, 802-804。
❸ 《蔣總統秘錄》，第十一分冊，第 98 頁。
❸ *DGFP*, 4/1, 810。

告駐在國政府，聽取各國的意見。英國外交大臣艾登在聽了郭泰祺的通報後表示，這些條件是嚴酷的，甚至是殘暴的，他完全贊成中國拒絕予以考慮的態度。法國外交部秘書長萊熱（A. Léger）向顧維鈞指出，中國惟一正確的政策就是繼續抵抗，並且拒絕同日本議和。他感到中國談和平已經談得太多，其實只要繼續進行游擊戰，中國最後是能把日本拖垮的。如果目前向日本求和，就等於甘心投降，因為日本不願意接受低於投降的條件。萊熱認為，隨著日本不得不在中國擴大其活動範圍，它終將意識到力有不逮，最後必然會自己來尋求和平❸❹。

就連德國外交部也認為日本所提出的條件太苛刻了。他們電令狄克遜「在適當的場合向日本政府指出一旦中國布爾什維克化所引起的危險，這樣的一個結果是與反共公約不符的。德國和日本反對共產國際的共同利益是要求中國的正常情況盡速恢復，即使這只能在不能完全滿足日本願望的和平條件下才能做到。日本應該考慮由凡爾賽條約的歷史所得到的教訓。」❸❺

28 日，蔣介石召集汪精衛、孔祥熙、張群等要人到其寓所會談，討論應付辦法。蔣介石表示「國民革命在求中國之自由平等，絕不能屈服於敵人與之訂立各種不堪忍受之條件，以致我國家與民族永遠受其束縛。只要我國政府不簽字於任何不平等條約之上，則我國隨時有收回國土，恢復主權之機也。」眾人一致同意，對日本所提條件，一概不予理會。29 日，蔣介石又對于右任等人表示，「倭寇所提條件，等於征服與滅亡我國，與其屈服而亡，不如戰敗而亡。」❸❻

❸❹　《顧維鈞回憶錄》，第三分冊，第 30-32 頁。

❸❺　*DGFP*, 4/1, 811。

❸❻　臺灣「中華民國史料研究中心」:《先總統蔣公有關論述與史料》，臺北，1979
　　年版，第15頁；張其昀:《黨史概要》，臺北，1979年版，第三冊，第970頁。

12 月 30 日，狄克遜會見廣田，告訴廣田有必要對和平條件加以補充說明，並在談判開始時實行局部停戰。廣田同意將 22 日指明不轉達的內容以德國大使的個人感覺的形式告訴中方。廣田並再作補充說明，指出非軍事區將包括內蒙古、華北、及上海占領區的一部分；特殊政權指內蒙古自治政權、華北具有廣泛權力的政府，上海也要建立一特殊政權；賠款範圍則包括賠償一部分戰費，日本損失的財產和占領費用三項❸❼。

1938 年 1 月 1 日，蔣介石再次與軍政要人討論外交問題。蔣認為，目前國際上正大規模擴軍，但表面上則競言和平，「當此之時，我人對於外交，斷不宜有依賴任何一國之意，務必力圖自存自主」，「應抱堅韌不拔之志，以打破日寇兵脅利誘之政略……雖目前國際形勢變化無望，我們務須一本原定方針忍痛奮鬥到底。」❸❽

同日，陶德曼奉命將廣田對狄克遜的補充說明，作為德國駐日大使與日要人的「談話印象」轉告中國，但中國政府遲遲未作答覆。1 月 5 日，廣田會見狄克遜，指責中國政府向列強透露日本所提的和談條件，他表示「日本無法忍受中日和平談判條件演變為國際性之探討」，要求中國政府迅速作出答覆❸❾。

1月6日，近衛與陸相、海相、外相商談，決定敦促中國政府，遂由內閣官房長官發表了要求中國政府早日答覆的談話。1 月 10 日，陶德曼會見中國行政院副院長張群。張答覆說，中國對日本的要求還正在研究中。12 日，日本外務次官崛內謙介會見德國駐日參贊，要求中國政府立即答覆，他聲稱如果到 1 月 15 日仍未有答覆，日本將保留採取

❸❼　*DGFP*, 4/1, 811-812。

❸❽　《黨史概要》，第三冊，第 972 頁。

❸❾　臺灣《傳記文學》，第四十三卷，第四期，第 44 頁。

行動的自由。他並要求中國的答覆須採取明確的態度。

在這段時間裡，日本於 1 月 11 日召開了御前會議。日本首相、陸相、海相、外相，樞密院議長以及參謀本部和軍令部的總長、次長等出席了會議。會議議定了《處理中國事變的根本方針》，決定「如中國現中央政府反省醒悟過來誠意求和，則根據附件（甲）所開日華和談條件進行交涉」，「如果中國現中央政府不來求和，則今後不以此政府爲解決事變的對象，將扶助建立新的中國政權」❹。

1 月 12 日和 13 日，陶德曼二次約見王寵惠，催問中國政府的明確答覆。王寵惠最後宣讀了一份聲明，內稱：「經過適當的考慮後，我們覺得，改變了的條件範圍太廣泛了。因此，中國政府希望知道這些新提出的條件的性質和內容，以便仔細研究，再作確切的決定。」❹

1 月 14 日，狄克遜將中國聲明全文轉交廣田，廣田對中國政府的不明確態度大爲不滿。他認爲中國方面已經知道了作一個肯定或否定答覆所需要的一切細節，現在作這樣一個不置可否的聲明，「簡直是遁詞」。廣田覺得中國方面沒有和平誠意，是在採取拖延戰略❹。他把中國政府的答覆提交到正在召開的內閣會議上進行討論。結果，內閣得出的結論是「再不能理睬這樣的拖延政策，應按預定方針發表不以國民政府爲對手的聲明，採取下一步措施。」❹

在這一問題上主張持愼重態度的參謀本部和軍令部內的一些重要人士得知此訊後，對政府的這一決定表示反對，要求召開大本營和政府的聯席會議進行討論。1 月 15 日，在聯席會議上，以參謀本部和軍

---

❹　《日本外交年表及主要文書（1840-1945）》，下冊，第 385-386 頁。

❹　*DGFP*，4/1，815。

❹　*DGFP*，4/1，816。

❹　《中國事變陸軍作戰史》，第一卷，第二分冊，第 147-148 頁。

令部的慎重派爲一方，以內閣（包括陸海軍大臣）爲另一方，雙方展開了激烈的爭辯。政府方面認爲，中國方面沒有誠意，應立即停止交涉。參謀本部和軍令部則主張再作努力，向中國方面澄清所提條件的內容，以待最後的明確答覆。他們認爲，在全國既未下定決心又無充分準備的情況下，進入前途暗淡的長期戰爭，那將是極其嚴重和困難的。長期戰爭意味著災難性的後果。會議開了整整一天，雙方意見尖銳對立。外相廣田發出質問說：「根據多年的外交官生活經驗，中國方面答覆的樣子顯然是沒有誠意的。參謀次長是否不信任外務大臣？」米內光政海相緊逼著說：「政府是信賴外務大臣的，統帥部不信任外務大臣同時也就是不信任政府」㊹，「如果參謀本部與政府對立，那麼不是參謀本部總辭職，便是政府辭職」㊺。在這種情況下，參謀本部和軍令部經過協商決定作出讓步。會議最終採納了強硬派的主張。

同日，新就任的中國行政院院長孔祥熙會見陶德曼，表示「中國仍然懷著與日本達成眞正諒解的願望」，「願意眞誠地盡一切努力來尋求在兩國間恢復和平的跡象」。孔祥熙希望能知道日方所提「基本條件」的性質和內容，「有了補充說明，我們就能更好地表示我們對日本所提條件的看法」㊻。然而，在陶德曼將中國方面的口頭聲明記錄轉交於日方之前，日本已經通知德國停止交涉。

1 月 16 日，近衛內閣發表政府聲明，宣稱「帝國政府今後不以國民政府爲對手，而期望眞正能與帝國合作的中國新政權的建立和發展。」18 日，日本政府再發表「補充聲明」，聲稱「所謂『今後不以國民政府爲對手』，較之否認該政府更爲強硬」，「意在否認國民政府的同

㊹ 《日本對華戰爭指導史》，第 130 頁。
㊺ 《西原寺公和政局》，第六卷，第 207 頁。
㊻ *DGFP*, 4/1, 817。

時，把它徹底抹殺。」**❹**

1 月 17 日，德國外交部指示陶德曼通知中國政府：「鑑於日本的聲明，我們以為我們的遞信員的作用到此中止。」**❹**

1 月 18 日，中國政府發表聲明，指出「中國抗戰之目的為求國家之生存，為維持國際條約之尊嚴。中國和平之願望雖始終未變，中國政府於任何情況下，必竭全力以維持中國領土主權與行政之完整。任何恢復和平辦法，如不以此原則為基礎，絕非中國能承受。」**❹**至此，被後世歷史家學稱之為「陶德曼調停」的德國斡旋無果而終。

陶德曼調停的終結，使中日戰爭通過外交手段結束於初始的微弱希望最終破滅。至此，中日戰爭走上了長期的全面戰爭的道路。

第三節　調停評析辨疑

陶德曼調停是整個抗戰時期惟一的一次通過雙方正式的官方渠道進行的由第三國從中斡旋的謀和活動。在很長的一段時期內，國內史學界對這一調停中德國和中國政府的立場持完全否定的看法。不少論著認為這是一次日德「狼狽為奸」的一次共同誘降活動，是「日德帝國主義的勾結」，是國民黨政府「卑鄙無恥的投降行徑」。當然，這些看法在很大程度上是帶著時代的烙印。

儘管本章前兩節在對陶德曼調停的敍述中實際上已經反映出德國和中國政府在這一調停中的立場，表明了筆者對以上看法的異議，但筆者仍感有必要在本節對這一問題加以集中的系統評述。這裡主要討

---

❹　《日本外交年表及主要文書（1840-1945）》，第 386-387 頁。

❹　*DGFP*, 4/1, 820。

❹　《戰時外交》，第二卷，第 670 頁。

論以下兩個重大問題：一、德國是否與日本狼狽為奸？二、國民政府接受調停是否意味著「乞降」？

——

公允地說，德國在陶德曼調停中的立場基本上是中立的，這與其這一時期對中日衝突的總的態度也是一致的。實際上，在陶德曼調停中，德國對中日雙方都力陳和利戰弊。一方面，它勸中國「不要不加考慮便拒絕日本的還算過得去的和平努力」，他們認為「中國就是盡最大的努力也不可能再把日本的軍事勝利扭轉過來」，「中國政府推遲議和的時間越久，中國國家解體的危險也就越大。」❺❿另一方面，德國也對日本施加影響。12 月 7 日，當狄克遜得知日方有意提高和談條件時，他就告誡日本：「如果蔣介石簽訂和約，這對於日本將是最好的解決辦法，如果他被推翻或者他拒絕締結和約，則將對日本極為不利了。」❺❶德國不斷向日本指出戰爭可能引起中國的布爾什維克化，要求日本予以節制。1938 年 1 月 10 日，德國外交部長牛拉特會見日本駐德大使東鄉茂德時再次重申，「一場延長的戰爭同樣會給日本帶來危險。」❺❷

德國希望中日在日方所提第一次條件的基礎上和談，但日方卻不斷加大籌碼，這使德國方面很不滿意，甚於頗有憤言。陶德曼就曾致電德國外交部，指責日本將「此項修改條件由我方轉至中國，實為一項『無恥的陷阱』，日方實在玩弄我方，在中國政府面前，我們已丟盡顏面。」❺❸

---

❺❿ *DGFP*, 4/1, 787。

❺❶ *DGFP*, 4/1, 799。

❺❷ *DGFP*, 4/1, 813。

❺❸ 臺灣《傳記文學》，第四十三卷，第四期，第 50 頁。

　　在整個調停過程中，德國政府不止一次地指示陶德曼和狄克遜對中日雙方須持中立的不表明立場的態度，要求他們只作為一個轉達信件的中介人，不要「超出一個遞信員的地位」。他們還特別要求陶德曼「避免陳述官方或私人意見，並應勿使中國政府對德國擔任此項任務可能成為日本玩弄花樣的工具產生反感。」德國外交部甚至不同意使用「調停」一詞，稱德國的行動「並非調停，而只是把我們所知道的交戰雙方的意見作為消息來傳遞」❺❹。陶德曼與中方人員的談話也表示了德國只是傳話並非調停的態度。可見，我們通常所稱的「陶德曼調停」，在德國人的心目中，絕非仲裁式的調停，只是牽線搭橋而已，德國不想承擔任何義務和責任，不想得罪任何一方。牛拉特一度曾要求狄克遜不傳遞中國政府所不能接受的條件。他在 1937 年 12 月 10 日的電報中指示說：「假如日本向中國提出屈辱的難以接受的要求，就是我們以前僅僅作為一個遞信員的作用也還是有限度的。我們也不能把日本自己在很短時期內就會說需要擴大的條件傳遞給中國」❺❺。

　　德國政府之所以採取這種中立態度，其原因不難理解。這在德國外交官員的來往文電中已多有披露。其一，德國不願讓日本獨占中國，喪失其已有的在華利益。陶德曼曾指出：「意大利在中國扮演了一個相當消極的角色，被認作為日本的盟國。他們能夠實行這樣的政策，而我們卻必須保護我們在中國的僅次於英、美、日的重大經濟利益。」❺❻德國經濟界尤其不贊成日本侵華，他們認為對德國企業的擴張來說，中國或多或少的門戶開放遠比中國處於日本一國控制之下更有成效。德駐日武官奧特曾向日軍方人士抱怨說，日本在華北的行動嚴重地影

❺❹　*DGFP*，4/1，793。

❺❺　*DGFP*，4/1，800。

❺❻　*DGFP*，4/1，776。

響了德國和中國的經濟關係。

德國有關方面曾表示，他們急切地希望中日間恢復和平，這不僅因爲經歷了對華戰爭的日本沒有什麼力量來對抗蘇聯，還因爲日本在它控制中國領土上排斥其他國家的對華貿易活動。11月上旬，里賓特洛甫在與墨索里尼會晤時，曾向後者通報，希特勒對遠東調停持促進態度，是基於兩點考慮：一、使中國加入反共產國際協定；二、使日本承擔尊重所有外國在華利益的義務。里賓特洛甫這裡所關注的外國在華利益當然主要是指德國在華利益。作爲兩個軸心國密友之間的談話，里賓特洛甫在這裡所說明的原因應是比較眞實的⑰。

對此，日方曾向德國表示，「日本非常有興趣在發展中國經濟上與德國合作，德國商人常恐德國在中國的商業受排擠，那是絕不會發生的」⑱。但德國人是不會天眞地相信這類保證的。德國對於日本一直心存疑慮。早在戰爭前夕孔祥熙訪德時，孔對戈林談及日本在第一次世界大戰中奪取德屬太平洋群島的往事，戈林就曾對孔說，日本是東方的意大利(意指意大利在那次大戰中背棄同盟國而對德作戰)，德國並不相信它⑲。德國對日本奪取其殖民地一事一直耿耿於懷，揚言要求日本歸還。德日間的這一糾紛直到此時仍未解決。

其二，德國不希望日本爲淵驅魚，使中國「布爾什維克化」。日本曾一再聲稱它是在中國與共產主義作戰，要求德國履行義務支援它。陶德曼把這稱之爲「日本人的陳詞濫調」，報告說「在遠東沒有一個人相信它。」⑳德國外交部認爲日本在中國的行動只會更快地促進共產主

---

⑰　中國第二歷史檔案館館藏檔案，案卷號：七四九‧109。

⑱　*DGFP*, 4/1, 813。

⑲　《使德回憶錄》，第187頁。

⑳　*DGFP*, 4/1, 748。

義在中國的發展。中國方面很注意利用反共這一點來取得德國的支持。程天放曾對牛拉特說，「日本侵略中國就是替共黨造機會，世界上真正反共的國家，應該出來阻止日本的侵略。」❻中國政府向德國保證，它不會讓共產主義在中國發展。孔祥熙在致希特勒函中稱，中國有一個「惟一的民族主義的執政黨，一個強有力的領袖」，這樣的國家絕不會成為蘇俄式的共產國家。他進而甚至指責日本有個「日益腐朽的議會制度，國內無產階級力量日益增長，隨時都可能爆發革命」❻。

中國還多次向德國表示，如果日本一定要滅亡中國，中國將倒向蘇聯。孔祥熙就曾明確地對德國人說，假如和談不成功，中國將抗戰到底，甚至使國家經濟崩潰，使中國人民投入蘇聯的懷抱亦在所不計。德國對蘇聯對華援助的增加惴惴不安。他們感到「俄國對中國日益增加的援助很快將要使我們面臨抉擇——是撒手離開中國，還是促使敵對行動停止。」他們認為德國軍事顧問使用俄國武器幫助中國與日本作戰的情況是「不能容忍的」❻。德國不願讓它的地位被蘇聯取而代之。牛拉特和白龍柏就曾對希特勒說，你願意讓法肯豪森還是願意讓一位蘇俄將軍留在中國呢？

其三，在德國的全球戰略上，他們一直希望日本積極配合，在遠東這邊發揮重要作用，把它的主要軍事力量指向蘇聯，而不應陷於中國戰場。德國駐蘇使館的情報使其外交部得出這樣的結論：「蘇聯正以各種方式煽動衝突，以轉移日本對蘇聯的壓力。」德國認為「中日戰爭使蘇聯政府得利，它很樂意看到日本在其他地方受到牽制，並由於軍事作戰而受到削弱。」❻他們向日本人指出繼續把戰爭打下去的不利前

❻　《使德回憶錄》，第210頁。
❻　《民國檔案》，1988年，第一期，第95頁。
❻　*DGFP*, 4/1, 791。

景：「日本因進政中國而使全部力量被牽制住，因此，與俄國相對比，日本將日益削弱。」❻❺他們認爲日本在中國的行動不可能改善它對蘇俄的戰略處境，卻會引起中國人對它的強烈仇恨，使它將來不得不面臨兩線作戰。

　　以上諸點，德國官方文書中曾有明確的表述。早在 1937 年 7 月，德國外交部在給各駐外使節的指示中就已指出，「由於我們在遠東的經濟利益以及我們的反共政策，我們極爲關心事態的進展，迫切希望事件早日和平解決」❻❻。德國不希望中日戰爭持續下去，它對日本決定中斷對華接觸很不滿意。1938 年 1 月 17 日，狄克遜向廣田表示：「日本不能忍耐中國的延宕及其不能令人滿意的態度，雖然是可以理解的，但在全世界人的心目中，日本卻要負斷絕商談的責任。」❻❼

二

　　如何看待國民政府的謀和活動？在討論這一問題之前，我們首先應該明確「謀和」與「投降」這兩個概念，這兩者之間有著重大區別。投降是以某一方的全面屈服而結束戰爭，而謀和的範圍和內容則要廣泛的多。投降是謀和的方式之一，但並非所有的謀和都是投降，這兩個概念之間並不能完全劃等號，不能任意地混淆使用。筆者認爲，在戰爭之初，戰爭中的任何一方爲尋求結束戰爭而作出努力，其本身是無可厚非的。即使是弱者謀求議和，也不能一概視之爲乞降，關鍵在於看它的立足點何在，看它準備爲這和平付出些什麼。

---

❻❹　*DGFP*, 4/1, 734。

❻❺　*DGFP*, 4/1, 821。

❻❻　*DGFP*, 4/1, 733-734。

❻❼　*DGFP*, 4/1, 821。

在當時的中國，面對著日本氣勢洶洶的侵略，應否謀和？如何謀和？存在著三種意見：一是以中國共產黨人為代表的堅決抗日派，他們反對作任何妥協，要求將抗日戰爭進行到底，主張「反對一切游移、動搖、妥協、退讓，實行堅決的抗戰」，「為保衛華北和沿海各地而血戰到底」，「為收復平津和東北而血戰到底」❻❽。二是國民政府中的親日派和恐日派，這些人中後來有許多人成了漢奸。他們認為：「繼續打下去，中國絕不能僥倖成功」。他們鼓吹「戰必大敗，和未必大亂」❻❾。這些人頻頻向蔣介石施加影響。南京陷落之前，汪精衛為主和寫給蔣介石的信就達十封以上。再就是以蔣介石為代表的國民政府實權派，他們的意向將決定中國政府何去何從。這一部分人既不以堅決抗戰到底為然，認為無論抗戰，中國在目前是不可能打到收復東北失土這個「底」的。同時，他們也不同意以過多地喪失主權來謀取和平，全面屈服於日本。他們希望的是作出某些讓步的和平，而不是無條件屈服的和平。

無疑，中國共產黨人的抗戰綱領是最徹底的，是中國抗戰前途的最理想選擇。但事情並不都是非此即彼，其他的方案可能有錯誤或不切實際，但不能都稱之為投降主義。在評判陶德曼調停時，我們應該注意以下幾方面的情況：

首先，中國政府在調停中始終堅持談判地位對等的原則，反對把談判演變成戰敗者向戰勝者的求和。當時，中國軍隊敗於淞滬，日軍兵鋒直指南京，如果談判被視為敗者的求和，無疑將會使停戰條約成為城下之盟式的「降約」。因此，堅持談判地位的對等，就絕不僅僅是

---

❻❽　《毛澤東選集》，人民出版社，1966 年豎排版，第 332，341 頁。

❻❾　黃美眞、張雲編：《汪精衛集團投敵》，上海人民出版社，1984 年版，第 64 頁。

一個「面子」問題，而具有一定的實質性的意義，中國外交部次長徐謨曾對陶德曼強調指出：「假如日本以向戰敗者任意規定和平條件的戰勝者自居並且這樣做的話，那將會對中國和日本之間真正和解的前途造成很大的損害。」他表示「大使提出來的各點可以作為商討的基礎，但它們在任何情況下都不應被認為是以最後通牒形式提出來的不可改變的要求」❼。蔣介石亦曾對陶德曼強調了此點，其用意皆在於此。當然，當時的情況下的中日談判，在實質上不可能是平等的談判。國民政府是準備作出妥協和讓步的，這一點毫無疑問，但它又不願使讓步成為投降。對談判中外交地位的關注，正是這一態度的反映。

其次，在陶德曼調停中，儘管國民政府的前後態度有所變化，妥協傾向有所增強，但它始終堅持了它的主要立場：華北主權不退讓。蔣介石在同意就日本第一次所提條件進行談判時，明確指出華北的主權、完整和行政獨立不得侵犯。12月5日，徐謨就和談問題提出了兩個「我們認為極為重要的條件」，其中之一就是「中國在華北的主權和行政不得改變，它們的完整必須維持」❼。國民政府明確提出自己的和談目標，是恢復抗戰爆發前狀態。蔣介石曾對陶德曼表示「倘日本無意恢復事變前的狀態，則中國什麼樣的要求也不能承諾」❼。

再者，調停時期的國際國內背景亦不可忽視。在國際上，中國曾寄希望於九國公約會議採取伸張正義的行動。但會議結果使中國大失所望。會議並未採取任何措施來制裁日本，而只是呼籲中日雙方以克制態度來實現和平。這對國民政府的戰和政策，不能不產生重大影響。正是在布魯塞爾會議之後，中國才對陶德曼調停顯示出較大的興趣。

---

❼ *DGFP*, 4/1, 797。

❼ *DGFP*, 4/1, 797。

❼ *DGFP*, 4/1, 780。

　　在國內，中國軍隊在南北兩個戰場上均處於不利狀態。在北線，日軍連陷南口、張家口、大同、保定。中國軍隊集中了三十一個師、十三個旅所進行的太原會戰，於 11 月上旬宣告失敗。在南線，中國方面前後集中了七十萬兵力投入淞滬作戰，結果也遭到失敗。

　　面對國內軍事的嚴重情況，10 月下旬，中國國防最高會議討論了停戰問題，從軍事角度分析了它的可行性。其時，太原會戰和淞滬會戰都已程度不同地顯示出對中國不利的趨勢。國防最高會議討論了停戰對於中國軍事的利弊，認爲「停戰對士氣不利」，但同時又指出「日下現役部隊略已使用完盡，此後補充者多係新募，未經訓練，故戰鬥力益見低劣，故以適時停戰爲有利」；「械彈器材，被服糧秣之積儲已用至半數，後續補充堪虞，故以適時停戰爲有利」。會議還認爲，由於目前晉、魯、滬方面作戰成敗尚未最後決出，「故在日前停戰，外交形勢尚不惡劣」。

　　會議還就停戰對於中日雙方的利害進行了分析和比較。認爲敵我雙方都會利用停戰來進行調整補充，但對中國的有利因素更多一些。諸如：「增築防禦工事及設備，於我有利，因我方爲防禦。組織民眾及游擊隊，於我有利，因在我國土作戰。增強各地防空組織與設備，於我有利，因我空軍劣勢，不能襲擊敵國。整理後方交通，於我有利，因無空襲。軍械彈藥器材之輸入，於我有利，因我方所購之彈藥等，愈遲則到者愈多。」因而，國防最高會議的結論是：「綜觀以上利害比較，停戰或短期停戰於我物質上均較有利。故在有利之條件下，自可接受。」❼❸

　　據此，可以認爲，國民政府對於停戰是它自己的某種考慮的：一

---

❼❸　《中國近代對外關係史資料選輯》，下卷，第二分冊，第 14-16 頁。

方面它固然期望能達成永久停戰；另一方面又不完全對此抱有幻想，
即使和議不成，也可以利用短期的停戰得一緩兵之機，在軍事上喘一
口氣。這一點在當時人士中頗有些議論。如王芸生在 12 月 10 日致蔣
介石的電報中，一面指出日本的議和是陰謀，不可上當，一面陳言：
「倘在鈞座領導政策及補充接濟上，如屬一時緩兵之必要，不妨密令
要員虛與委蛇，以鬆懈敵心，而探其計謀深淺，藉便從容作大舉反攻
之布置。」❼❹

在陶德曼調停中，中國政府似乎對立即停止正在進行的軍事行動
更感興趣。蔣介石向陶德曼提出：「在敵對行動繼續進行的時候，是不
可能進行任何談判的」。他表示，假如德國「向中國和日本提議停止敵
對行動，作為恢復和平的最初步驟，中國願意接受這一提議」❼❺。關
於中國政府的動機，顧維鈞曾在布魯塞爾對戴維斯解釋說，中國政府
之所以接受陶德曼調停，是因為考慮到中國軍隊需要一個喘息的時間
鞏固陣地，以阻擋日軍機械化部隊的進攻。從軍事的觀點來看，安排
停止敵對行動是有必要的。對此，日方也曾有人懷疑中國是在採取拖
延政策，以獲得喘息之機而同意調停的。後來人所透露的蔣介石日記
證實了這一判斷。蔣在 1937 年 11 月 29 日的日記中寫道：「為緩兵之
計，不得不如此耳。」❼❻

此外，還有一點值得指出，陶德曼調停並不像一些論著所說的那
樣，是見不得人的陰謀活動。在調停過程中，中國政府不僅向英美還
向蘇聯通報了此事，徵求各方意見。1937 年 12 月初，蘇聯曾答覆說，

---

❼❹　中國第二歷史檔案館館藏檔案，見《中國現代政治史資料滙編》，第三輯，
　　第九冊。
❼❺　*DGFP*，4/1，797。
❼❻　《蔣總統秘錄》，第十一分冊，第 95 頁。

關於委員長與德國大使陶德曼的談判，我們認為中國政府可採取下列態度：「日本如撤回其入侵華中及華北之軍隊，並恢復盧溝橋事變以前的狀態時，中國為和平利益計，不拒絕與日本實行和平談判。」「日本如果實行上述先提條件的時候，中國國民政府就允許談判兩國間一切問題。」同時，蘇聯政府對日本能否遵守停戰協定以及德國調停的意圖也表示了疑慮。對此，蔣介石在 12 月 6 日的回電中答曰：「對德調停之答覆，正符鄙意，當不被敵所欺，請勿念。」**⑰**在日本方面更改條件後，中國外交部再次向蘇聯駐華大使通報了情況，並表示：「我國政府認為這些條件沒有考慮餘地，委員長期望閣下密告蘇聯政府，期望聽取蘇方意見。」

---

⑰ 《戰時外交》，第二卷，第 339-340 頁。

第六章　南京失陷後的危機

　　有軍事評論家認爲，南京失陷後，中國處於空前的危機中。在淞滬、南京會戰中，中國軍隊損失慘重。如果日本在這時乘勝追擊，沿長江西進直取武漢，短時期內無法得到補充和休整的中國軍隊將很難組織有效的抵抗。因此，日本未能抓住這一時機是其戰略上的重大失策。

　　實際上，南京失陷後的中國不只是在軍事上處於虛弱的危機狀態，它在外交戰線上也面臨著極爲嚴峻的形勢。在陶德曼調停失敗之後，德國開始調整其遠東政策，走上尋求與日本締結軍事同盟的道路。英美對於日本公然炸沈其艦船的令人震驚的暴行，未能作出應有的強硬反應，雙方關於採取聯合行動的磋商毫無結果。中國原曾存有的爭取蘇聯出兵參戰的希望，最終也化爲泡影。幸而，陸續到來的蘇聯的物資援助給了中國以極大的幫助。

第一節　中德關係的逆轉

一

　　陶德曼調停失敗後，德國就不得不面臨著在中日戰爭中作出公開抉擇的問題。在長期化的戰爭面前，它不可能長久地既忠實於盟友，又交好於中國。在中日之間選擇何方，這是一個不容猶豫的問題。德

國的遠東戰略更為需要的是日本而不是中國。因此，當中日和解的希望徹底斷絕之後，德國遠東政策的調整勢在必然。

里賓特洛甫（希特勒在外交界的第一親信，不久升任德外交部長）在 1938 年 2 月 2 日的一份備忘錄中系統地表明了德國的戰略觀。該備忘錄的著眼點是如何阻止英法聯盟，防止英國捲入德法衝突。里賓特洛甫認為只存在下列可能，即當「英國因軍備不足或因大國（如德國、意大利和日本）間的強大聯盟威脅它的帝國，牽制它在其他地方的軍事力量」時，它才不會在歐洲給法國以足夠的支持，因為英國不會冒在「不利於帝國的情況下，可能在三個不同地區即東亞、地中海和歐洲同時作戰」的風險。因此，他認為德國應注意加強柏林—羅馬—東京三角關係。「我們與朋友們的聯盟越堅固，則英國，此外還有法國，不介入同德國有牽連的中歐衝突的可能性就越大」。他並指出，英國現在正致力於削弱這種關係。而且，「為了保護大不列顛帝國的心臟，英國會在適當的時機竭盡全力重新建立和意大利、日本的友好關係，甚至準備付出極大的代價。也就是說，要搶先於德國。」備忘錄的結論是，德國必須「悄悄而堅決地建立起反對英國的同盟，即實際上加強我們同意大利、日本的友好關係。此外，要爭取那些和我們利益直接或間接相一致的國家。為此目的，三國的外交官員要緊密而親切地合作。只有這樣，不論將來有一天是達成協議還是陷入衝突，我們才能對付英國。」❶

德國駐日大使狄克遜於 1 月 26 日也向德外交部提出了調整遠東外交的報告。他認為中國的失敗之日已為期不遠，日本必然取得勝利。陶德曼調停的失敗標誌著中日戰爭進入了一個新的階段，日本將成為

---

❶　*DGFP*, 4/1, 162-168。

戰爭的勝利者，中國將投入蘇聯的懷抱。因此，儘管在中日衝突的第
一階段德國聲明絕對中立是正確的，但現在形勢已經發生了變化，德
國現在面臨的任務是根據已經變化了的形勢對德日關係中的一些問題
作出決斷。他認爲德國軍事顧問的繼續駐華將影響德國軍事顧問的聲
譽。他提出撤回軍事顧問、停止運送軍事物資並承認「滿洲國」的建
議❷。

希特勒也認爲，只有日本才能夠對付在亞洲的「布爾什維克主義」
的危險，而中國無論是在力量上還是在道義上都不可能強大到足以抵
抗這種威脅。這就是希特勒傾向日本的最根本的原因：惟強是重。誰
的力量看起來最強大，能在東方牽制其他列強的力量，有助於他成就
在西方的霸業，他就選擇誰。

1938 年 2 月，希特勒對內閣作重大改組，具有親華傾向的主張在
中日戰爭中持愼重中立態度的國防部長白龍柏和外交部長牛拉特相繼
去職，希特勒親自執掌德國武裝部隊的最高指揮權，主張親日的里賓
特洛甫接掌外交部。德國對華政策隨之發生轉變。

承認「滿洲國」的問題提上了德國外交部的議事日程，有的人主
張以此作交換，要日本在奧地利和捷克斯洛伐克等歐洲問題上表態支
持德國，或要求日本確保德國在華北或「滿洲國」的利益，或要求日
本承認德國對其在第一次世界大戰前所擁有的太平洋群島殖民地的主
權，並就日本的歸還問題開始談判。

陶德曼反對承認「滿洲國」。他致電德國外交部指出，德國在中國
具有廣泛的利益，承認「滿洲國」將引起中國對德國商品的抵制。中
國現在正在爲他們的生存而戰，承認「滿洲國」將被視爲對日本的戰

---

❷　*DGFP*, 4/1, 826-829。

爭目的的贊許和支持。如果德國現在承認日本扶植起來的傀儡國家，中國人將永遠不會忘記這一點。他還對德國將獲得日本在經濟利益上的回報表示懷疑，認爲不應爲這些尚無把握的事情犧牲基本的原則❸。但是，德國決策人物並未接受陶德曼的意見。里賓特洛甫把陶德曼的報告壓下不提。

2月20日，希特勒在國會發表政策演說，宣布承認「滿洲國」，並正式承認日本宣揚的入侵中國是爲了反共的觀點。他聲稱「比起布爾什維克的勝利，日本最大的勝利，對人類文明和世界和平的危害要小得多」。希特勒認爲日本是防止東亞赤化的中堅力量，是東亞安定的因素❹。這是一種公然無視中國政府的立場、承認日本侵略結果的行爲。中國駐德大使程天放在同日給蔣介石的報告中，指責德國「以突然手段承認偽國，其袒護日本不復顧全我國友誼之態度已昭然若揭」。他建議政府「明令召回大使，以表示對德之不滿」，「同時向德方嚴重抗議，並通知其他各國，以示我方之堅決。」他認爲「德政府旣已決定親日政策，無再變更之可能，我國再事敷衍，恐亦無效果可言。表示強硬，彼對我恐亦不過如此」❺。但是中國政府由於希望繼續得到德國的軍火供應及不使其召回軍事顧問，採取了一種基本上是委曲求全的態度，盡量不使事態擴大，只是由程天放在2月24日向德外交部送交一照會，對德國的這一作法表示抗議便作罷。

中國希望繼續從德國得到軍火。3月初，中國政府還致電中國駐德商務專員譚伯羽，要他向德國再訂購一批武器，包括迫擊炮300門，配彈90萬發；手槍2萬枝，配彈4000萬發；高射炮300至500門，每

---

❸　《德國與遠東危機》，第302頁。

❹　《德國與遠東危機》，第302頁；《民國檔案》，1989年，第二期，第128頁。

❺　《戰時外交》，第二卷，第679-680頁。

門配彈 5000 發❻。在中國政府的努力下，德國仍然對華提供一定數量的軍火。2 月間，有 12 架德國的轟炸機和戰鬥機運抵香港。3 月中，又有一批價值 3000 多萬馬克（約合美元 1000 多萬）的軍火由德國船隻運到香港。

二

但是，中國的一廂情願與忍讓並不能阻止德國疏華親日的步伐。3 月 3 日，德外交部次長威澤克約見譚伯羽，稱德國「決定為保持中立計，在中日兩國紛爭時期，不收兩國軍事學生」。他通知譚伯羽，德國將停止接受赴德深造的中國海軍和陸軍學生，已在德就學和受訓者，限於 8 月 31 日結束。4 月 27 日，威澤克又向程天放表示了要召回其軍事顧問的意願，他聲稱「德政府為對中日戰爭採取完全中立態度起見，覺得德國軍事顧問此時在華服務，殊有偏袒一方之嫌疑，故甚願其離開中國」❼。

其時，德駐華外交官和軍事顧問都不願中斷中德關係。陶德曼在 2、3 月份多次上書德國外交部，要求繼續援華。他在 3 月 8 日的報告中對日本的可靠性提出懷疑，認為日本只是在利用德國。日本在華所實行的經濟排外已經證實了這一點。日本還一直不肯給德國以「最惠國待遇」，聲稱如果給了德國最惠國待遇，其他國家也會援例要求。陶德曼建議應繼續向中國提供戰爭物資，以換取外匯，這樣的活動可以通過私人商號來進行。他反對從中國撤出軍事顧問，他指出如果這樣做，它「在這裡所產生的影響將是災難性的，結果將是蘇聯顧問取而代之，那時，中國軍隊將成為一支蘇聯的軍隊。」❽

❻ 《戰時外交》，第二卷，第 708-709 頁。
❼ 《戰時外交》，第二卷，第 681, 684-685 頁。

　　德國軍事顧問也不願從中國撤出。他們認為，經淞滬及南京慘敗而元氣大傷的中國已經重新組織起軍事力量。總顧問法肯豪森對中日戰局持有比較樂觀的看法，他認為中國完全可以抵抗日本。法肯豪森在 3 月上旬於武漢行營大禮堂所作的講演中，闡述了在中國進行游擊戰和持久戰的戰略。他主張中國應在山西西部與山東南部控制若干兵力，利用游擊戰爭襲擊日本，以策應津浦、平漢方面，對日軍進行首尾夾擊。他認為持久戰「在中日戰爭中頗可採用，以消耗敵人軍實，待機反攻，殲滅日軍。」 ❾

　　4 月 30 日，法肯豪森在給德國外交部的答覆中，陳述了撤回軍事顧問的困難。法肯豪森還聲明德國軍事顧問是根據顧問個人與中國政府之間簽訂的合同應聘的，他們的合同要到 1939 或 1940 年才期滿。如果他們首先不履行合同，在法律上就要負責賠償。這樣勢必損失錢財，許多顧問「將會在中國陷於困境，負著債務而沒有旅費回國」，這些人回國後不一定能找到工作職位。他要求德國政府首先保證負擔中止合同的賠償金以及其家屬和隨員的回國旅費 ❿。

　　5 月 13 日，柏林電令：「請轉告法肯豪森將軍，帝國政府期待軍事顧問盡快遵照政府要求束裝就道，並請法肯豪森將軍將此令立即通知屬於顧問團的退役軍官，令其作好一切準備。」柏林並許諾說，政府準備負擔返程旅費和給予適當賠償⓫。5 月 17 日，德外交部致電陶德曼，否定了他關於逐漸撤出駐華顧問的提議，指出「軍事顧問的逐漸撤離是不容考慮的」。德國政府要求陶德曼接電後正式向中方提出中止軍事

❽　*DGFP*, 4/1, 844-850。

❾　中國第二歷史檔案館館藏檔案，案卷號：七八七‧2558。

❿　*DGFP*, 4/1, 856-857。

⓫　*DGFP*, 4/1, 861-862。

顧問合同的要求，並指示他向中方暗示，如果中方製造困難，他有可能被召回。該電還要求陶德曼通知德國在華顧問：「任何背離來自使館的指令的行爲將對其本人產生嚴重的後果。」❷

5月21日，陶德曼奉命會晤王寵惠，稱德政府現已決定「絕對中立」，希望中國政府允許德國顧問解除契約回國。王寵惠當即表示如果德國撤回顧問，「中國國民必將以爲德國……將間接袒日而反對中國」。他還指出「貴國顧問係以私人資格在華服務，他國國民亦有以私人資格在吾政府機關服務，該顧問與各該國政府，實無任何關係，自不致於涉及中立問題，望貴國政府再加考慮」。爲了引起德國政府的注意，王寵惠再次打出了蘇聯這張牌，聲稱中國政府是堅決反對共產主義的，「但如果中央政府岌岌可危，就會出現這樣的危險：被驅往絕境的人民將會背離政府的意願投入蘇聯的懷抱」。陶德曼告稱他本人亦持有相同看法，並曾數次致電本國政府申述意見，但他認爲，德政府經過詳細考慮後決定的現方針，恐怕是難以更改的❸。

德國政府對在華顧問施加高壓。6月21日，德外交部發出嚴令他們盡快離開中國的電文，要求「留華全體德籍軍事顧問凡職務未停者一律立即停止，並盡速離華，必要時雖違反中國政府意旨，亦在所勿恤」。德外交部並警告說，「顧問中如有違反此令者，即認爲公然叛國，國內當即予以取消國籍及沒收財產處分。」❹

在這同時，德國政府亦對中國政府施加壓力，6月13日，里賓特洛甫來電指令陶德曼向中國政府聲明：如果中國政府反對讓德國顧問回國，德國將立即召回駐華大使。6月20日，里賓特洛甫再次來電，

---

❷　*DGFP*, 4/1, 862。

❸　《戰時外交》，第二卷，第686頁；*DGFP*, 4/1, 862。

❹　《戰時外交》，第二卷，第687頁。

要求陶德曼對中國政府施加外交壓力，令其向中國政府聲明，中德關係能否繼續，完全取決於德國軍事顧問是否能全部離華。6月21日下午，陶德曼和法肯豪森在漢口約晤中國外交部次長徐謨，奉命聲明：如果在23日以前，中國政府對於全體德國顧問的立即離華不明確地表示同意，並擔保這些顧問的離華，德國大使將被立即召回。陶德曼還奉命表示，中德外交關係是否能繼續維持，須視關於顧問問題的發展而定。

　　然而，中國方面並沒有按照柏林的要求在23日前給予肯定的答覆。6月24日，德外交部指令陶德曼將事務工作移交代辦，立即返回德國。26日，陶德曼離華返德。7月2日，中國政府只得為德國顧問設宴餞行。7月5日，全體德國顧問乘專車前往香港。法肯豪森對德國政府的遠華親日政策甚感失望。在返國途中經過新加坡時，他發表談話指出，中國具有雄厚的抗戰基礎，任何一個國家都不可能單獨使中國滅亡。他批評歐洲人實在是過高地估計了日本的力量。可惜，法肯豪森最後的逆耳之言也未能被他本國的政府所接受。

　　在日本的壓力下，德國不得不停止與中國的軍火交易。4月27日，戈林公布禁止向中國運送武器的通告。5月3日，希特勒在意大利訪問期間，為加強與日、意的合作，就地密令國防部全面禁止軍火輸華。至此，德國半公開的對華軍火供應宣告結束。

　　德國如此急速地調整其對華政策，其原因並不複雜。一言以蔽之：惟強是重也。1939年1月，里賓特洛甫曾對一批德國將軍說道，古老的中國已經昏睡過去，衰弱不堪，「很清楚，在對德國的未來具有決定意義的今後幾年中，這個衰弱的中國是不可能突然間部署起一支用以對付蘇聯的強大的陸軍或建立起一支無畏艦隊。除了借助日本，德國別無選擇的餘地。」●德國對中國並不隱瞞它的這一動機。兩年後，里

賓特洛甫對中國駐德大使的一番解釋明白無誤地道出了德國當局的想法。他說，幾年以前，英國即已蓄亡德之心，德國只得聯合其他國家與之對抗，「以此與日本交誼增密」。他表示疏遠中國乃事出無奈，「無如大勢所趨，惟強是重，不得不側重親日，此在中國或引爲不滿，在德國實勢逼使然」❻。

　　儘管德國已公然偏向日本，但中國政府仍力圖盡可能地維繫已被大大地削弱了的中德關係，不使之過於惡化，以圖繼續秘密地得到一些德國的物資。中國駐德使館商務專員譚伯羽曾在 5 月 4 日來電報告說：「德軍火出口運輸處密稱，軍火仍可照常起運，但避免日方偵探，以後運貨不能用客船，均須改裝貨船」❼。顯然，該處此時尚未得知希特勒已下達了新的禁令。現在儘管情況有變，但中國政府仍期望能通過變通方法獲得一些物資。5 月 13 日，孔祥熙請示蔣介石，是否對德國下令禁止軍火輸華一事提出抗議或正式質問，蔣介石在此件上批示：「對德事暫作靜觀。」❽中國仍在爭取從前業已成交的德國軍火能啓程運華。5 月 27 日，托馬斯對譚伯羽表示，中國已經定購的軍火仍然可以秘密起運，但不能直接運往中國，須經另一國家轉手，另外續訂新的軍火則再無可能❾。這以後，仍有少量軍火得以從德國運出。如原定 7 月初交付運華的一批軍火，就假名芬蘭訂貨，秘密起運赴華。內有榴彈炮炮彈 6000 發，四十七公分炮彈 13000 發，毛瑟槍 5000 枝，槍彈 3700 萬發等❿。

---

❶　《德國與遠東危機》，第 253 頁。
❻　《戰時外交》，第二卷，第 699 頁。
❼　《戰時外交》，第二卷，第 709 頁。
❽　《戰時外交》，第二卷，第 711 頁。
❾　《使德回憶錄》，第 266 頁。
❿　《戰時外交》，第二卷，第 712 頁。《國際事物概覽》載，廣州失陷之後，

　　在這同時，中國還積極謀求維持中德間一定程度的經濟關係。經過多次的秘密接觸和談判，1938 年 10 月 4 日，孔祥熙與德方代表佛德博士（H. Woidt）口頭達成了一貨物互換及貸款合同，暫定以一年為期。一年內中國向德國提供礦產等原料，德國向中國提供一億馬克的貸款。雙方還商定，從前孔祥熙在德時所訂貨物，一部分由德合步樓（Hapro）公司予以保留（內包括軍火），可以現款或以貨易貨辦法運交[21]。當時調任行政院政務處長的蔣廷黻曾告訴美國駐華使館參贊裴克，中德間的這次易貨協定比第一次更為自由，它可以與私人企業直接商談購貨事宜，而第一次易貨協定的對象只能是德國政府及其所屬企業[22]。後來，這一協議未得德國政府批准，一億馬克貸款之說遂成泡影，但中德間以貨易貨的交易仍在斷斷續續地進行著。據統計，1938 年德國從中國進口鎢砂 8962.2 噸，超出了 1937 年的進口量，占該年德國鎢砂進口總量的 63％，進口桐油 7298 噸，其占該年進口總量的 99.7％。即使到 1939 年，德國從中國獲得的鎢砂在 1 至 8 月間也達到了 3700 噸，占同期德國進口量的 50％[23]。在這同時，德國的軍火和武器等則通過易貨形式不斷流入中國的大後方。

三

　　為了在國際上造成有利於其侵略中國的態勢，日本希望通過強化它與德國和意大利的法西斯軸心來牽制對中國的抗戰持同情態度的

　　滇越鐵路所運輸的物資中有很大一部分是德國軍火。見該書 1938 年，第一卷，第 570 頁。

[21]　《戰時外交》，第二卷，第 714 頁；《德國與中華民國》，第 216 頁。

[22]　*FRUS*, 1938, 3, 365。

[23]　阿諾德・托因比等編、上海電機廠職工大學譯：《大戰與中立國》，上海譯文出版社，1981 年版，第 65-68 頁。

英、美、蘇等國，使之無暇東顧，以使日本能全力以赴對付中國的抗戰。而德國從它稱霸歐洲的戰略出發，也指望日本在亞洲牽制英法的力量。早在 1938 年 1 月，里賓特洛甫就向日本駐德武官大島浩少將提出了締結軍事同盟這一問題。這以後，德國停止對華武器供應，撤回駐華軍事顧問，從而掃除了結盟的最基本的障礙。隨著德日間的日益靠攏，締結軍事同盟問題便理所當然地提上了雙方的議事日程。

　　日本眼見其侵華戰爭無可奈何地演變成一場不可能在短時間內結束的全面戰爭，為了防止其他列強的乘機捲入，它對與德國和意大利的聯盟很感興趣。日本希望借助這一聯盟的威力阻止蘇聯捲入中日戰爭，「挫退其侵略東亞的企圖」，「使英國拋棄親蔣援華政策」，「使美國至少保持中立態度，可能的話，誘使其傾向親日」❷❹。「日本軍方對締結德意日同盟尤為熱心。參謀本部在 7 月份的一份《戰爭指導大綱》中明確提出了「加強日德意合作」的戰略，「以便於結束對華戰爭，同時造成有利的國際形勢」。參謀本部提出三條具體措施，一、促進締結日德意三國同盟；二、加強同德意兩國的貿易，賦予其在華權利，謀求經濟合作；三、妥善處理南洋殖民地問題，刺激和引導國際形勢有利於日本❷❺。當時也有人反對與德國結盟。日本駐德大使東鄉茂德就認為，三國同盟不僅無助於日本解決中日戰爭，相反，日本還可能由於德國在歐洲的戰爭而受到牽連，他要求停止與德國結盟的談判。然而，東鄉的意見並未能改變日本政府的聯德政策。由於被視為日德談判的障礙，東鄉後來被調離德國，而由主力日德結盟的大島浩升任駐德大使。

　　7 月 19 日，日本五相會議討論日、德、意的結盟問題。會議認為

---

❷❹　《日本外交史》（兩卷本），下冊，第 634 頁。

❷❺　《日本對華戰爭指導史》，第 162 頁。

「帝國須迅速同德、意締結協定，須進一步密切相互之間的結盟關係，加強各協定國對蘇的威力與對英的牽制，這些步驟將有利於我對當前支那事變的迅速解決」，會議決定與德、意簽訂一項秘密協定，「對德國方面，要其擴大防共協定的精神，從而將其引向針對蘇聯的軍事同盟，對意大利方面，則主要利用其牽制英國」 ㉖。

然而，德國所提出的條約目標不只是針對蘇聯，而且要求廣泛地針對「第三國」即英法美等國。日本陸軍方面主張接受德國的方案，但外務省擔心惡化與英法美的關係，並有可能捲入歐洲戰爭，主張修改 7 月五相會議的決定。8 月 26 日，日本五相會議通過了外務省的修改方案，要求把條約的防衛對象只限定於蘇聯，並將締約國自動參戰的義務改為經過協商決定參戰。8 月 29 日，日本陸海軍次官致電日本駐德武官，表示「我方希望迅速締結本協定，望設法讓德方趕快提出建議」 ㉗。

此後，圍繞著修正案的解釋，外務省和陸軍不斷發生爭執，外務省認為五相會議已規定只以蘇聯一國為對象，而陸軍方面認為主要對象是蘇聯，但不排除以「第三國」為對象，陸軍方面並拒絕參加對外務省制定的有關方案的審議。

最終，外務省作出了妥協。11 月 11 日，日五相會議決定應盡早締結三國協定。新任外相有田八郎對協定對象作了妥協性的說明，表示「本協定主要是針對蘇聯的，如果英法等國站在蘇聯一邊，他們就變成對象；反之，如果單單是英法，它們就不是對象。當然，如果法國赤化了，那肯定要變成對象」 ㉘。會議一致同意有田的這一說明㉙。

㉖　角田順編：《現代史資料》，東京，1964 年版，第十卷，第 172 頁。
㉗　《現代史資料》，第十卷，第 179 頁。
㉘　《現代史資料》，第十卷，第 189 頁。

第二節　「帕奈號」危機與英美合作機會的再次喪失

　　經歷了近半年的圍繞中日衝突的各種國際交涉，日本感到英美列強不會爲了道義，爲了同情中國而冒與日本對抗的風險。它們可以發聲明發宣言，但不會動眞格的。看破了這一點的日本當局，尤其是日本在華軍隊，不再對與英美之間可能的摩擦和衝突持小心謹慎的態度。它們似乎還想試試英美在自己的利益受到侵犯時的忍耐力。彷彿是有意對英美對日本的反應能力發出試探和挑戰似的，在布魯塞爾會議結束後不到二十天內，便發生了日軍攻擊英美在長江軍艦和油船的空前嚴重的事件。12 月 12 日，美艦「帕奈號」(Panay) 被炸沈，三艘美油輪被毀，一船長死亡，數人受傷。英艦「瓢蟲號」(Ladybird)、「蜜蜂號」(Bee) 等艦船亦遭日軍炮火襲擊，炮艇起火，人員一死一傷。

　　對英美軍艦的轟炸是一次粗暴的蓄意的攻擊行爲，因爲美艦「帕奈號」自駛離南京開往上游後，它的每次停泊地點，都已通過美國駐上海領事通知了日本當局。而且，美國駐日大使格魯也在東京專門爲此會見了日本外相，要求日本政府採取一切必要措施阻止轟炸「帕奈號」附近水面，以保證美國人的生命安全。格魯並警告說：「如果發生殺傷美國僑民的事件，就會在美國國內產生極壞的、嚴重的影響」❸⓿。

---

❷❾　但日本的這一立場並不爲德國所接受，1939 年中，日本和德國就同盟對象和參戰義務的談判仍未取得令德國滿意的結果，於是，德國選擇了與蘇聯締結互不侵犯條約的道路，這與三國防共協定是根本矛盾的。日本人感到自己被德國人出賣了。8 月 25 日，日本決定停止三國同盟條約的交涉，日德靠攏的進程一時中斷。

❸⓿　《使日十年》，第 236 頁。

事後的調查亦表明，美艦被擊沈的那一天，該地區天氣晴朗，能見度
很高，美艦懸掛著美國國旗，艦蓬上也醒目地塗著美國國旗，日機輪
番進行俯衝轟炸，日本陸軍的汽艇也開過來作近距離的掃射，日軍絕
不可能看不到美國國旗。尤爲惡劣的是，當傷員和其他倖存者逃入岸
上的樹叢裡以後，日軍仍繼續追擊掃射，企圖斬盡殺絕，消滅見證人。

　　「帕奈號」事件是中日戰爭爆發以來日軍對英美最露骨最野蠻的
攻擊。在美國歷史上，曾因「緬因號」被炸沈而引發了一場美西戰爭。
因此美國對這一事件作出何種反應，將格外引人注目。

　　英國外交部認爲，這是促使美國採取堅決態度與英國聯合行爲的
一次絕好機會。12 月 13 日，英外交大臣艾登約見美國駐英代辦約翰遜
（H. Johnson），指出轟炸事件的發生不是偶然的，「如果我們不以實
際的英美聯合行動來堅決抵制日益增加的日本軍事威嚇，以約束日本
政府，那麼還會發生類似事件。」❸英國希望美國政府在作出任何決定
之前，先與英國進行磋商，因爲英國希望現在的任何行動都應是聯合
行動，這比各自採取行動更有可能產生效果。

　　同時，艾登致電英國駐美大使林賽，要求他向美國政府指出，日
本的行徑「看來是有意的攻擊，這樣的一再轟擊，的確不能以任何理
由來辯解」，因此，「美國政府和英王陛下政府顯然必須採取一些行動，
不使這樣危險心理發展到令人無法容忍的極點。這種行動當然應聯合
進行，不然就不能達到目的，而任何其他辦法則更難達到目的」。他希
望了解美國政府將發出什麼樣的照會，以便英國也發出同樣的照會，
更希望了解美國是否會同時採取「威脅性更大的行動」，諸如在獲得日
本的答覆之前就動員海軍艦隊。如果美國打算採取此類行動，他希望

❸　《面對獨裁者》，下冊，第 970 頁。

能盡早通知英國，因爲英國願意與美國採取同樣的行動❸。

13 日上午，林賽向韋爾斯轉述了英國外交部的上述訓令。韋爾斯表示，美國國務院在與日本進行正式外交交涉之前，將樂於通知英外交部，但他避而不提「聯合行動」問題。當林賽提議舉行英美海軍參謀人員會談時，韋爾斯表示他現時難以答覆。

美國政府仍然奉行單幹政策。12 月 13 日下午，美國務院並未試圖與英國協商，便搶先向日本發出正式照會。韋爾斯事後對林賽說，他認爲「一致的或平行的行動是更爲可取和同樣有效的」，並稱這也正是羅斯福總統的看法❸。對此，英國人感到很失望。12 月 14 日，林賽向赫爾轉陳了艾登的失望心情，艾登感到「在形勢這樣嚴重的關頭」，應該採取「聯合行動」，爲了遏制日本人，必須展示「大規模」動武的可能❸。

12 月 15 日，艾登授權林賽根據情況自行決定是否再次向美國提出派遣海軍艦隊到遠東以向日本進行示威的建議。他表示英國可以出動八、九艘主力艦以及其他艦隻，只要美國也能出動同樣數目的艦隻。英國的艦隊可以在三、四周內做好啓航準備。艾登指示，如果在目前情況下不宜提出這一建議，則向美國提議採取一些不太激烈的措施，如使艦隊處於較高的戰備狀態、徵召海軍後備人員、舉行英美海軍參謀人員會談等❸。

16 日，艾登再電林賽，指出「在我們看來，採取某些行動以恢復我們的已受損害的威望的時刻已經到來。堅決的行動將不僅在遠東而

---

❸　《面對獨裁者》，下冊，970-971 頁。
❸　《美國與 1933-1938 年間的遠東危機》，第 490 頁。
❸　《英國與中日戰爭》，第 90 頁。
❸　*DBFP*, 2/21, 581。

且也會在歐洲產生影響」。這樣的行動將使獨裁者明白，民主國家的政府和它們一樣珍視保持自己的權威並能夠維護它。艾登希望加強與美國的合作，並表示「我們比以往任何時候都更加相信，只有這樣才能不放一槍而確保世界和平」❸❻。

　　然而，如果說「帕奈號」事件對美國人沒有產生多大震動，那是不準確的。實際上，美國對此事頗感憤怒，尤其是在得到來自現場的目擊者報告，得知日軍欲消滅所有倖存者的情況後，美國對事情的嚴重程度感到十分震驚，以至於一貫謹慎的赫爾在 17 日會見日駐美大使齋藤博時，控制不住自己的憤慨，指出如果美國軍人像日本人那樣行動，他們將會被送上軍事法庭受審而被處決。他要求日本政府對那些「野蠻的、失去控制的、半瘋狂的」人予以懲處❸❼。

　　羅斯福總統曾暗中考慮一些比較激烈的反應計劃。12 月 14 日，他對財政部長摩根索 (H. Morgenthau., Jr.) 說，以前一艘軍艦的沈沒會被視為宣戰的原因，雖然現在情況不同了，但他想了解：一、他是否有權扣押日本政府及其公民在美國的財產；二、如果他無此權力，他能夠做什麼。

　　於是，財政部總顧問奧立芬 (H. Oliphant) 為羅斯福準備了一份備忘錄，指出根據 1933 年《對敵貿易法》的修正案，為了預防可能使美國捲入戰爭的行動和事件，為了隔離正在危及美國的戰爭狀態，或為了不訴諸武力而獲得賠償，總統有權宣布全國處於緊急狀態下，總統可以沒收日本政府所擁有的權益，禁止外匯交易。羅斯福對此頗感興趣，他在內閣會議上表示，既然意大利和日本運用不宣而戰的作戰方法，為什麼我們不能用類似的方法，「我們不叫它們為制裁，我們稱

---

❸❻　*DBFP*, 2/21, 587-588。

❸❼　《美國與 1933-1938 年間的遠東危機》，第 492 頁。

它們爲防疫隔離，我們想發掘一種不會導致戰爭的方法」**❸**。

任何對日本的經濟行動必須取得英國的配合和支持。12 月 17 日，摩根索打電話給英財政大臣西蒙，詢問英國是否願意與美國一起採取從經濟上限制日本的行動。然而，英國人認爲，摩根索的計劃與其他的經濟制裁計劃一樣，如果措施無效，則原不必採用，如果措施有效，則會引起戰爭。在與張伯倫磋商後，西蒙於 12 月 21 日清楚地向摩根索表示，英國不贊成他們提出的計劃。幾天後，羅斯福本人也不再提起這一方面的計劃。美國學者的研究表明，採取一些比較激烈的行動，只是羅斯福一時的想法，而不是一個深思熟慮的計劃**❸**。

其實，羅斯福的主要著眼點仍在於採取一些不致於導致戰爭的行動上。帕奈號事件後，美國海軍方面傾向於對日本採取強硬行動。12 月 14 日，亞洲艦隊司令亞內爾上將曾提出一個行動方案，建議同英海軍聯合進行一場「絞死日本的海戰」**❹**。海軍作戰部長李海上將（W. Leahy）建議羅斯福批准立即對海軍艦船進行檢修，並發放海上巡航的燃料和儲備品。但羅斯福拒絕採取這樣的行動。在 12 月 17 日的內閣會議上，海軍部長斯旺森（Swanson）表示，他確信美國應立即與日本作戰。但羅斯福表示，儘管他與海軍部長的最終目標是一樣的，但他不想一定要用戰爭來取得它。

12 月 16 日，羅斯福秘密會見林賽大使，雙方討論了海軍行動問題，羅斯福不贊成英美海軍聯合示威的設想。他認爲這一舉動對非軍人控制的日本政府或許會起作用，但對於當前掌權的軍事當局卻不會

---

❸　《美國與 1933-1938 年間的遠東危機》，第 495 頁。

❸　多夢西‧博格的研究表明，羅斯福很快就放棄了對日本採取強制性措施的想法。參見《美國與 1933-1938 年間的遠東危機》，第 492-530 頁。

❹　《太平洋戰爭》，上冊，第 66 頁。

產生什麼效果。羅斯福還談到，如果日本再有暴行發生，英美可聯合對日本進行海上封鎖，以切斷日本的原料來源。羅斯福同意立即進行海軍參謀會談，但只是以交流情報爲主，而不宜進行英美聯合行動的任何談判。次日，羅斯福在內閣會議上具體上闡述了他的封鎖計劃，預定由美海軍負責阿留申群島、夏威夷、威克島、關島一線的封鎖，而英國人則負責從關島到新加坡一線。羅斯福認爲，如果進行海軍封鎖，日本會不戰而降，一年內便會屈服❹。

艾登得知美國的這一態度後，致電林賽，指出英國政府認爲不能等到暴行再發生時才採取行動，希望兩國政府現在就採取措施。因爲這一消息傳開去，也許會制止日本再幹壞事，艾登期望「努力使總統轉到現時的軍艦調動上來，而不是未來的封鎖上去」。張伯倫認爲「如果要有所行動的話，現在正是行動的時候，由於我們的無法避免的消極態度，我們在遠東和其他地方的威望正遭到損害，美國和我們力量的同時顯示，無論是在遠東甚或更遠的地方都將會對整個世界產生穩定的影響。」❷英希望美國海軍官員盡快來英進行商談。然而，正如羅斯福總統所聲明的那樣，美國的會談目的並不在於當前的行動，因此它派出的並不是具有決策權力的高級將領，而是地道的計劃參謀人員──美海軍作戰計劃司司長英格索爾海軍上校 (R. E. Ingersoll)，他的任務是對以後可能要採取的海軍行動進行情報交換和技術準備，而不是商討目前將要作出的反應。

英格索爾上校於 12 月 26 日啓程赴英，而在這一天美日之間已正式解決了「帕奈號」危機。在「帕奈號」事件的處理上，日本顯得比較狡猾。與打傷許閣森大使時的拖延相反，日本政府在事件發生後立

❹　《美國與 1933-1938 年間的遠東危機》，第 497 頁。

❷　《英國與中日戰爭》，第 92 頁。

即作出了道歉的表示。事件當天，日本廣田外相親訪格魯，對日軍的「誤炸」表示「深深的歉意」。13 日，日本分別向英美發出照會，表示「誠懇的歉意」，聲明日本政府準備對此作出賠償，並在徹底查清事件之後，懲辦肇事者❹。此後，日本又數次發出道歉照會。美國政府也不想擴大事態。在事件發生時，「帕奈號」上的美國新聞記者曾用攝影機拍到了低空飛行的日本飛行員的面部特寫，這足以證明日本的攻擊是蓄意的。但為了使人們的情緒冷卻下來，美國政府下令在影院上映前，把特寫鏡頭刪去。12 月 23 日，日本政府表示完全接受美方提出的四個要求，即道歉、賠償、懲辦肇事者、並保證不再發生類似事件。12 月 25 日，美國務院覆電日本政府，表示對日本政府迅速及時地承擔責任、表示道歉並提供賠償感到滿意。於是，「帕奈號」危機宣告了結。東京當局如釋重負。當格魯向廣田外相送交國務院的照會時，廣田稱他獲得了「一件精彩的聖誕禮物」❹。

英格索爾赴英會談的結果是，英美海軍在 1938 年 1 月中旬達成了一項非正式協議。其主要內容有：為應付將來與日本的戰爭，美國將加強在夏威夷的海軍部署，英國將向新加坡增派艦隊，使之能在正常的戰術和戰略條件下對付日本艦隊；雙方無論在政治措施還是在海軍行動上都應協調一致，如新增的英美艦隊應爭取同時進入新加坡和夏威夷；在未來的對日戰爭中，英國的海軍艦隻可以在美國及菲律賓的水域自由行動，美國海軍艦隻也可以在英聯邦包括自治領的水域自由行動；加強英美海軍之間的聯絡，採取共同的通訊措施，進行情報交換並互派聯絡官員；如果雙方政府決定對日實行封鎖，英國海軍將負責從新加坡經荷屬東印度到澳大利亞和新西蘭一線切斷日本貿易，美

❹ 《美國與 1933-1938 年間的遠東危機》，第 487 頁。
❹ 《使日十年》，第 244 頁。

國海軍將負責南北美洲整個西海岸包括巴拿馬運河和霍恩角的封鎖對
日貿易行動，並負責加拿大西海岸的海防。自然，目前的海軍行動並
未列入英美海軍會談的議事日程。可以說，這一協議是英美處理「帕
奈號」事件中唯一有意義的成果。它探討了未來英美在遠東的合作問
題，為這一合作拉開了序幕，但它的著眼點畢竟是在未來，英美對於
目前事態的處理仍顯得軟弱和猶豫。

「帕奈號」事件為英美在遠東的合作和對日本的反擊提供了一個
機會。但英美放過了這一機會，並未採取對日本有震懾作用的任何行
動。這種克制只能被日本視為軟弱可欺，從而更加肆意妄為。

「帕奈號」事件發生之時，格魯曾擔心美日會就此斷交，他甚至
已開始籌劃萬一要走時如何趕緊收拾行李的細節。格魯又希望通過這
一事件，「把日本政府震醒過來」，使他們意識到必須抑制軍隊，否則
斷交不可避免，而這是日本政府所不希望的結局。格魯希望能由此「因
禍得福」。但看來「帕奈號」事件的解決並未起到震醒日本政府的作用，
以至格魯在事件之後悲觀地寫道:「五年來我總是想建成一幢堅實的日
美友誼大廈，但這座大廈的基石已經崩解成流沙了。」❹

羅斯福在「帕奈」事件後，未能採取堅定的與英國合作行動的態
度，國內因素的影響不可忽視。因為「帕奈號」事件的發生並未促使
更多的美國人主張對日採取堅定的立場，反而加劇了很多人對有可能
被捲入中日衝突的擔心。孤立主義者認為只要美國的軍隊和船隻留在
遠東的衝突地區，他們就必然要惹起事端，被捲入更大災難之中。因
此，在「帕奈號」事件後不久，孤立主義者就在參議院重新提出所有
美國人撤出中國的要求。他們認為，如果政府過去聽從他們的意見，

---

❹　《使日十年》，第 240，244 頁。

從中國撤出全部美國軍隊，就不可能發生「帕奈號」事件。在眾議院，洛德勞 (L. Ludlow) 再次提出他關於國家宣戰需經全體公民投票表決的修憲提案。這一議案得到了大大超過從前的贊成票，結果只是以 188 對 209 這樣接近的票數被否決。幾次民意測驗也表明，人們希望從中國撤出全部美國軍隊，以免再次發生類似的事件❹。

　　當時，有不少美國人對在中國有著最大利益的英國持有懷疑態度，認為英國外交的目的是想把美國拉進與美國關係不大的中日衝突中，是想使美國為英國火中取栗。英格索爾上校赴英的消息被披露後，在社會上激起軒然大波，新聞界對此大肆宣傳，國會也對英格索爾赴英進行了質詢，以至於國務院不得不聲稱，英格索爾赴英只是為了了解英國人估算艦船噸位的方法。處在這樣的國內環境下，可想而知，美國政府難以與英國人聯合採取比較強硬的行動。

　　美國政府仍然期望在法律的範圍內通過國際公約來制止侵略者的行動。1938 年 1 月 11 日，韋爾斯向林賽轉交了一封羅斯福致張伯倫的極密函件，提議由美國總統在華盛頓召集各國駐美大使，討論有關國際交往的基本準則，訂立一個有關指導國際關係行動的廣泛原則的國際協議。「通過一切可能的憲法手段，來阻擋獨裁者們向獨霸世界的目標前進。」❼羅斯福的提議反映了美國希望通過解決歐洲問題來推動亞洲問題的解決的思想。美國政府認為，這一會議會對英法目前與德意達成諒解的努力有所幫助，而歐洲的和解會緩和亞洲的局勢：「如果德國與意大利同英國與法國解決了他們的實際問題，看來它們對日本目前的支持可能會極大地減弱——至少減弱到這樣的程度，它足以迫使日本與中國在符合《九國公約》原則的條件下講和。」❽

---

❹　《赫爾回憶錄》，第一卷，第 564 頁。
❼　《面對獨裁者》，下冊，第 982 頁。

林賽覺得這一計劃有它的缺陷，但這是一項「緩和世界緊張局勢，制止局勢普遍惡化和恢復民主國家影響的一項真誠的努力」。他提醒英國政府說，對它的任何批評、保留或限制都會「在美國政府心目中產生一種極不合適的惡劣印象」，從而使過去所取得的一切進展付諸東流。他「殷切地盼望英王陛下政府能十分迅速而誠摯地接受這一寶貴的倡議」❹。

然而，張伯倫卻迎頭潑了一盆冷水，他擔心華盛頓的舉動將會破壞它正與德、意的談判。他建議羅斯福在英法與德意的談判有進一步的進展之前，暫時將其建議擱置一下。不僅如此，他還通知美國，在適當的時候，英國政府準備在法律上承認意大利對阿比西尼亞占領。

對此，美國政府甚為失望，1 月 17 日，羅斯福致電張伯倫，指出在目前遵守條約義務有著十分重要意義的時刻，從法律上承認意大利的征服是危險的。同日，赫爾在會見林賽大使時詳細地指出了這一行動將要帶來的嚴重影響。赫爾指出，日本正在遠東進行對國際法律和秩序的「破壞運動」，西方所堅持的不承認原則「作為國際法律與秩序的恢復與鞏固的一個因素和力量具有普遍的意義」。如果英國突然放棄這一原則，承認意大利對阿比西尼亞的侵略，「侵略國將會大肆宣傳說，這實際上是認可了他們公然破壞條約和武裝併吞領土的政策」。這將會樹立一種國際先例，遠東的日本將會感到列強正在承認它對條約的破壞。赫爾指出，這樣在道義上，它將寬恕日本違反尊重國際法這一原則，在實踐上，它將鼓勵日本侵略❺。

❹ 《美國與 1933-1938 年間的遠東危機》，第 511 頁。

❹ 《面對獨裁者》，第 963-964。

❺ 《面對獨裁者》，下冊，第 995 頁；《美國與 1933-1938 年間的遠東危機》，第 513-514 頁。

　　儘管後來在外交大臣艾登的極力勸說下，張伯倫又發出了一封對羅斯福倡議表示歡迎的電報。但美國已對此喪失信心和熱情。就這樣，英美協調行動的歷史機會再一次喪失。艾登和韋爾斯後來回顧說，「自從那次以後，就再未出現過，也未創造過與總統倡議可比的足以避免彌天大禍的機會」。韋爾斯認為，如果羅斯福計劃得以進行，其結果「足以改變其後兩年中的事件進程」❺。也許，韋爾斯對這一機會所寄予的期望是太高了，難以令人完全信服。但有一點是可信的，在某種意義上，這確實是最後一次機會，此後美國再未試圖以國際會議和國際公法這樣的東西來阻止戰爭。

第三節　蘇聯出兵參戰之謎

　　在南京失陷前後，中國除了繼續從蘇聯爭取物資援助外，還再三提出了希望蘇聯出兵參戰的要求。中國政府提出這一要求，並非完全是突然地異想天開。實際上這一問題早就提出，蘇聯對此從未斷然拒絕。也許是為了不使中國絕望，為了維持中國堅持抵抗的信心，蘇聯並不排斥在一定時候它將武裝介入中日戰爭的可能。它總是一面婉拒中方的現時參戰的要求，同時又給中國保留在將來可以爭取實現的某種希望。

　　早在抗戰之初，中國就表示了有朝一日希望蘇聯出兵的意願。1937年8月27日，中國軍委會副參謀總長白崇禧在與鮑格莫洛夫的談話中表示，儘管目前難以指望蘇聯干預中日戰爭，但希望在經過一段長期的戰爭之後，蘇聯能夠起到類似美國在上一次世界大戰中所起的作用❺。

---

❺　《面對獨裁者》，下冊，第1014，1091頁。

❺　ДВПСССР，20，481。

一個月後，中國駐蘇大使蔣廷黻詢問蘇聯外交部，蘇聯能否在現在給中國以武裝支持。蘇方表示，由於日本威脅著蘇聯，很可能將來蘇聯也要對日作戰，「不過現在預言蘇聯將來的立場如何還爲時過早，一切取決於國際形勢，……我們的處境比中國更爲複雜，中國只有一個敵人。」❺

楊杰出使蘇聯後，爭取蘇聯出兵參戰也成爲他的一項重要活動內容。11月1日，楊杰奉命向蘇聯國防人民委員伏羅希洛夫（K. Ворошилов）元帥提出蘇聯的參戰問題，詢問如果中國決心抵抗到底，蘇聯是否有參戰之決心，並希望蘇方坦白相告參戰的時間❻。

也許是爲了鼓勵中國堅持抗戰的決心，蘇聯在表示它目前不可能直接參戰的同時，也向中國發出了它有可能在將來採取軍事行動的信息。11月11日，斯大林（И. В. Сталин）會見了楊杰和張沖。他表示，「若中國不利時，蘇聯可以向日開戰」。但他又強調指出目前蘇聯不宜對日開戰，因爲這樣做只能促使日本人民向其政府靠攏，「日人民必以爲蘇聯亦係分潤中國之利益者，刺激日本國民之反抗，激成日全國民之動員，結果反助日本之團結。」而且，「若即時與日開戰，必使中國失去世界同情之一半，」「故蘇聯對日本之開戰須等待時機之到來。」❼次日，伏羅希洛夫元帥對楊杰表示，確實如中國所說，蘇聯如果參戰，一舉即可奠定東方和平的基礎，「但蘇聯敵人甚多，東方開戰，西方亦必接踵而起，東西兼顧恐無勝利把握。」因此，蘇聯正在爲應付這一局面作積極準備，伏羅希洛夫並說這種準備「已快了」。他還表示「如英、美海軍能在太平洋上示威，則蘇聯亦可向東方邁進」。此後，伏羅希洛

---

❺　　*ДВЛСССР*，20, 520-522。

❻　　《戰時外交》，第二卷，第334頁。

❼　　《戰時外交》，第二卷，第335頁。

夫還曾對張沖表示，如當中國抗戰到了「生死關頭」時，蘇聯將出兵助戰，絕不會坐視中國失敗❺❻。

蘇聯駐華大使鮑格莫洛夫和武官雷平主張蘇聯進行軍事干預，他們在中國的比較積極的言行給許多人造成了蘇聯政府將要參戰的印象。1937 年 10 月，他們應召回莫斯科時，還攜帶了一份得到蘇聯遠東紅軍高級指揮官支持的直接軍事介入的計劃❺❼。顯然，鮑格莫洛夫和雷平的行動並不代表蘇聯政府的政策，莫斯科不滿意他們的舉動，他們回蘇聯後被解除了職務。

不知內情的中國政府催促蘇聯迅速行動。12 月 3 日，行政院副院長孔祥熙致電中國駐蘇大使蔣廷黻，要他向蘇聯說明中蘇有共同的利害關係，如中國失敗，日本必將以中國的人力物力去進攻蘇聯。因此，「如果即時動員，共同合作，必得勝利。若仍遲疑不決，後患迫不堪設想。」孔祥熙並表示「只要列強能確實助我，我自必犧牲到底。」

蘇聯援華自有其戰略考慮，它決不能出於利他目的把自己捲入戰爭。面對著中國越來越迫切地要求蘇聯出兵參戰，蘇聯不斷地降低其應允參戰的調門。12 月，斯大林和伏羅希洛夫聯名致電蔣介石，表示蘇聯目前不能對日出兵，聲稱如果這樣做，恐怕會被認為是侵略行動，從而使日本在國際輿論的地位馬上改善。日本現在是侵略國，所以世界輿論反對他，但如果蘇聯主動對日用兵，日本就會稱自己是受侵略者，輿論將對中國和蘇聯不利。蘇聯提出了一個在當時不大可能實現的出兵條件，即「只有在九國公約國或其中主要一部分，允許共同應付日本侵略時，蘇聯就可以立刻出兵。」來電還聲稱，只有最高蘇維埃會議才能決定出兵事宜，而該會在近期內不會召開❺❽。

---

❺❻　《戰時外交》，第二卷，第 337 頁。

❺❼　*FRUS*, 1937, 3, 712。

　　南京陷落後，中國再次要求蘇聯出兵，蔣介石在武昌與蘇聯新任駐華大使盧干滋‧奧列爾斯基（И. Луганц-Орельский）進行了近兩個半小時的談話。蔣介石一再聲稱，「如果蘇聯不公開用武力援助中國，那麼中國必敗。」他說日本現在已在華北建立了一個偽政權，同時又力圖以廉價條件向中國提出停戰媾和。因此，現在中國輿論界甚至軍隊中都存在著一種失敗主義的情緒，人們覺得既然希望蘇聯出兵是沒有根據的，那麼中國敗局已定，最好還是支持親日派政府❺❾。

　　根據從前伏羅希洛夫曾對楊杰作過的如日本占領南京蘇將出兵的允諾，中國要求蘇聯出兵。然而，蘇聯的答覆是消極的。李維諾夫對蔣廷黻說，楊杰關於蘇方曾允出兵的報告不確實，蘇聯並未作此允諾。

　　一直對蘇聯出兵懷有較大信心的楊杰，在 12 月初曾報告說，他覺得「蘇於參戰問題顧慮雖多，亦非絕對不可能」，他建議中國政府「以資望素著之大員使俄」❻⓪。為了進一步加強對蘇工作，中國政府決定派遣立法院院長孫科率團出使蘇聯。

　　1938 年 1 月，孫科到達蘇聯後又提出參戰問題。蘇方表示它願「始終相助」中國抗戰，「但若須立即參戰，則以國際時機未至，仍留有待俟時機成熟，如經國聯決議制裁，至少亦得英、法、美與蘇一致，始能動兵」。蘇聯並再次強調現在出兵對中國的不利，如促成日本上下團結、促進德意更加助日、分裂國際社會對中國的同情，引起蘇聯助華

❺❽　《戰時外交》，第二卷，第 339-340 頁。

❺❾　*ДВЛСССР*，20, 689-690。據蔣廷黻說，斯大林在 10 月間還曾對某位來訪的中國共產黨要人表示，蘇聯將在某一天參戰。中國政府在得知這一消息後，曾就此事查詢過蔣廷黻。後來，中國政府要求他詢問蘇方為何不履行諾言，蘇聯否認曾對中共人士有此承諾。參見 *FRUS*, 1937, 3, 828。

❻⓪　《戰時外交》，第二卷，第 470 頁。

赤化的誤會等❻。孫科在這方面的活動未取得任何進展。在這同時，根據斯大林的提議，蘇聯最高蘇維埃主席團會議對中國要求蘇聯參戰這一問題進行了討論，結果仍主張維持蘇聯政府的既定方針。

這以後，中國政府仍在努力爭取蘇聯參戰，3月中旬，楊杰奉命會見伏羅希洛夫，敦促蘇聯向東北的日軍進攻。楊杰聲稱，由於日本向中國內地調集了八到十二個師團，日本在中國東北和朝鮮的防務力量已經空虛，如果蘇聯現在就發起進攻，一定會獲得大勝。楊杰還奉命表示，如果蘇聯現在不能直接出兵的話，那就請在臨近東北和朝鮮的邊境地區集結兵力，以阻止日本抽調更多的兵力到南方與中國軍隊作戰。

5月上旬，斯大林與孫科進行了一次前後長達6小時的談話。斯大林表示他完全明白「中國既是為自己而戰，也是為蘇聯而戰」，「日本的最終目標是要占領遠至貝加爾湖的整個西伯利亞」。他表示蘇聯將繼續向中國提供軍火、飛機等各種可能的幫助，但蘇聯將不在軍事上捲入。斯大林擔心，如果蘇聯對日宣戰，德國可能進攻蘇聯。斯大林還認為，無論是英國還是美國都不會允許日本被蘇聯摧毀❻。

1938年7月，日軍和蘇軍在張鼓峰地區發生激烈戰鬥。張鼓峰事件大大鼓舞了中國對蘇聯參戰的希望。有不少人認為，這是日蘇戰爭開始的信號，甚至有人預言9月份日本在財政方面就會垮臺，國民政府明年便可還都南京。但剛剛從蘇聯離任回國的蔣廷黻認為，蘇聯不可能參戰，張鼓峰戰鬥只是邊境事件而已。蔣介石同意蔣廷黻的見解。但他仍希望這一戰鬥能擴大開來，從而增加日蘇間的對抗程度。

7月27日，蔣介石致電楊杰，指示他勸說蘇聯官員不與日本妥協。

❻　《戰時外交》，第二卷，第470頁。
❻　*FRUS*, 1938, 3, 165。

該電聲稱，日本很可能提出設立一個日蘇邊境委員會來消除日蘇邊境
的危險局勢，在這同時，日本會調集其全部軍隊向中國南方進攻，待
中國戰事告一段落後，再騰出手來以全部精力對付蘇聯。日本的意圖
是非常明顯的，蘇聯不應被日本的花招所迷惑❻。但蘇聯並未接受中
國的這一勸告，它不想使事態進一步擴大。日本政府也不想在此時與
蘇聯發生更大的衝突。8 月 10 日，蘇日雙方達成和平解決這一邊境爭
端的協議。

　　張鼓峰事件後不久，蘇聯遠東軍區司令布留赫爾元帥 (B. Блюхер
)及遠東紅軍的四十三名將軍被解職，成了蘇國內「肅反」擴大化的
犧牲品。國際間一般認為，這一措施與他們在張鼓峰事件中違背了斯
大林不與日本直接衝突的方針有很大關係。布留赫爾二〇年代曾任蘇
聯駐華軍事總顧問，中國抗戰開始後，他比較贊成軍事介入。1937 年
11 月，中國參謀部曾派人去蘇遠東地區與他就蘇聯參戰問題交換意
見，他表示「對於參戰一節，個人極願意，」但大致方針還是要聽命於
政府❻。布留赫爾的去職，使蘇軍中主張對日採取堅定行動的原本微
弱的聲音歸於沈寂。

　　儘管隨著時光的流逝，蘇聯參戰的希望也日益渺茫，但負責與蘇
方交涉的中國官員仍未放棄努力，他們仍在想方設法促使蘇聯參戰。
8 月初，蔣介石急電在巴黎的孫科即速前往莫斯科。孫科臨行前致電蔣
介石，提出行動計劃。他認為現在形勢發生了對中國有利的變化。從
前蘇俄不允參戰，係顧慮兩點，「一慮我決心不足，戰不力，彼若急參
戰，恐我或中途變計；二慮參戰遠東，將授德、意機緣，促成大戰，
自陷戎首」。而如今中國抗戰已達一年之久，其決心已無可懷疑，又有

❻　《戰時外交》，第二卷，第 342 頁。
❻　《戰時外交》，第二卷，第 338 頁。

英法合作，力圖控制德意。這樣，遠東戰事不一定會引起歐洲局勢的波動。因此蘇聯現在對遠東戰事「必有決心」。

為促使蘇聯下定決心，孫科建議中國除應表示對日一致外，還應確立對蘇友好的善後方針，以示與蘇聯的精誠合作之意。孫科提議中國應作出三方面的表示：一、中蘇合作不限於戰時，戰爭結束之後仍應互相提攜，締結永久盟好關係，在政治、經濟、外交上採取一致行動，經濟商務上互惠有無；二、在國內實現民族平等，人民參政，實行民權，扶助蒙、回、藏各族自治自決，成立自治邦。東北善後，亦基此原則與蘇方協議解決；三、在經濟方面採取平均地權、耕地農有、發展工業、建立國資等措施，實行民生。孫科指出，後兩項雖為我內政，但因蘇俄當局「心中未嘗不懷疑我戰勝後，有法西之危險，我若自動解除其疑慮，合作前途則更有把握」❻。

孫科此電是中國促使蘇聯參戰整個交涉過程中惟一涉及中國內政的文電，它表明為了獲得蘇聯的合作，中國將進行有利於聯俄的內政改革。如果說此前中國促使蘇聯參戰的主要理由還是基於國家間的「唇亡齒寒」的說詞，那麼這份文電則實際上是以戰後中蘇盟好，亦即有利於蘇聯在華利益作允。但是，沒有資料表明此時仍對蘇聯心存顧忌的蔣介石接受了孫科的提議。

中國對蘇聯參戰的希望一直延續到武漢會戰時期。9月30日，蔣介石召見蘇聯駐華大使，強烈要求蘇聯立即採取行動遏制日本。次日，中國政府又致電楊杰，要求他向蘇方作說明，經歷了近十五個月的中國抗戰現在「已到最艱苦之嚴重關頭，中國本身力量已完全發動，使用殆盡。」中國希望蘇聯趁目前歐局暫可望安定而不必有後顧之憂的時

---

❻ 《戰時外交》，第二卷，第 408-409 頁。

機，「予遠東侵略者日本以教訓，使他日德國亦無能爲患。」**⑥**

　　然而，蘇聯還是沒有同意參加對日作戰。中國政府至此也終於明白，蘇聯實際上是不可能出兵的，從此不再提出兵之事。實際上，中國的這一要求從一開始就是注定不可能實現的，它超出了蘇聯所掌握的援華限度。從根本上來說，蘇聯援華的目的正在於遏制日本，使日本沒有進攻蘇聯的餘力，因此，它是不會自己主動去輕啓戰端的。

　　在一直拒絕全面地公開地參加對日戰爭的同時，蘇聯採取了一些不致於引起蘇日戰爭的局部的暗中的軍事介入行動，蘇聯以志願隊的名義有組織地向中國派出空軍作戰人員，投入中國的抗日戰爭。

　　當時，年輕的中國空軍還處於初創階段，再加上戰前空軍訓練方面的弊病，不少飛行員的駕駛技術不過關，甚至在駕駛飛機作正常飛行時還常常失事。沒有作戰經驗的中國空軍在淞滬戰役初期屢出差錯，轟炸日艦時，却誤炸租界繁華地段，誤擊英國軍艦和美國輪船。中國需要加強它的空中作戰力量。1937 年 8 月 27 日，蔣介石在與鮑格莫洛夫的談話中，提出了希望現在或稍晚些時候「蘇聯政府將允許蘇聯飛行員以志願身分加入中國軍隊」的要求**⑥⑦**。

　　淞滬戰役後，中國空軍幾乎全軍覆沒，日本空軍牢固地控制了中國的天空。制空權的徹底喪失給中國軍隊的地面作戰和後方防衛也帶來了極大的不利。爲改變這一局面，蘇聯向中國提供了大批飛機。但中國空軍作戰人員的損失極大，培養新的飛行員重建中國空軍尚待時日。因此，向中國派遣飛行人員便成爲當務之急。蘇聯果斷地邁出了這一步。

　　1937 年 11 月，第一批蘇聯志願人員到達蘭州。12 月 1 日，蘇飛

⑥　《戰時外交》，第二卷，第 343 頁。

⑥⑦　*ДВПСССР*，20，480-481。

行員駕駛著 23 架戰鬥機和 20 架轟炸機抵達南京，並立即投入戰鬥。蘇聯空軍志願隊的到來，打擊了當時極爲囂張的日本空軍的氣焰。蘇聯轟炸機隊還出擊日本海軍基地，攻擊日本在長江的艦隊，給日軍的進攻造成阻礙。

蘇聯志願隊在來華後的一年中給日本空軍造成了很大損失，它經常主動發起一些規模較大的進攻行動。1938 年 2 月，蘇聯志願隊襲擊杭州日空軍基地，摧毀三十餘架日機以及機庫和軍用品倉庫。2 月 23 日，蘇機出擊臺灣，擊落日機近四十架，擊沈擊傷一些敵艦，燒毀了足夠該部日軍使用三年的燃料儲備。在保衛武漢的戰鬥中，蘇空軍更是發揮了重大作用，時常在一天內擊落數十架日機。1938 年中，蘇聯志願隊成爲在中國上空對日作戰的一支基本力量。

蘇聯志願隊實際上是由蘇聯空軍的編制單位組成，它由原部隊的蘇聯軍官指揮，並帶來了它自己的一整套後勤人員和設施。爲了應付日本，不使蘇日矛盾公開化，來華蘇軍官兵都脫下軍服，穿著平民服裝。但實際上他們仍然保留著各自的軍階，一旦返回蘇聯後便都會得到提升。

日本還是得知了蘇聯的這些僞裝活動，並獲得了一些直接證據。1938 年 1 月 26 日的南京空戰之後，日本發現了一具蘇聯飛行員的屍體。3 月 14 日的蕪湖空戰後，日本俘獲一名蘇軍中尉，日方聲稱該中尉承認，他是於去年 10 月與他的十餘名同事一起奉命離蘇來華的。4 月 4 日，日本駐蘇大使重光葵就此事向蘇方提出抗議。蘇聯政府拒絕了日方的抗議，李維諾夫承認有志願兵來華，但聲稱他們是以個人身分行事的，就像在中國軍隊中服務的其他西方國家的來華公民一樣，但日本政府從未就西方志願人員提出任何要求。他聲稱蘇聯政府不便干涉志願人員的行動。李維諾夫並指出：「照日本當局的說法目前在中

國沒有戰爭，日本也根本沒有同中國作戰，日本僅僅把目前中國發生的事看作某種程度上的偶然『事件』而已，那麼日本政府的要求則更令人無法理解」❻❽。

次日，日本外務省情報部長河相達夫發表聲明，公開指責蘇聯除了向中國提供武器援助外，還「向中國派遣紅軍將士，直接參加中方作戰」。河相達夫反駁了「志願兵」之說，他聲稱蘇聯實際上處於一種近乎鎖國的狀態，蘇聯人不能自由出國，而且蘇聯的軍事航空和民用航空事業都處於政府的控制之下，而今蘇聯軍人加入中國軍隊作戰，以「志願兵」作解釋是難以令人信服的。他認為，「蘇聯的對華援助是在蘇聯政府的直接命令和領導下進行的，這一事實無庸置疑。」❻❾蘇聯對日本的抗議不加理睬，照舊派遣志願隊員來華作戰。考慮到自己的戰略處境和軍事實力，再加上蘇聯軍人並未以公開身分與日軍作戰，日本只得強忍一時。

蘇聯志願隊來華作戰，既援助了中國的抗戰，也使蘇空軍官兵在實戰中得到了鍛鍊。蘇聯來華飛行員一般每六個月便調換一批，每批大約 200 到 300 人，以便讓更多的人有機會體驗實際戰爭。正是在對日本飛機的作戰中，蘇聯飛機的機關槍和瞄準器有了重大改進，這使得蘇聯在以後的對德戰爭中獲益不小❼❶。但無論蘇聯志願隊的援華有多種目的，他們在中國抗戰初期是發揮了重要作用的。

在承擔作戰任務的同時，蘇聯還在蘭州開辦大型的空軍訓練基地，在新疆伊寧創辦航空學校，由蘇聯軍事專家擔任教官，對中國飛行技

❻❽　維戈茲基等編、大連外語學院俄語系譯：《外交史》，三聯書店，1979 年版，第三卷，下冊，第 900 頁。

❻❾　《日本外交年表及主要文書 (1840-1945)》，下冊，第 388-389 頁。

❼❶　《陳納德將軍與中國》，第 72 頁。

術人員進行強化訓練。據統計，到 1939 年底，蘇聯已幫助中國空軍訓練出飛行員 1045 人、領航員 81 人、無線電發報員 198 人、航空技術人員 8354 人❼。中國飛行員最初參加由蘇飛行員駕駛的飛行和作戰活動，隨後便單機編入蘇聯飛行隊組，與蘇聯飛行員一起作戰，再以後才陸續編入中國空軍的建制單位。

1938 年 5 月，德國下令召回在華軍事顧問，孫科遂建議中國改聘蘇聯和法國軍事顧問，以為補充。蔣介石亦希望由此而籠絡蘇聯，以便索取更多的援助。6 月 2 日，蔣介石致電楊杰，指示他要求蘇聯派一個能幹的將軍到中國來擔任軍事顧問。於是，蘇聯改變了由其駐華武官兼任軍事總顧問的做法，派出專任軍事總顧問切列潘諾夫（A. Черепанов）。

1938 年中，隨著蘇聯軍事顧問的大批來華，蘇聯在中國建立了比較完整的軍事顧問體制。在中央機關和戰區司令長官部，在空軍、坦克兵、炮兵、工程兵等軍兵種，在陸軍大學等軍事院校，都建立蘇聯軍事顧問組。這些顧問均經過嚴格挑選，擁有豐富的戰鬥經驗和軍事理論素養，他們對中國軍隊的戰術訓練、掌握現代化武器甚至在某些戰略計劃方面都作出了有益的貢獻。

為了加強中蘇之間的技術合作和情報合作，1938 年秋，蘇聯軍事顧問團的電訊情報技術人員與中方合作成立了「中蘇情報所」。所長由中方的徐培根將軍擔任。副所長兩名，中蘇雙方各一人，中方委任鄭介民出任此職。最初，中蘇雙方各建立了一個偵察臺。蘇方偵察臺擁有二十餘名蘇聯工作人員。中方偵察臺則由軍統局派員組成，由蘇方提供器材和指導。蘇臺不時向中方提供一些偵察情報❼。

---

❼ 《國外中國近代史研究》，第十一輯，第 393 頁。

❼ 臺灣《中外雜誌》，第五十二卷，第五期，第 32 頁。

中國政府力圖讓蘇聯更深地捲入中日衝突，除了謀求其軍援外，甚至還提出了請求蘇聯派遣政治顧問的要求。鑑於二〇年代中蘇合作和破裂的歷史，派遣政治顧問本是一個十分敏感的問題，但中國政府似乎已顧不得這些了。9月13日，張沖奉命與鮑格莫洛夫商談動員和軍備等問題時提出了這一要求。張沖表示中國過去有種種動員計劃與努力，但未能收效，「可否請貴國方面派社會方面或政治顧問數人前來協助？」❼❸

蘇聯大使對此反應謹慎。他回答說：「貴國群眾運動人材不少，對派遣政治顧問一層有無引起英美顧慮，亦應注意」，他表示「中國如要採用蘇聯經驗，本大使可以隨時貢獻，或隨時電詢莫斯科的意見，但委座確要顧問，敝使可電莫請示。」❼❹此事後來遂不了了之。

第四節　蘇聯提供物資援助

在蘇聯對華援助中，最重要的對中國抗戰產生最有力支持的是它給予中國的物資援助。到1937年底時，經過最初幾個月的艱苦作戰，中國的作戰物資損耗甚巨。要想迅速地補充這些損耗，以中國現有的工業基礎，無論是在財力上還是在時間速度上都難以實現。因此，爭取外國的物資援助，便成了維繫中國抗戰的當務之急。

南京作戰失敗後，中國外交部長王寵惠約見了蘇聯駐華代辦梅拉美德（Ж. Меламед）和武官德拉特文（М. Дратвин）表示「交戰六個月後，中國現在正處於十字路口，中國政府應該解決下一步做什麼的問題，因爲沒有外來援助，中國無力繼續抗戰。中國政府決意抗

---

❼❸　《戰時外交》，第二卷，第330頁。

❼❹　《戰時外交》，第二卷，第331頁。

戰，但是資金業已枯竭。中國政府隨時面臨著抗戰能堅持到幾時的問題。」王寵惠要求蘇聯緊急援助中國，他強調說，「一旦中國失敗，日本就會把中國變爲反蘇基地，利用中國的一切資源、人力物力去打蘇聯」，「爲了自己的利益，蘇聯不能也不應該而眼看著中國失敗。」**⑦**

1937 年年底，中國向蘇聯提出提供 20 個師的武器裝備的要求。經過會商，蘇聯同意除步槍由中國自製外，蘇聯按每師重炮 4 門、野炮 8 門、防坦克炮 4 門、重機槍 15 挺、輕機槍 30 挺的配額，向中國提供 20 個師的裝備。根據這項計劃，中方共得到重炮 80 門（附炮彈 8 萬發）、野炮 160 門（附炮彈 160 萬發）、防坦克炮 80 門（附炮彈 12 萬發）、重機槍 300 挺、輕機槍 600 挺（共附彈 1000 萬發）**⑦**。

由於中國國力有限，一時間難以支付它向蘇聯定購的大批軍用物資，中國希望從蘇聯獲得財政貸款以作採購之用。1938 年 1 月，中國政府派立法院院長孫科爲特使，率團前往蘇聯，以爭取蘇聯的貸款，3 月 1 日，中蘇成立第一次貸款協定，議由蘇聯向中國提供價值 5000 萬美元的貸款，供中國向蘇聯購買各種物資，貸款年息爲三分。協定議定自 1938 年起，在以後五年內，中國每年向蘇聯償還 1000 萬美元，其償還方式是向蘇聯提供各種農、礦產品**⑦**。實際上，這筆貸款從 1937 年 10 月即已開始動用，從那以後中國獲得的蘇聯物資均被作價計入貸款之中，這打破了國際上訂立貸款合同的慣例，出現了貸款成立前即可提前動用貸款的特殊現象。4 月初，顧維鈞曾滿意地對美國外交官員說，蘇聯在向中國提供武器裝備方面「非常慷慨」**⑦**。

⑦ *ДВЛСССР*，20，654-655 頁。

⑦ 《戰時外交》，第二卷，第 472，475，488 頁。

⑦ 王鐵崖編：《中外舊約章匯編》，三聯書店，1962 年版，第三冊，第 1115-1117 頁。

⑦ *FRUS*, 1938, 3, 136。

在具體交涉過程中，中蘇雙方總是免不了要有一些分歧和矛盾，但蘇聯當局最後一般總能從維持對日抗戰的大局出發，予以化解。在1938年3月，蘇方將在1937年10月24日至1938年2月14日已經轉交給中方駐蘇代表的蘇聯軍火分開甲、乙、丙三份帳單。甲單為30321164美元，乙單為8379294美元，丙單為9856979美元。除甲單由借款合同相抵外，蘇聯要求中國以現金支付其餘帳單，尤其是丙單，它主要是運華軍火的打包費、裝配費、載卸費、陸路運輸費、汽車費等，係由蘇聯政府墊款辦理，而且當時曾言明由中方以現金支付。因此，蘇聯要求中方「速予歸墊，以清手續」。至於乙單，蘇同意中方支付部分現金，餘以農礦產品交換，不足之數還可續訂借款合同⑲。

但中國方面希望都以農礦產品作抵，還希望從蘇聯再獲得一筆借款，以抵清前賬，並續購新的軍火。然蘇方一度堅持索要現款，聲稱「蘇聯之軍火資源亦感缺乏之品，常以現金向各國購買，中國當諒其困難，亦須給以若干現金，庶接濟中國方不致有竭蹶之虞。」⑳蘇方還說明丙單款項當時係由國防部代墊，現在需要歸還其他機關。但中國方面表示實在沒有外匯可付。

付款問題相爭不下，牽動了中蘇最高當局。蔣介石在電報批示中指責蘇聯說，「決無現款可匯，如此則蘇俄無異與我有意為難也」，「付給外匯決難辦到，此無異強中國為難」㉑。5月5日，蔣介石直接訴諸於斯大林，其電報在對蘇聯的援助表示了一番感謝後隨即申明，「上次墊借之款，未能如期清還，實深歉愧，但請諒解，我國實無外匯現金可資撥付，尚稍有可能，不待貴方催詢，早應全償。」他希望蘇聯能同

⑲　《戰時外交》，第二卷，第484頁。
⑳　《戰時外交》，第二卷，第485-486頁。
㉑　《戰時外交》，第二卷，第493-494頁。

意中國以貨物抵運,「庶不致影響外匯, 而經濟得以維持, 戰事亦可順利進行。」考慮到中國的實際困難, 斯大林和蘇國防人民委員伏羅希洛夫 5 月 10 日覆電表示,「吾人完全理解中國金融財政之困難情況,……因之, 吾人對武器之償價, 並不要求中國付給現金和外幣。」❷

　　爲了解決物資的付款問題, 孫科開始與蘇方商談第二筆借款。1938年 7 月, 中蘇訂立第二筆信用貸款。貸款總額仍爲 5000 萬美元, 年息與償還方式與第一次相同。中方自 1940 年 7 月起開始償還, 每年交付1000 萬元, 五年還清❸。

　　第二次貸款協定成立後, 中國正面臨著即將到來的武漢大會戰, 急需補充大量的軍用物資, 中國遂向蘇聯提出緊急援助的要求, 蘇聯盡力滿足中國的這一需求, 不久, 中蘇便簽訂了兩項供貨合同, 合同規定, 蘇聯將在 1938 年 7 月 5 日至 1939 年 9 月 1 日之間向中國提供116 架轟炸機、174 架戰鬥機、30 架運輸機、200 門野炮、100 門防坦克炮、2120 挺各式輕重機槍、2000 萬發步槍子彈、510 萬發機槍子彈及若干飛機配件和發動機❹。

　　蘇聯在戰爭初期的一年半中成爲中國最大的物資援助國。據中方檔案, 從 1937 年 10 月至 1938 年底, 共有 471 架蘇聯飛機運抵蘭州, 其中輕轟炸機 143 架、重轟炸機 6 架、И-16 戰鬥機 100 架, И-15 戰鬥機 222 架。而同一時期, 歐美各國運華裝妥的飛機僅 72 架、待裝的13 架❺。蘇聯向中國所提供的軍事裝備在它的全部裝備中也占有一定的分量。以戰鬥機爲例, 據統計, 這一時期蘇聯向中國所提供的數量

❷　《民國檔案》, 1985 年第一期, 第 46-47 頁。

❸　《中外舊約章匯編》, 第三冊, 第 1118-1121 頁。

❹　《國外中國近代史研究》, 第十一輯, 第 379 頁。

❺　《抗日戰爭時期外國對華軍事援助》, 第 114 頁。

占蘇聯當時所擁有的新式飛機的 6.8%❽。當時蘇聯也正在積極備戰，它的軍事裝備並不很寬裕，對中國的出口，意味著對自己軍備的一定程度的犧牲。

蘇聯向中國所提供的軍事裝備的質量有許多在蘇軍中都屬於第一流的，如И-15、И-16 戰鬥機，都是當時世界上比較先進的戰鬥機，尤其是И-16 戰鬥機，它是那時世界上最先進的戰鬥機之一，時速達460 公里，它於 1933 年 12 月才試製成功，在 1937 年的西班牙戰爭中第一次投入使用，並在蘇軍前線一直使用到1943年夏季。雙引擎的СБ-2 轟炸機也是蘇聯最先進的轟炸機，最高時速可達 412 公里，航程為1200 公里，可攜彈 600 公斤、蘇聯在張鼓峰作戰和蘇芬戰爭中一直使用這種飛機。

蘇聯向中國提供的 T-26 坦克則是三〇年代蘇軍的主戰坦克之一，曾用於西班牙內戰和蘇芬戰爭。在 1938 年春的臺兒莊戰役中，蘇聯提供的 T-26 坦克發揮了重要作用。8 月，以蘇聯提供的裝備為基礎，中國成立了第一個機械化師，其 T-26 坦克支隊在 1939 年的昆崙關戰役中功不可沒。

總之，蘇聯的軍火供應對於改善中國軍隊的火力配備，增強中國軍隊的戰鬥力有著重大價值，它大大地削弱了日本軍隊在戰爭的最初幾個月中所享有的火力優勢。此外，蘇聯給中國提供的軍事訂貨的價格也相當便宜。如蘇聯提供的飛機僅折合美金 3 萬元，這比當時國際市場的售價要低得多。對此，中方負責與蘇聯進行貸款談判的孫科很感滿意。他曾高興地對顧維鈞說，他從蘇聯獲得了一筆新的 1.6 億盧布的貸款（即第二次貸款），由於蘇聯給中國訂貨所定的價格特別便宜，

---

❽　《中蘇關係，1937-1945》，第 49 頁。

這筆貸款如按國際價格計算，實際上相當於 4 億盧布。按此價格，裝備一個中國師僅用中國貨幣 150 萬元即可❽。

　　蘇聯還積極幫助中國克服運輸物資裝備的困難。中國西北地區經濟落後，地形複雜，交通運輸條件非常差。應中國政府的請求，蘇聯幫助修建了中國西北地區的交通大動脈。這條公路從蘇聯的薩雷奧澤克開始，經過烏魯木齊，最終到達蘭州，全長 2925 公里，在蘇聯境內為 230 公里，中國境內 2695 公里。它穿越天山山脈和新疆西部的沙漠地區，修建工程比較複雜，蘇聯派出了數以千計的築路專家參加了這條公路的修建❽❽。據統計，自 1937 年 10 月至 1939 年 2 月，在薩雷奧澤克——蘭州公路上，計有 5260 輛蘇聯汽車用於向中國運送軍事物資❽❾。

　　中國從蘇聯所得到的軍用物資，都是以蘇聯向中國提供的貸款支付的。抗戰初期的一年半中，蘇聯共向中國提供了價值一億美元的兩筆貸款。使用這些貸款購買蘇軍用物資的具體程序是，蘇方將中方所需要的一批軍用物資交齊後，即結算累計用款，交由中方簽具認購償債書，以副本交中國財政部結帳，作為對蘇方貸款的動支。到 1938 年 9 月，中方分四批動用了蘇聯貸款（見下表）❾⓪。

---

❽　《顧維鈞回憶錄》，第三分冊，第 136 頁。

❽❽　《國外中國近代史研究》，第十一輯，第 374 頁 。

❽❾　《中蘇關係，1937-1945》，第 39 頁。

❾⓪　李嘉谷：《抗戰時期蘇聯對華貸款與軍火物資援助》，載《近代史研究》，1988年，第三期。

蘇聯貸款動用情況表

1937.10-1938.9

	動用時間	動用數額（美元）
第一批	1938 年 6 月 10 日	30321164
第二批	1938 年 6 月 20 日	8379293
第三批	1938 年 6 月 27 日	9856979
第四批	1938 年 9 月 28 日	29601215
累計		78158651

　　根據協議，中國方面以農礦產品來償還蘇聯的貸款。據統計，至
1938 年 10 月 9 日，中方所提供的品種及數量分別為：山羊皮 280000
張，另有 90000 張正整理待交；黃牛皮 10000 張，另有 16000 張正檢
驗待交；水牛皮已運港待交者 2500 張；豬鬃 600 擔，另有 49 擔檢驗
待交；紅茶及茶末已交 2121.5 噸，即將交 2550 噸；綠茶 427.5 噸，即
將交 1300 噸[91]。由於組織、運輸上的困難，這些貨物的數量和交貨日
期絕大部分都未兌現當初協議時的約定，對此蘇方雖頗為不滿，但仍
是照舊履行其軍事供貨協定。

　　蘇聯政府對於物資援華的積極態度為處於困難中的中國獲取軍事
物資提供了巨大便利，緩解了中國所面臨的物資匱乏的嚴峻形勢。中
國方面對於蘇聯的這一積極態度基本上是滿意的。1938 年 9 月，一位
中國駐蘇外交官員曾對美國駐蘇代辦聲稱，中國在獲取軍事物資方面
不再存在困難[92]。10 月，新由外交部次長調任駐德大使的陳介在給駐
美大使胡適的信中也肯定說：「自抗戰以來，蘇聯助我最力」，他希望

---

[91]　《戰時外交》，第二卷，第 507-508 頁。
[92]　*FRUS*, 1938, 3, 295。

中國與其他國家之間的外交不要有損中蘇邦交[93]。中國政府對蘇聯政府多次致謝，1939 年 3 月 1 日，中國行政院長孔祥熙致信蘇聯人民委員會主席莫洛托夫（B. Молотов），贊揚說：「自從中國開始武裝抗日以來，貴國政府一直以貸款方式給予我國慷慨和珍貴的援助，共貸款一億美元，用來購買軍用飛機和其他軍事裝備，使我們有可能削弱敵人的侵略勢力和繼續進行長期鬥爭。爲此，中國政府和中國人民感激之至。我作爲行政院長和財政部長，對於這一援助表示特別的感謝，因爲它使我們財政的緊張狀況根本好轉。」[94]

應該指出的是，在對中國的援助上，蘇聯始終注意把握一定的分寸，即一方面不能使中國的抵抗力量趨於崩潰，以始終保持中國對日本的牽制能力，另一方面又不能超過日本所能容忍的限度，以防止日本孤注一擲對蘇聯發動進攻。蘇聯對援華武器種類的嚴格控制反映了它的這一考慮。蘇聯在向中國提供戰鬥機和輕、中型轟炸機方面頗爲慷慨。這些飛機受航程限制，「防衛海岸則有餘，攻擊敵國境內則不足」[95]。中國希望訂購重型轟炸機，以作空襲日本本土之用。在 1937 年 9-10 月的談判中，中國提出要訂購這類轟炸機 100 架，但蘇聯嚴格控制這類飛機的援華，交涉結果，蘇聯只同意向中國提供 6 架重型轟炸機。

此外，蘇聯還注意避免在援助問題上捲入中國的國共兩黨之爭中去。它給中國的援助都交給了執政的國民黨政府。儘管長期以來蘇聯一直是中國共產黨的堅定支持者，實際受它控制的共產國際對中共具有指導關係，但爲了保證它與中國現政府之間關係的順利發展，蘇聯並不堅持要向中國共產黨提供軍事物資。1937 年 12 月，伏羅希洛夫曾

[93] 中國社會科學院近代史研究所所藏胡適檔案，案卷號 553。

[94] 《國外中國近代史研究》，第十一輯，第 379 頁。

[95] 《民國檔案》，1987 年，第 3 期；《戰時外交》，第二卷，第 468 頁。

向楊杰表示，蘇聯政府希望向八路軍提供野炮 24 門、防戰車炮 20 門、機關槍 60 挺、戰車 15 輛、飛機 10 架，如果中國政府同意，蘇聯準備無償贈送。這是一筆不需要中國付出任何代價的額外收入，中國政府理當愉快地接受下來。但考慮到八路軍的戰鬥力將由此而大增，國民黨政府心懷顧忌，一直不給蘇聯以正式答覆。蘇聯明白國民黨政府的擔心所在，便不再向中方提及此事❾❻。

還需要指出的是，蘇聯在對中國的援助過程中，有時還流露出過於維護自己的國家利益而輕視別國利益的大國強權傾向，從而不得不使人們對於蘇聯援華的好感打一些折扣。蔣廷黻在 1937 年 11 月 24 日致胡適函中曾透露說：「對於新疆問題，蘇聯當局明白地告訴我，俄不反對中國保存新疆，但決不讓日本插足其中。如中國不能抗日，他將先動手。你看：我們的困難太多了！」❾❼不管蘇聯給了中國多少援助，這種強調自己的國家利益而無視中國主權的言論，聽起來總是有些刺耳的，尤其對過去與蘇聯長期處於敵對狀態的中國國民政府來說，這不能不增加它對蘇聯的戒心。

事實也確實如此。1938 年元旦時，中國正處於南京失陷後的危機時期，亟待蘇聯提供的援助，蔣介石還在這一天的日記中寫道：「國之禍患，有隱有急，倭禍急而易防，俄患隱而叵測。」❾❽由此也可以理解，儘管蘇聯是抗戰初期中國最堅定的道義支持者和最大的物資援助國，但中蘇關係卻沒有因此而發展成更加親密的關係。除了意識形態等方面的原因之外，這不能不說是一個重要因素。

---

❾❻　《戰時外交》，第二卷，第 470、506 頁。
❾❼　中國社會科學院近代史研究所所藏胡適檔案，第 655 號。
❾❽　《蔣總統秘錄》，第十一分冊，第 100 頁。

第七章　中日秘密接觸

第一節　列強有意調停

一

　　在陶德曼調停失敗，日本發表「不以國民政府爲對手」的聲明之後，中日政府間和談的大門被關上了。正如有的歷史學家已經指出的那樣，「不作爲對手」的含義是模糊的，不是一種正式的法律用語。儘管如此，其用意卻是很明確的，它頗類似於眼前這場沒有宣布的但卻實實在在地存在的戰爭，意在不正式宣布與中國政府斷交宣戰的情況下無視它的存在，實際上等於宣布不承認該政府。這一不作爲對手的聲明是在日軍攻占中國首都南京，日本政府內彌漫著一股盲目樂觀情緒，而中國國民政府又不願接受日方提出的過於屈辱的條件的情況下作出的，它不是一個深思熟慮的明智決定。實際上，在 1938 年中，圍繞著和談的各種活動仍在幕後繼續進行者。其中既有第三國的調停企圖，也有中日兩國間各種渠道的暗中接觸。

　　自從中日戰爭爆發以來，意大利在遠東雖無多少作爲，但卻表現出一種親日姿態。在布魯塞爾會議上，意大利代表不贊成對衝突的任何一方進行譴責，而主張由會議推動中日雙方去直接談判。1937 年 11 月，意大利正式加入德日防共協定。此前中國方面曾盡力加以勸阻，

指出「日本侵華爲正義所不容，日本以反共爲名，締結日德防共協定，實爲偷天換日」，希望意大利「鄭重考慮，作英智的抉擇，以勿加入日德防共協定爲是」。但意大利方面表示，「我反英法，日德亦反英法，利害一致，我不能不聯合日德」，並稱「假使中國亦反英法，我必與中國加強一切聯繫」❶。這倒是實話，意大利就是從有利於自己在歐洲的戰略利益出發，選擇了在遠東具有策應力量的日本作爲其盟友。

除此而外，在 1937 年中，意大利對中日衝突似乎並沒有過多的關注和介入。但是，在 1938 年上半年，即德國調停失敗之後，意大利卻異常地活躍起來，對在中日之間調停表現出很大的興趣。意大利代表頻頻會見中方要人，勸說中國接受日本的條件，停止抵抗。也許，意大利是認爲，經過淞滬和南京戰役的慘敗後，中國的抵抗力量已所剩無幾，中國方面不會再堅持不作重大讓步，到了收拾殘局的階段了。

1938 年 2 月，意大利駐華大使柯萊 (G. Cora) 拜訪蔣介石。他聲稱，中國的抵抗是不可避免地要失敗的，就像阿比西尼亞徒勞地抵抗意大利一樣。它拖的時間越長，中國最後所能得到的東西就越少。他勸蔣介石與日本人合作，以盡其所能挽救中國❷。

同月，柯萊在香港會見了宋子文，傳遞了日本的議和條件。柯萊說，他與去年 12 月時的德國大使不同，他只傳遞「他個人認爲可以作爲談判的合理基礎的條件」。柯萊接著便提出了他認爲是「非常寬大」的那些條件，它包括承認「滿洲國」、日本在華北駐軍、日本在華北享有經濟特權、上海設立中立區和賠款等問題。但這些條件實際上與中國政府所能接受的相距甚遠。宋子文似乎對此毫無興趣，他剛聽到「賠款」這個詞時，就反問柯萊說：哪一個國家將得到賠款？是不是日本

---

❶　《第二次中日戰爭史》，上冊，第 417 頁。

❷　*FRUS*, 1938, 3, 105。

向中國賠償破壞南京和轟炸上海的損失？結果，這次會見不歡而散❸。

　　1938 年 6 月下旬，柯萊派其使館秘書拜訪中國外交部長王寵惠，聲稱柯萊確信日本希望盡快實現和平，並正準備提出和談條件，它比從前通過德國大使轉達的條件要對中國有利得多。柯萊提議由中國外交部長致信日本首相，聲明從此以後「中國政府不再實行反日政策」。該秘書稱，日本更爲看重外交部長的信，而不是蔣介石的信。日本人對「不以蔣爲對手」的重申使得與蔣打交道更爲困難。王寵惠回答說，中國政府同樣迫切地希望實現和平，並願意接受調停，但它是不可能考慮排斥蔣介石的提議的。王寵惠還對這位意大利秘書表示，中國將首先徵求英國的意見，否則它不會採取任何行動❹。

　　柯萊認爲汪精衛是主張議和的最適當的人選，因而特別注意對汪游說。柯萊先是通過意大利駐漢口參事向汪轉告了日方希望汪出馬的意向。此事緣於曾代理日本駐「滿」大使的谷正之與柯萊的談話，谷正之表示希望以汪精衛取代蔣介石來實現中日「和平」。儘管汪精衛對蔣介石一直心懷不滿，意欲取而代之，但他認爲，在目前這樣轟轟烈烈的抗戰時期，他不可能取代蔣掌握政權，蔣介石也不可能下野。因此，汪不僅未表示接受日方的要求，反勸日本不要進攻漢口。

　　不久，意大利參事又向汪精衛轉告了谷正之的新方案。谷正之希望汪精衛秘密去日本，如不能成行，則由汪給日本首相近衛寫封信。谷正之還要求中國能加入德意日防共協定。對此，汪精衛表示，在目前情況下，他不可能秘密赴日，但如果日方保守秘密，他可以給近衛寫信。至於參加防共協定，在目前沒有可能，因爲中國正接受蘇聯的軍事援助。或許是汪精衛此時尚未下定與蔣介石分道揚鑣的決心，或

❸　*FRUS*, 1938, 3, 110-111。
❹　*FRUS*, 1938, 3, 254。

許是汪試圖以此來對蔣施加壓力，推動蔣與日本議和，總之，汪精衛把意大利方面的活動都向蔣作了報告。結果是，意大利對汪精衛的活動沒有取得什麼進展。

二

　　1938 年 1 月，在英美就是否舉行海軍示威進行磋商時，英國外交部的一些官員再次表示了希望藉此機會通過調解來結束中日衝突的願望。外交部顧問普拉特和布里南 (J. Brenan) 1 月 5 日的兩份備忘錄討論了能為中日雙方或應迫使中日雙方所接受的條件。普拉特指出，英國所提出的任何解決辦法對日本來說應是「慷慨」的，對中國來說應是「公正」的。他認為英國在中國需要維護的重要利益包括中國的門戶開放、香港的安全、海關行政的完整和不讓日本控制上海。因此，他主張應由中國控制上海，但要吸收外國人參加市政府。為了換取日本在上海的讓步，中國應在華北問題上作出讓步。英國應讓中國和日本自己去談判解決華北五省的問題，勸告中國作出經濟上的讓步以換取日本人對中國在華北主權的承認。普拉特說，「把日本人趕到長城以外去不是我們的職責，即使我們有力量這樣做。」❺

　　關於華北和東北問題究竟如何處理，布里南的備忘錄則比普拉特的更明確些。他認為，「對於日本無可爭議的軍事力量和它要在東亞獲取更強的經濟和戰略地位的堅定決心，不採取現實主義的態度是愚蠢的」。英國必須意識到，在某種程度上華北的省分將不得不受「我們不能左右的力量」控制，但英國應敦促日本承認「中國本部的主權、獨立、領土和行政完整，撤走長城以南的全部日本軍隊」。為此，中國付

❺　《英國與中日戰爭》，第 95-96 頁。

出的代價是承認「滿洲國」和在華北對日本作出經濟上的讓步❻。

　　這兩個備忘錄設想在英美通過聯合進行海軍示威向日本施加壓力時提出，以迫使日本接受這一不能完全滿足它的願望的條件。然而，由於英美未能達成進行海軍示威的共識，這兩個備忘錄逐被擱置一旁，但其中的一些主要觀點被外務次官賈德干後來所提出的一個調停計劃所採納。

　　另一方面，日本對英國表現出的某種程度的友好姿態也刺激了英國的綏靖念頭。2月3日，日本外相廣田在日本國會的一個委員會的講話中表示，日本希望維持與英國的傳統友誼。次日，日本駐英大使吉田茂奉命向艾登遞交了一份廣田提出的《關於英日關係的備忘錄》。該備忘錄稱維持和發展英日間的最友好的關係「一直是日本政府最誠摯的願望」。但是近來在中國所發生的一些不幸的誤解似乎損害了兩國間的親密關係，日本政府對此「深感不安」，「急盼消除誤解，為遠東的和平而恢復英日間的合作關係」。吉田茂在轉交備忘錄時還主動提出，希望英國政府出面調停，以結束遠東的衝突❼。

　　2月9日，張伯倫在內閣會議上要求艾登接受吉田茂的建議。2月14日，張伯倫再次表示，他「不希望人們有片刻認為綏靖日本的所有機會都已消失」，「有必要在這方面作出一些努力」❽。然而，吉田的主動提議並未獲得日本政府首肯。2月15日，吉田茂不得不通知艾登，日本政府並不打算接受英國的調停。

　　儘管英國外交部的官員對於吉田茂的提議、對於日本政府在中國的真正企圖表示懷疑，但他們還是按照自己的想法提出了與美國共同

❻　《英國與中日戰爭》，第 96-97 頁。
❼　*DBFP*, 2/21, 686-688。
❽　《英國與中日戰爭》，第 102 頁。

調停的計劃。1938 年 2 月 14 日，英外務次官賈德干提出了一份解決遠東衝突的計劃，並以備忘錄形式致函美國務院政治顧問亨培克，提請美方考慮。他告訴亨培克，這一計劃尚未報請政府批准，它反映的是外交部的設想，它將在時機合適時公開提出。賈德干認爲，日本所要求的必然要比該計劃所開列的要多得多。因此，如果沒有英美兩國的共同壓力，日本恐怕是不會接受他所擬定的大綱條款的。賈德干認爲，在現在的形勢下，國聯、巴黎非戰公約、九國公約等條約機制已不能起有效的作用。他提議美國與英國採取平行行動，分別向日本表明，英美不再默許任何違背公約的行爲。同時向日本人表明，他們所提出的和平條件對日本人來說是公平的甚至是優厚的。

　　賈德干的備忘錄花很大篇幅討論了被認爲是整個中日問題的關鍵的上海的行政管理問題。爲了避免摩擦和缺乏效率，提議由中國政府統一對華界和租界的控制，但要吸收外國人包括日本人參加市政府，在上海周圍三十英里的範圍內禁止駐紮任何軍隊。備忘錄所設想的目標是使日本軍隊包括其他國家的駐華軍隊在九國公約的精神下自中國撤出。爲此，也應促使中國方面滿足日本的某些要求。賈德干在備忘錄中開列的這些要求有：停止排日敎育，取消反日宣傳，減低日貨進口稅，承認「滿洲國」，並在華北給予日本以經濟上的種種便利，其中包括允許日本從事採礦業和參與管理華北的鐵路。賈德干認爲，承認「滿洲國」將會消除一個造成整個國際關係不穩定的刺激因素❾。

　　4 月 11 日，英國再次向美國提出調停問題。英國駐美大使館在致美國國務院的備忘錄中表示，儘管英國政府傾向於英美兩國的共同斡旋，但它並不排斥由一國政府出面斡旋的可能性。即使日本人對何者

---

❾　*FRUS*, 1938, 3, 89-93。

調停這一點比較注重，但在英國政府看來，是英國政府還是美國政府出面，這並不重要。但是，無論是那個政府出面，都應該使其他的中立國政府（包括德國政府在內）充分了解談判的進程。爲此，林賽奉命徵詢美國政府對這一問題的看法❿。

4月13日，亨培克覆信賈德干，表示了美國對於這一問題的態度。他反對對日本作過大的讓步，指出任何解決辦法必須考慮到各國的權益和輿論。在目前情況下，中國也絕不會同意以自己爲代價作有利於日本的安排。尤其是關於承認「滿洲國」問題，美國不同意英方認爲這將有助於消除國際關係中不穩定因素的看法。認爲這種承認以及隨後各國的承認，只能起到表面上的治標作用，但它在任何程度上都未解決中日蘇之間衝突的深層原因。而且，這實際上只會鼓勵日本人繼續採用它們一直採用的辦法，即以武力作爲推行其政策的手段。而遠東的這一結局勢必鼓勵世界上其他地區有這一傾向的國家也採取武力解決的方式。亨培克指出「美國不認爲『滿洲國』具有獨立的主權國家的性質。因此美國將不會參與任何促使中國採取承認態度的行動。」他認爲謀求解決中日糾紛的時機尚未到來⓫。

4月14日，美國國務院向英國駐美使館發出備忘錄，指出根據美國政府所掌握的情報，目前無論是中國政府還是日本政府都不可能接受能爲雙方所接受的和平條件，而且日本的輿論在目前也不可能接受英國和美國的共同調停，因爲共同調停這一方式具有施加壓力的含義。美國認爲，在某種情況下，一國政府的調停活動將比多國政府的共同調停更易取得成功⓬。由於美國對英國所提議的調停缺乏熱情，這次

❿　*FRUS*, 1938, 3, 139-140。

⓫　*FRUS*, 1938, 3, 141-153。

⓬　*FRUS*, Japan, 1, 464。

企圖以犧牲中國部分主權利益來平息遠東戰火的努力便胎死腹中。

　　另一方面，日本當局仍然固守「不以國民政府爲對手」的立場。當英美間還在交換意見之時，有關英國出面調停的消息已在國際上流傳開來。上海的報紙甚至登出了英方所擬就的條件。一時間，有關調停的傳言似乎不絕於聞。對此，日本政府作出了極爲消極的反應，表現出頑固的抵制態度。4 月 13 日，日本外務省情報部長河相達夫發表談話，指責路透社和塔斯社近來大肆報導的所謂「日本政府希望英國政府出面在日華間調停」，「日本統治階級爲最近的事態擔憂，眞正希求停戰」等爲無中生有之談。他重申近衛聲明的要旨：「帝國政府的方針是不理睬國民政府，期望建立一個眞正和帝國進行合作的新興的中國政權，以協助建設一個新的中國。」河相達夫聲稱：「路透社和塔斯社別有用心的所謂日本要求第三國在日華兩國中間進行調停的報導，不過是拙劣之徒放了個拙劣的試探氣球而已。」❸ 5 月 9 日，廣田外相在會見外國記者時重申，日本政府決不與國民政府打交道，即使它現在願意接受日方在一月份所堅持的條件❹。

第二節　多渠道的蔣日接觸

一

　　近衛聲明代表的是日本狂熱派的一廂情願的想法。在日本政界和軍界內部，有不少人對此持有不同看法。他們認爲，這種頑固堅持打倒中國中央政府樹立傀儡政權的想法是要使日本付出巨大努力和代價

---

❸　《日本外交年表及主要文書（1840-1945）》，第 389 頁。

❹　《美國軍事情報部門的報告，中國，1911-1941》，縮微第 2 卷，0895 號。

的下策，因而要求修改這一政策。甚至在近衛聲明剛發表後不久的1938年2月，華北日軍就毫不理會近衛聲明的限制，開始了以蔣政權爲對象的「和平」活動，請當時任燕京大學校長的司徒雷登 (J. L. Stuart) 轉達其談判條件。近衛本人後來曾回憶說：「識者對此聲明之批評，謂之非常失敗，余個人亦認爲係最大之失敗。」❶❺

在遭到多方反對的情況下，日本政府的立場出現了鬆動。5月26日，日本近衛內閣改組，主張對華強硬的陸相杉山元和外相廣田弘毅都離開了內閣。被一般人視爲溫和派和親英派的宇垣一成出任外相。宇垣是反對近衛聲明的，他在出任外相前提出來四個條件：一、強化內閣，以求統一；二、外交一元化；三、開始與中國政府和平交涉；四、必要時取消1月16日「不以國民政府爲對手」的聲明❶❻。宇垣意圖把被軍方分割了的外交權眞正收歸外務省，強化外務省的權力，推行他所希望的外交方針。在近衛認可這四條件之後，宇垣才同意就職。

宇垣在就職後第一次會見外國記者時稱，日本與英國有著傳統的友誼，本人將盡力使之恢復，且擬使日英關係較從前更形親密。宇垣並暗示將來中日兩國終有討論議和條件之可能。他聲稱，自1月16日日本發表政府聲明後，大局尚未有變動。如果局勢發生了重大變化，日本政府可能會重新考慮其態度。當有記者問及如有第三國出面調解，日政府是否願意加以考慮時，宇垣並未斷然拒絕，而是表示，日本須首先搞淸楚調解動機的性質❶❼。

日本參謀本部也希望對近衛聲明進行修正。參謀本部戰爭指導班在6月向五相會議❶❽提出建議，要求「逐漸修正不以國民政府爲對手

❶❺　《中國近代對外關係史資料選輯》，下卷，第二分冊，第95頁。

❶❻　《日本外交史》，第二十卷，第211頁。

❶❼　中國第二歷史檔案館館藏檔案，案卷號：十八·168。

的觀點，並允許第三國的斡旋，以擴大有關處理對華戰爭的自由。」[19]

6月27日，英國外交部政務次官巴特勒 (R. Butler) 在下議院發表響應宇垣談話的聲明，聲稱英國樂於採取任何步驟，促使中日衝突停止。

這一時期，中國政府也在戰和之間徘徊不定。一方面，它仍未放棄通過談判解決問題的想法，另一方面又擔心日本索價太高，中國為此而付出的代價太大。蔣介石在3月22日的日記中曾寫到，「世人只知戰時痛苦，妄想速和，殊不知和後之痛苦，更甚於戰時，而況為屈服不能得到平等之和平乎！」[20]但是，這一擔心並未完全打消國民政府領導人對中日和談所抱的幻想。因此，國民政府在公開場合便表現出這樣一種姿態：一、不放棄任何和平的希望；二、這一和平必須是公正的和平。這既給日本人發去了中方仍然希望和談的信息，也表明了中方的讓步將是有限度的。

1938年4月，中國國民黨召開臨時全國代表大會。大會的宣言表明了國民政府的立場。宣言既聲明「吾人之本願在和平，吾人最終希望仍在和平」，同時又指出「惟吾人所謂和平，乃合於正義之和平。必如是，然後對內得以自主，對外得以共存；必如是，始為真正之和平，永久之和平，若捨正義而言和平，非和平也，屈服而已」，「屈服則所以助長侵略，中國若怵於日本之暴力，以屈服謀一時之苟安，則將降為日本之殖民地，民族失其生存獨立，國家之自由平等更無可望」[21]。

<hr>

[18] 由首相、外相、陸相、海相、藏相組成。

[19] 《日本對華戰爭指導史》，第151頁。

[20] 《先總統蔣公有關論述與史料》，第15頁。

[21] 榮孟源主編：《中國國民黨歷次代表大會及中央全會資料》，光明日報出版社，1985年版，下冊，第464頁。

　　日本的僵硬態度自可使國民政府內的主和論無從談起，但隨著宇垣的登臺和日本對華政策的調整，主和論有可能重新抬頭。對於宇垣出任外相，蔣介石頗感意外，對日方意圖遂生幾分狐疑。他認為日方此舉「殊非意料，其對我更欲主和乎？然彼必以挑撥離間我國內部為唯一手段，應戒慎勿忘」❷。

　　對於外國的調停，蔣介石在公開場合，表現出一種嚴正的立場。6月30日，蔣介石對倫敦《每日快報》記者發表談話，表示了中國對於和談的立場。他說「外傳英、法、意、瑞典、瑞士等駐華外交代表，均將來漢，企圖斡旋和平。但中國方面之意見，以為苟非能將主權完全收回，絕不歡迎任何國家調停。」7月24日，蔣介石在與倫敦《泰晤士報》談話時再次指出，「吾人確信妥協與規避，決不能維持和平，如須確樹永久和平之基礎，則採用武力以擊敗侵略者，乃屬必要之手段。」❸

　　在蔣介石大唱決不妥協屈服高調的同時，中國方面正在暗中向英美提出請其出面斡旋的要求。7月24日，中國外交部長王寵惠走訪美國駐華大使詹森，希望在日本政府承認他們所扶植的傀儡政權之前，美國政府與英國（可能的話還有德國）政府一起採取平行行動，在中日兩國之間進行斡旋，以結束目前的衝突。王寵惠希望美方不要提及這是應中國的要求而進行斡旋的。王並進一步說，如果斡旋未達到目的，如果日本人在南京或其他地方建立新的傀儡政權並宣布承認，希望美國像在1915年時對待「二十一條」那樣，通告中國政府，美國將不承認這樣的政權，並繼續擁有現存中美條約所規定的地位和權利❹。

❷　《黨史概要》，第三冊，第1331頁。
❸　《先總統蔣公思想言論總集》，第三十八卷，第109、110頁。
❹　*FRUS*, 1938, 3, 238–239。

　　中國同時也向英方作了類似的提議。王寵惠提請英美出面斡旋顯然不是自作主張，而是奉命而為。蔣介石對此完全知情。7 月 27 日，蔣介石單獨邀請詹森共進午餐，詢問其對王寵惠提議的看法。詹森回答說，美國政府很願意在適當的時候進行斡旋，以使中日衝突結束。但問題是不知這「適當的時候」何時到來。

　　同日，王寵惠在對外聲明中公開表現了中國政府方面有意於政治解決的姿態。王寵惠宣稱:「日本不僅應停止戰爭行為，實應從現在之占領地域撤退，否則中國只有決心繼續抗戰，然對於希望和平一事決不讓人後，惟和平須以平等與名譽為基礎。在任何人之看法均係如此。故和平之成否，全視日本之態度如何。」王寵惠希望一向主張門戶開放機會均等的美國，能積極推動中日問題的解決❷❺。

二

　　在這同時，中日間的秘密接觸也正在進行中。此事始於中國國防最高會議秘書長張群以私人身分祝賀宇垣就任日本外相。張群在賀電中希望宇垣能實現其中日友善的宿願。宇垣隨即回致答謝電，並詢問張群能否赴日本面談。但後來宇垣顧慮張群的親日名聲可能會把事情弄糟，遂又建議改請行政院長孔祥熙赴日本一行。中國方面對此表示同意。為安排此事，日本駐香港總領事中村豐一和孔祥熙私人代表喬輔三各奉其政府令先期在香港舉行會談。

　　在談判中，中方詢問日本是否堅持以蔣介石下野作為和談的條件。日方代表就此轉詢外務省，宇垣親自起草覆函。他對有關官員表示。「最後的態度，是不以蔣介石下野為條件的，但鑑於日本國內的反蔣

❷❺　《盧溝橋事變前後的中日外交關係》，第 516-517 頁。

感情，不宜在開始就露出底牌。」他在覆函中寫道：「日本國內對蔣氏反感相當強烈，是否以其下野爲條件，目前不遽爲決定，留待日後商量；至其他各點，則希與喬氏進行會談。」❷❻

喬輔三與中村的談判，從 6 月中旬一直持續到 9 月初。除了有關蔣介石下臺的問題以外，雙方在賠款、承認「滿洲國」和華北特殊化等問題上都進行了討論。儘管中方願意作出重大讓步，但日本索價過高，雙方仍無法達成協議。如關於「滿洲國」問題，中方表示它實際上已默認了「滿洲國」，尊重那裡事實上存在的局面。但鑑於滿洲問題在中國國內是個很難處理的問題，希望日本能取消要中國公開承認「滿洲國」這一條。但日方對這樣的要求也不肯接受。爲了推動談判的進展，雙方後來曾議定由孔祥熙與宇垣直接面談。

中日之間還存在著一條通過所謂民間人士所進行的非官方渠道，其主要人物如萱野長知、小川平吉等，他們既與日本政府有直接關係，又因其早年贊助過孫中山領導的中國革命而與中國方面保持著一定的聯繫❷❼。1938 年初，萱野長知的助手在上海與孔祥熙的親信賈存德接上關係。1938 年 5 月，萱野托賈存德帶信給孔祥熙，聲稱中日交戰猶如「萁豆相煎」，如果孔祥熙願意出面解決「鬩牆之爭」，「化干戈爲玉帛」的話，他願意爲之斡旋奔走。

孔祥熙覆函致謝，聲稱如果萱野能以百年利益說動日本當局早悟犯華之非，他將呼應共襄此舉。孔祥熙還開列了中方的和平條件：1.中日雙方立即同時停戰；2.日本尊重中國主權,聲明撤兵；3.中國原則上

❷❻　《蔣總統秘錄》，第十一分冊，第 178 頁。

❷❼　萱野長知、小川平吉都曾是孫中山的友人。萱野加入過同盟會，曾任孫中山的副官長。小川在武昌起義時參與發起組織友鄰會，援助中國革命，後曾任日本政府司法大臣、鐵道大臣等職。

同意日方解決滿蒙的要求，具體問題待商談。這一條件顯然具有犧牲中國在東北和蒙古地區的利益來謀取妥協的傾向。孔祥熙非常害怕這一秘密接觸為外界所得知。他曾警告賈存德說：「你回去以後和這些人來往要特別謹慎，若不小心，一旦泄露秘密，我不但要否認，還要通緝你」❷❽。

6月9日，萱野長知回日本向小川平吉匯報了此事，並先後會見了宇垣外相和近衛首相，進行磋商。6月中旬，萱野返回上海。7月上旬，賈存德與萱野轉移到香港繼續談判。

然而，兩個談判都面臨著一個難以逾越的障礙。這時日本並未徹底放棄「不以國民政府為對手」的方針，它仍以國民政府的改組亦即主要是蔣介石的下臺作為議和的先決條件。這是以蔣介石為首的國民政府所萬難接受的。就連中村豐一後來也認識到這是對中國現實缺乏了解的想法。他對宇垣說，蔣介石在中國人心目中已是唯一的民族英雄，如果不和蔣介石交涉而想解決中國問題，實在是太不認識現實了。萱野也致電小川說：「中國國內形勢不允許蔣下野，蔣本人希望及早結束戰爭，但周圍的狀況決不允許如此，擔心引起混亂，以後無法收拾」❷❾。

孔祥熙深知蔣介石絕不會答應這種先決條件，因此，他致電萱野，希望日方放寬條件，表示如果辭職對於緩和日本人情緒是必要的話，他作為政府領導人願意承擔責任，以他辭去行政院長一職代替蔣介石下野。

除了孔祥熙所控制的這兩條渠道外，還有一條由軍政部長何應欽

---

❷❽ 《文史資料選輯》，第二十九輯，第68-70頁。

❷❾ 楊天石：《抗戰前期日本「民間人士」和蔣介石集團的秘密談判》，載《歷史研究》，1990年，第二期。

所掌握的渠道。1938 年 8 月間，何應欽的顧問雷嗣尚奉蔣介石、何應欽密諭去港活動。雷嗣尚通過其結拜兄弟蕭振瀛的關係，第二天便與日人和知接上了聯繫。和知係日本政府派遣，專門從事對華誘降工作的。他當場表示願意作和談的溝通工作。後雷、蕭先後飛回武漢，將和知之意向蔣、何作了報告。蔣介石親擬一談判原則，交蕭振瀛帶回。據抄錄人後來回憶，蔣所擬定的條件內容大致是：

一、雙方軍隊同時下令停止衝突；

二、在華日軍分期撤退，約一年爲限，全部撤盡，恢復「七七」事變以前的狀況；

三、日本承認中國領土主權的完整；

四、中日合作，共同防共；

五、滿蒙地區，全部交還中國；

六、雙方對戰時所受一切損失，互不賠償。 ❸⓿

但據另一知情人回憶，蕭振瀛曾對他說過，蔣介石「面授機宜」的條件是：只要日本退出華中、華南，華北恢復「七七」事變以前狀況，並無要求歸還東北等條件 ❸①。實際情況究竟如何，尚待考證。

不管怎麼說，蔣介石參與了此事，並提出了和平條件這一點是沒有疑義的。蕭振瀛攜帶著蔣開列的條件再次赴港與和知接洽。和知答應將此條件轉達日本當局。幾天後，和知對蕭振瀛說，日本政府正在考慮此原則條件，一旦考慮成熟，雙方應派全權代表進行會商，並稱希望將由近衛和何應欽在福州進行會談 ❸②。

❸⓿　《文史資料選輯》，第一輯，第 65-66 頁。

❸①　《文史資料選輯》，第一輯，第 86 頁。

三

　　這時，圍繞著與中國的談判，日本決策集團內部也正進行政策爭論。強硬派堅持把蔣介石下野作爲不可更改的條件，而這實際上意味著不可能與中國現政權進行任何談判。另一部分人則主張暫且避開蔣介石下野這一棘手問題，他們認爲「久戰生亂，是古今的鐵則」，日本應在國力竭盡之前解決中日問題。參謀本部戰爭指導班在 8 月 18 日的一份計劃中指出，日本應該把握戰爭的眞正目的，沒有必要拘泥於蔣介石下野這樣的具體問題從而使自己蒙受不利。從對蘇戰略考慮，他們認爲，如果戰爭繼續下去，日本就需要準備至少再打十年。這與經營僞滿洲國比較起來，每年需要付出十倍的努力。在此期間，將至少會發生日蘇之戰。這樣，中國的反日分子就會奮起行動。而且，「第三國正坐待我之消耗，難道我們竟能甘中其計嗎?」他們認爲這是日本的「自取滅亡之兆」。他們要求日本從興百萬之師而結果只在於懲罰蔣介石一人的迷誤中走出來，「暫時主動地對蔣介石的下野持以寬容態度」，以求一舉解決中國事變❸。

　　外交大臣宇垣也是主張變更「不以國民政府爲對手」的方針的。他之所以堅持蔣介石下野，只是一種策略，以此作爲一種討價還價的籌碼。他準備以在這個問題上的讓步來換取中方在賠款和承認僞滿洲國問題上的讓步。9 月上旬，日方稍作讓步，放棄以蔣介石下野作爲和談先決條件的要求，同意蔣在「收拾時局」實現和平後下野，但須事先作出保證。但孔祥熙表示要蔣介石在事先作出保證，或用密約規定

---

❸　後因蔣、何遷往重慶及送交報告者飛機失事，聯繫一度曾中斷。而日軍侵入武漢後，對和議亦不熱心，此項接觸遂不了了之。

❸　《日本對華戰爭指導史》，第 170-172 頁。

蔣在和平後下臺是困難的。他保證事後中國將自動實行。於是，宇垣準備安排一次他與孔祥熙等人的會晤。

然而，強硬派的勢力遠比宇垣等人強大得多。當時，徐州會戰剛剛結束，日本軍隊正積極準備進攻武漢。在日本上層，尤其是在軍界，「討伐中國論」廣泛流行，寄強烈期望於武力解決。日本內閣中支持宇垣意見者只占少數。得到陸軍在幕後支持的右翼團體喊出了「打倒宇垣」的口號。7月15日，日內閣核心會議決定了扶植新的中國中央政權的方略。此外，日本政府還決定設立「對華院」作爲統一指導對華方針的中央機關。日本陸軍試圖通過這一機構掌握對華政策的決定權。宇垣認爲這有損於外務省的外交大權，實際是要「抽掉外交系統的中樞」❸❹。他對此表示堅決反對。9月29日，宇垣提出辭呈。計劃中的孔祥熙、宇垣會談也隨之告吹。

此後，日政府又決定將「對華院」定名爲「興亞院」。12月16日，興亞院正式成立。該院作爲對華中央機關，以首相爲總裁，以外務、大藏、陸軍和海軍大臣爲副總裁。興亞院的實際權力掌握在陸軍手中，其總務長官由柳川平助中將擔任，政務部長由鈴木貞一少將擔任。這樣，通過興亞院陸軍在對華事務上享有了更大的權力。

第三節　日本拉出了汪精衛

在中國政府中，除了待價而談的蔣介石主流派外，還存在著一個不惜一切代價與日本妥協的派別，這就是以汪精衛爲代表的主和派。汪精衛集團與日本的最初接觸始於蔣介石集團的對日活動，後來成爲

---

❸❹　《日本外交史》（兩卷本），下冊，第630頁。

其漢奸集團成員的外交部亞洲司司長高宗武和該司第一科科長董道寧與日本的接觸在最初階段是得到蔣介石許可的。然而，蔣介石雖然也希望妥協，但他所同意作出的讓步是有一定限度的。而汪精衛等人卻不計代價，他們對抗戰的前途完全悲觀失望，再加上強烈的權力欲和日本的誘降，汪精衛等人便走上了一條與蔣介石分道揚鑣的道路。

1938 年 2 月間，經蔣介石特批，高宗武以收集日本情報爲名去香港活動，實則企圖與日本有關方面建立聯繫。3 月中旬，高宗武在上海與於 1 月份赴日的董道寧會面。董在日本期間曾會見了日本參謀本部次長多田駿、參謀本部謀略課課長影佐禎昭等人，了解到日方雖然發表了近衛聲明，但「因爲預感到事變似有意外延長的情況」，日方還是「確實希望從速實現對華和平的」❸❺。董道寧從日本返回時還帶回了影佐禎昭給昔日日本士官學校的老同學張群和何應欽的信。3 月底，高、董二人同回武漢，將此信呈交蔣介石。

影佐禎昭在信中寫道:「要解決日中事變，不是用條件做交易所能解決的。無論日本和中國，都必須互相赤誠相見」，「如能有這樣的態度，把過去的事情付之流水，披瀝誠意，赤誠與日本相會，則深信日本作爲武士道國家，應有赤誠握手的氣概」。影佐的信雖空洞，但他表示了日方仍有一些人主張與中國談判的意向。對此，蔣介石也作出了他不反對談判的表示。他要高宗武再去香港，傳話給日方，「我們並不反對和平」，但日方要求先反共再和平，是不可能辦到的，「只要停戰，我們自然會反共的。」❸❻

4 月 16 日，高宗武再抵香港，與日方的聯繫人西義顯會面。轉達

❸❺　《今井武夫回憶錄》，第 69-70 頁。

❸❻　黃美眞、張雲:《汪精衛集團叛國投敵記》，河南人民出版社，1987 年版，第 54-58 頁。

了蔣介石的如下意向：

影佐大佐致張群、何應欽之書簡，已看過。向敵將致書，等於以武士之生命交於敵將，而影佐敢於出此，足證其對兩國和平外交之誠意，至爲銘感。對其誠意與勇氣深表敬意。

……

以我自己對日折衝多年之經驗，這次董道寧與高宗武所攜回的報告，最使我感覺日本之誠意，故我自己亦披瀝誠意，以求了解。

中國與日本作戰之根本意旨，是不戰則親日不可能，而勝敗則非所問。若我的眞意能承你們了解，我有考慮下列條件之意：

我認爲日本對中國作戰之眞正意圖：一、對俄關係之安全保障；二、對中國經濟發展及依存之確保。

這兩項趣旨，原則上可予承認。

第一項更分類如下：

(1)東北四省；(2)內蒙；(3)河北、察哈爾。

(1)(2)兩項可留待他日協議。(3)須絕對地交還中國。長城以南中國領土主權之確立與行政完整，日本須予尊重。

若以上趣旨承你們諒解，則先行停戰，然後以上述條件爲基礎，進入和平細目的交涉。❸❼

高宗武一再聲稱，該提案係蔣介石親口所述。西義顯儘管並不完全確信這確實完全出之於蔣的想法，但他認爲具有一定的眞實性。他

---

❸❼　《汪精衛集團叛國投敵記》，第58-59頁。

趕回東京向參謀次長多田駿、參謀本部情報部長本間雅晴、陸軍省軍務課長柴山兼四郎及影佐禎昭等人報告了高宗武的提案。但是，由於日軍這時在中國戰場上新敗於臺兒莊，日本軍方正忙於為雪恥而調兵遣將，企圖在徐州附近圍殲中國軍隊主力。為了加強大陸前線的指揮力量，日本參謀本部將作戰部部長、中國課課長等人抽調出來組成前指班，派往大陸。由於日方正傾其全力於徐州戰役，他們對高宗武轉述的條件沒有作出什麼反應。

　　5 月底，高宗武返回漢口報告後，蔣介石遂不打算讓高再去香港活動，而讓他留在漢口。但周佛海積極鼓動高宗武前往東京。6 月 14 日，高宗武在與西義顯會談後，產生了依靠所謂「第三勢力」的構想。雙方達成的備忘錄稱：「鑑於日華兩國內部事情，為仲介和平，計劃第三勢力之結合」，這個第三勢力「對於互相交戰之日華兩勢力須保持公正妥當之立場」❸。顯然，高宗武走上了撇開蔣介石而另擇他人的道路。

　　高宗武於 7 月 5 日抵達日本。高在日本期間，與日本陸軍大臣板垣征四郎、參謀次長多田駿等進行了會談。日方堅持要求蔣介石下野，並表示了希望由汪精衛出馬解決中日戰爭的意向。高宗武也認為：「日本現在不承認蔣政權，為了造成中日之間的和平，也許必須找蔣介石以外的人。而且不管怎樣，除汪精衛之外，就不容易找到別人……為此，不如從政府外部掀起國民運動，由此造成蔣聽從和平論的時機。這樣較為適當。」❸於是，高宗武在東京活動時竟自稱他代表汪精衛等二十七名中央委員，希望迫使蔣介石暫時下野，以解決中日和平問題。離開日本前，高宗武請求近衛給汪精衛寫一封信，表明「日本政府認為和平運動以汪精衛為中心是適宜的」。但近衛認為由一國總理寫這樣

❸　《汪精衛集團叛國投敵記》，第 62 頁。
❸　《汪精衛集團投敵》，第 254 頁。

的信是不適宜的或爲時尚早，他答允由陸相板垣寫這封信❹。

　　7 月中下旬，日本五相會議連續開會，陸續作出了倒蔣立僞的一系列決定。7 月 12 日，五相會議通過了《適應時局的對中國的謀略》，確定了「使敵人喪失作戰能力，並推翻中國現中央政府，使蔣介石垮臺」的方針，決定「起用中國第一流人物，削弱中國現中央政府和中國民眾的抗戰意識，同時醞釀建立鞏固的新興政權的趨勢。」❹

　　7 月 15 日，日本五相會議決定，如在攻克漢口之後，蔣介石政府仍沒有分裂或改組時，則以現有的華北和華中的傀儡政權組成新的中央政府。如蔣政府分裂或改組而出現新的親日政權時，則將其作爲中央政府的組成部分，進而成立中央政府❹。

　　7 月 19-22 日，五相會議討論決定了《從內部指導中國政權的大綱》，提出了「從內部對中國政權進行指導」的方針。爲此，在軍事方面將「促使中國軍隊投降，加以籠絡，使其歸順，並發揮其反蔣反共意識，支持新政權」，在政治外交方面，考慮組建「聯合委員會或新中央政府」，在此之下「在華北、華中、蒙疆等各地，各自組織適應其特殊性的地方政權，給予廣泛的自治權，進行分治合作」❹。

　　高宗武的日本之行，開闢了另起爐灶進行「和平運動」的道路。後高宗武舊病復發，遂由梅思平繼續與日本密談。從 8 月 29 日到 9 月 4 日，梅思平與松本重治在香港進行了五次會談。汪精衛本人此時也許並不知道此事，但梅思平在談判中已明確表示和平運動將以汪精衛爲

---

❹　犬養健著、任常毅譯：《誘降汪精衛秘錄》，江蘇古籍出版社，1987 年版，第 56 頁。

❹　《日本帝國主義對外侵略史料選編》，第 269 頁。

❹　《日本對華戰爭指導史》，第 155，156 頁。

❹　《日本帝國主義對外侵略史料選編》，第 207-210 頁。

中心，在汪精衛的旗幟下進行，並初步確定了汪精衛出馬的條件和行動方案。10 月 22 日，梅思平返回重慶，向周佛海、汪精衛等人匯報了會談情況。汪精衛等人經多次會商，終於下定了分裂投日的決心。汪精衛並明確指定高宗武和梅思平爲其全權代表，與日本代表進行會談。

在這同時，日軍先後攻克了中國的廣州和武漢地區，日本決策層中彌漫著一種狂熱而過於樂觀的情緒，準備在中國扶植起一個新的傀儡政權。日軍方對局勢作了極爲樂觀的判斷，認爲「在已喪失中原逃往內地，以及失去主要水陸交通線、豐富資源和大半人口的情況下，蔣介石政權已淪爲地方政權」，「從戰略角度可以認爲帝國已經粉碎了抗日的中國政權，今後已進入實施戰略進攻，取得美滿結果的階段」。因此，今後的重要任務是「爲即將誕生的新中國中央政權創造良好條件」❹。日本政府 11 月 3 日所發表的聲明也反映了這種情緒，該聲明聲稱「帝國陸、海軍已攻克廣州、武漢三鎮，平定了中國重要地區，國民政府已退爲地方政權」，這一聲明公開修正了第一次近衛聲明「不以國民政府爲對手」的方針，提出「即便是國民政府，只要全部放棄以往的政策，更換人事組織，取得新生的成果，參加新秩序的建設，我方並不拒之門外」❺。這一聲明並非空穴來風，而是實有所指。這時，在暗地裡，日汪之間的談判正進入最後關頭。

11 月上旬，日方代表影佐禎昭大佐、今井武夫中佐與汪精衛集團的代表高宗武和梅思平在上海重光堂舉行了秘密會議，結果在 11 月 20 日達成了出賣中國主權的「日華協議記錄」，史稱「重光堂密約」。其主要內容如下：

---

❹ 日本防衛廳防衛研究所戰史室：《大本營陸軍部》，東京，1967 年版，第一卷，第 573 頁。

❺ 《日本外交年表及主要文書 (1840-1945)》，下冊，第 401 頁。

第一條　日華締結防共協定

其內容准照日德意防共協定，相互保持協作。為了防
共，承認日本軍隊駐紮中國，內蒙地區作為防共特殊
區域。

第二條　中國承認滿洲國。

第三條　中國承認日本人在中國本土有居住營業的自由，日本
允許撤消在華的治外法權，並考慮歸還日本在華租界。

第四條　在平等互惠的原則基礎上，日華經濟提攜，承認日本
的優先權，以達到密切的經濟合作。特別在開發利用
華北資源方面，予日本以特殊的方便。

第五條　為了這次事變，中國方面應補償日本在華僑民的損失，
但日本不要求賠償戰費。

第六條　本協定規定以外的日本軍隊，自日華兩國恢復和平後，
立即開始撤退。

雙方還達成了未正式簽字的「日華秘密協議」，內容如下：

第一條　日華兩國為建設東亞新秩序，各自實施親日，親華的
教育及政策。

第二條　日華兩國對蘇聯，共同設置宣傳機構，而且締結軍事
攻守同盟條約，平時互相交換情報，在內蒙及其他應
確實保證必要聯繫的地區駐紮日本軍隊，在新疆駐紮
中國軍隊，互相協力，在戰時實行共同作戰。

第三條　日華兩國合作，使中國逐步從東洋的半殖民地地位解

放出來，廢除一切不平等條約。爲此共同協作，採取
必要的措施。

第四條　日華兩國以東洋的經濟復興爲目的進行經濟合作，其
　　　　具體辦法另行研究。

　　　　在中國以外的南洋，也根據同一宗旨進行經濟合作。

第五條　爲實施以上各項，日華兩國應設置必要的委員會。

第六條　日華兩國盡可能努力使亞洲其他國家也參加本協定。❻

　　雙方還商定了汪精衛等人叛逃的具體行動計劃。擬由汪精衛等人首先設法逃出重慶去昆明。待汪到達昆明後，日本政府相機公布日華和平解決條件。汪遂發表聲明與蔣介石斷絕關係，即日去河內，轉往香港。到港後，汪爲建設東亞新秩序再發表收拾時局的聲明。同時，一些國民黨員聯名發表反蔣聲明，開展和平運動。爲響應汪精衛的聲明，計劃首先策動雲南軍隊反蔣獨立，四川軍隊再起而響應。日本軍隊在這同時將對上述軍事行動予以協助，盡可能地阻止中央軍的進攻。

　　就這樣，日本從汪精衛集團那裡得到了蔣介石政權所不願完全給予的東西。因此，日本決定扶植汪精衛集團，欲以汪取蔣而代之。會談結束後，日本代表回東京報告會談結果，很快便得到了日本最高當局的批准。他們還商定將以「日華協議記錄」的內容作爲近衛第三次對華聲明主要內容予以發表。

　　實際上，這時重光堂密約已經不能滿足日本人的胃口。隨著軍事勝利的刺激，日本的掠奪欲望在不斷膨脹，希望對中國狠敲一把的情緒在社會上很爲流行。日本《外交時報》9月號登載的日本外交協會幹

❻　《日本帝國主義對外侵略史料選編》，第290-291頁。

事田村幸策的一篇文章，即反映了這股情緒。田村聲稱，這次戰爭使
日本在戰場上付出重大犧牲，使日本的國際貿易失去大半，使國民負
擔重稅，生活大受壓迫。田村揚言「所有物質上之損失，不得不取償
於中國」。田村認為，這次戰爭比以往中日戰爭大十數倍，因此，「此
次戰爭勝利後，日本要求較臺灣與遼東半島大十數倍之土地，較二萬
萬兩多十數倍之賠款，理屬至當」。該文還主張日本在中國的駐兵權，
迫使中國退出國聯，廢棄九國公約，使中國失去利用西洋人反日的依
靠，並迫使中國參加防共協定，與日本結成軍事同盟。總之，要使中
國完全處於日本的控制之下。該文甚至蠻橫地聲稱：「蓋中國反日，日
本將無以圖存，故不論中國人樂與日本親近與否，但日本不能不強之
親日，然而亦屬國際間之常例，中國人亦不能不忍而受之。」**❹**

　　11 月 30 日，日本御前會議通過了《調整日華新關係的方針》，其
侵害中國主權的範圍和程度都大大超過了重光堂密約。這表明在重光
堂會談時，日方並沒有亮出真正的底牌，其原因自是擔心全盤端出可
能會嚇得尚未正式離開抗戰陣營的汪精衛等人打退堂鼓。因此日本採
取了逐步誘汪上鈎的策略。《調整日華新關係的方針》分基本事項和附
件兩部分。儘管其篇幅較長，但它反映了日本當局此時對中國的真實
要求，特將其主要部分摘錄如下。其基本事項有：

　　一、制訂以互惠為基礎的日滿華一般合作的原則，特別要制定
　　　　善鄰友好、防共、共同防衛和經濟合作的原則。
　　二、在華北和蒙疆劃定國防上、經濟上（特別是有關資源的開
　　　　發利用方面）的日華緊密結合地區。

❹　《盧溝橋事變前後的中日外交關係》，第 528-534 頁。

在蒙疆地方，除上述外，特別爲了防共，應取得軍事上、政治上的特殊地位。

三、在長江下游地帶。劃定日華在經濟上的緊密結合地區。

四、在華南沿海的特定島嶼上取得特殊地位。

附件部分則開列了具體的要求。列於重要事項的有：

第一，關於善鄰友好原則的事項

……

一、中國承認滿洲帝國，日本和滿洲尊重中國的領土和主權，恢復日滿華三國的新的外交關係。

……

四、日滿華三國應在文化的融合、創造和發展上互相合作。

五、新中國的政權形式應根據分治合作原則加以策劃。

蒙疆，規定爲高度防共自治區域。

上海、青島、廈門，根據既定方針，規定爲特別行政區。

六、日本對新中央政府派遣少數顧問，協助其建設，特別在緊密結合地區或其他特定地區，應在必要的機關內配備顧問。

……

第二、關於共同防共原則的事項

……

一、日滿華三國在各自領域內鏟除共產主義分子及其組織，並在有關防共的情報宣傳等方面進行交流、合作。

二、日華共同實行防共。

爲此，日本應在華北和蒙疆的主要地區駐紮必要的軍隊。

三、另外，締結日華防共軍事同盟。

四、第二項規定以外的日本軍隊，應適應全面的和局部的形勢，盡快撤回。

但爲了保障治安，在華北和南京、上海杭州三角地帶的日本軍隊，在治安確立以前，應繼續駐紮。

爲了維持共同治安和安寧，在長江沿岸的特定地點、華南沿海的特定島嶼，以及與此有關的地點，應駐紮若干艦艇部隊；在長江和中國沿海，應擁有艦艇航行停泊的自由。

五、中國對於上述日本爲協助治安而駐紮的軍隊，負有在財政上進行協助的義務。

六、日本對於駐兵地區內的鐵路、航空、通訊以及主要港口、水路，應一概保留軍事上要求權和監督權。

七、中國應改革和整編警察和軍隊；在日軍駐紮地區配置軍警和建立軍事設施，但當前，應限於治安上及國防上所必須的最低限度。

日本對中國的軍隊和警察的建設，以派遣顧問、供給武器等辦法予以協助。

第三，關於經濟合作事項

……

二、關於資源的開發利用，在華北、蒙疆地區，以尋求日滿所缺乏的資源（特別是地下資源）爲政策的重點，中國從共同防衛和經濟合作的觀點出發，提供特殊便利。在其他地區，關於特定資源的開發，也從經濟合作的觀點

出發，提供必要的便利。

……

五、在貿易方面，採用妥當的關稅制度和海關制度……

六、……

日華交通方面合作的重點在於：整個中國航空事業的發展，華北的鐵路（包括隴海線在內）、日華之間和中國沿海的海運，長江的水運，和華北、長江下游的通訊事業。

七、通過日華合作，建設新上海。

其附列項目有：

一、中國應賠償事變爆發以來日本國民在中國所受的權利和利益上的損失。

二、第三國在中國的經濟活動和權益，由於日滿華經濟合作的加強，當然要受到限制……㊽

汪精衛等人雖有意簽訂賣身契，但此時尚不知其眞正賣價。他們在暗中進行秘密活動的同時，在政府中，在社會上也公開主張和談，大肆散布和談言論，尤其是在中國軍隊退出武漢前後，主和之聲一時頗盛。10月21日，汪精衛在對路透社記者發表談話時公開聲稱：「如日本提出議和條件，不妨害中國國家之生存，吾人可接受之，爲討論之基礎」，「目前戰事，非吾人所發動，吾人願隨時和平，不過須有不妨礙中國獨立條件耳」，「就中國而言，吾人未嘗關閉調停之門戶，在比京九國公約會議時，吾人未嘗拒不接受調停。去年德國政府斡旋時，吾人亦未嘗拒絕之。即在最近，國聯討論適用盟約十七條時，吾人曾

㊽　《日本帝國主義對外侵略史料選編》，第279-283頁。

有準備結束戰爭之表示。」❹在汪精衛集團所控制的報刊上，鼓吹「和平」的文章一時也紛紛出籠。時經濟部長翁文灝在致駐美大使胡適的電報中曾通報說，目前「社會上望和人多，故某要員（指汪精衛）推動頗力。」❺

然而，汪精衛等主和派未能在國民政府中占據主導地位，它既不占多數，又不擁有軍政實權。汪精衛的主和活動只是進一步加深了蔣汪之間的裂痕。為了戰和問題，蔣汪之間曾爆發了一場激烈的爭辯。汪精衛指責蔣介石說：「使國家民族瀕於滅亡，國民黨責無旁貸。我等應迅速聯袂辭職，以謝罪於天下！」蔣介石反問汪：「我等若是辭職，究竟由誰來負政治上的責任？」據說雙方爭吵到幾乎撕打起來的地步❺。在既無法說服蔣介石又無法取代蔣介石的情況下，汪精衛最終走上了出走叛逃，另組政府的道路。

12月19日，汪精衛、周佛海經昆明出逃到河內。按照預先的計劃，日本在得知汪出走的準確消息後，於12月22日發表政府聲明，即第三次近衛聲明。聲明表示日本「願和中國同感憂慮，具有卓識的人士合作，為建設東亞新秩序而邁進」。為此，日本政府在聲明中提出了「同新生的中國調整關係的總方針」，重申了中日之間所謂善鄰友好、共同防共、經濟提攜三原則，並扼要地闡述了這三原則的要點。所謂善鄰友好，是要求中國「放棄抗日的愚蠢舉動和對滿洲國的成見」，「進而同滿洲國建立完全正常的外交關係」，即要求中國正式承認把東北分割出去；所謂共同防共，則要求「在特定的地點駐紮日軍進行防共，並

❹　《申報》，1938年10月22日。
❺　《蔣中正與近代中國學術討論集》，臺北，1986年版，第二冊，第510-511頁。
❺　《今井武夫回憶錄》，第92頁。

以內蒙地方為特殊防共地區」，即賦予日本在中國各地駐軍的權力，內蒙則完全置於日本的控制之下；所謂經濟合作，乃要求「中國承認帝國臣民在中國內地有居住營業的自由」，「特別在華北和內蒙地區在資源的開發利用上積極向日本提供便利」，即為日本在中國的經濟滲透提供最大的便利。為使其主張具有一些迷惑力，聲明聲稱日本人不要求割讓領土或賠償戰費，並願對中國的治外法權的撤消和租界的歸還，給予積極的考慮[52]。

近衛聲明理所當然地受到了中國政府的駁斥。12 月 26 日，蔣介石發表聲明，稱近衛聲明「表面上是空洞支離，而骨子裡實在是暗藏著機械利刃……這是敵人整個的吞滅中國，獨霸東亞，進而企圖征服世界的一切妄想陰謀的總自白，也是敵人整個亡我國家，滅我民族的一切計劃內容的總暴露」。蔣介石在對近衛所提出的要求進行了詳盡的分析和批駁後指出，「敵人欲以共同防共的名義，來控制我們的軍事，以經濟集團的工具，來消滅我們的資源，更以『東亞協同體』的工具，來控制我們的政治文化，以消滅我民族生存……敵人一再聲言『日滿支』三國建立政治、經濟、文化不可分的關係，乃至互相連環的關係，換言之，就是要從政治、經濟、文化各方面消滅中國民族性的獨立存在，從政治、經濟、文化各方面來支配東亞。」

也許是有意針對某些人意欲妥協屈服的念頭，蔣介石明白指出：「事勢已經明白顯露到這個地步，如果我們還要想在虎頷之下，苟求餘生，想以和平妥協的方法，求得獨立平等的生存，那就無異痴人說夢。精神一經屈服，就將萬劫沈淪，鎖鏈一經套上，萬世不能解脫。」[53]

---

[52]　《日本帝國主義對外侵略史料選編》，第 287 頁。

[53]　《中日外交史料叢編》第五編，《日本製造偽組織與國聯的制裁侵略》，臺北，1964 年版，第 497-507 頁。

儘管已有蔣介石對近衛聲明的痛斥發表在先，汪精衛還是按計劃於 12 月 29 日發表了響應近衛聲明的豔電。該電在對近衛三原則進行了贊賞性的評述後說道：

> 以上三點，兆銘經深思熟慮之後，以爲國民政府應即以此爲依據，與日本政府交換誠意，以期恢復和平……如國民政府根據以上三點爲和平之談判，則交涉之途徑已開。中國抗戰之目的在求國家之生存獨立，抗戰年餘，創鉅痛深，倘猶能以合於正義之和平而結束戰爭，則國家之生存獨立可保，即抗戰之目的已達。❺❹

然而，日本錯誤地高估了汪精衛集團所具有的勢力和影響。他們曾相信，在汪精衛發表親日聲明後，雲南、四川、廣東等省的地方軍隊會陸續響應和支持汪精衛的行動。事實證明，日本在對汪精衛的估計上犯了巨大的錯誤。汪的豔電發表之後，其所獲響應甚微。不僅日本方面原來估計將參加汪精衛「和平運動」的許多中央和地方軍政要員未有任何起事跡象，就連原先汪派中的許多要人也未響應汪的聲明，追隨汪精衛者，實寥寥無幾。近衛後來也不得不承認，「此爲余等觀察之錯誤」❺❺。1939 年 1 月 1 日，國民黨中央執委會宣布罷免汪精衛的公職，並開除其國民黨黨籍。

可以說，汪精衛的出場亮相是完全失敗的一幕。它不僅未能解脫日本對華外交的困境，而且將其導入更加迷茫的歧途。因爲汪精衛集團既無實力，又無人望，它無助於日本解決中日戰爭問題。相反，日

---

❺❹ 《日本製造僞組織與國聯的制裁侵略》，第 494-495 頁。

❺❺ 《中國近代對外關係史資料選輯》，下卷，第二分冊，第 96 頁。

本對汪精衛集團的扶植倒妨礙了它與蔣介石集團之間的秘密接觸。汪精衛出逃後，蔣介石要其外籍顧問端納 (W. H. Donald) 轉告英美方面，汪精衛無權與任何人談判和平，中國不但不想與日本談和，並且準備作大規模的抵抗❺❻。

堅持倒蔣和推汪出臺反映了日本對華外交的淺薄和混亂。事無巨細地潛心研究中國幾十年的日本在這裡忽略了兩個關鍵要點，表現出他們對以下問題的無知：一、蔣介石與國民政府的關係及蔣之個性。當時的中國是一個高度集權的國家，國民政府帶有濃厚的蔣介石的個人印記，它不可能像日本的內閣更替那樣，撇開蔣介石實現政權更迭。向國民政府要求蔣介石下臺，即向蔣本人要求其下臺，蔣介石絕無接受之可能。二、抗戰初期中國政局結構的變化及民族意識的高漲。確實，在國民政府內存在著各種各樣的派別，有的甚至曾經刀戈相向。但是，在國難當頭的嚴峻時刻，在蔣介石終於舉起抗日大旗的時刻，中國各路軍民同仇敵愾空前團結，蔣介石的地位也空前鞏固，其個人聲譽達到生平之頂峰。在這種時候，指望各地方實力派蜂起反蔣，實在是過低地估計了中國的民族意識。除了極少數人如汪精衛之流外，有多少人能不顧民族大義，甘願被世人罵為「漢奸」呢？

---

❺❻ 《第二次中日戰爭史》，上冊，第 500 頁。

第八章　妥協與思考

第一節　列強繼續對日妥協

一

　　1938 年中，隨著日本對華侵略的日益擴大，它與英美法的矛盾也逐步加深。這主要有兩方面的原因，一方面，日本固執地把英美視爲中國抗日的後盾，認爲「由於英國慫恿，中國才對日本採取挑釁態度，因此才發生目前的中日衝突」❶。近衛首相在 1938 年 7 月 6 日對記者聲稱，是外國的援助在延長中國現政權的壽命，延長中日戰爭。他認爲，外國應對戰爭的延長負責。近衛並揚言「日本將採取經濟的和外交的措施來勸使列強停止對蔣介石的援助」❷。

　　另一方面，日本侵略中國的目的就是要從政治、經濟上牢牢地控制中國，使中國在各方面都成爲日本的附庸，但英美等列強早已捷足先登，在中國占有了最大權益。因此，日本所要得到的東西，就不僅要從中國人手裡去奪取，還要從其他外國人手中再作一次奪取。

　　憑藉著它在中國的軍事勝利，日本對英美在華權益大肆侵奪，它不容許列強在中國與其平等競爭。它在受其控制的淪陷區內採取了一

---

❶　《使日十年》，第 235 頁。
❷　《美國軍事情報部門的報告，中國，1911-1941》，第三卷，0001 號。

系列的強制性措施，全面打擊在華外商，大舉排擠英美在華勢力。日本的經濟政策具有如下三個主要特點：

1)歧視性。日軍以有礙軍事行動爲藉口，限制長江中下游的航行，禁止外國商船行駛，但同時日本商輪卻可以自由來往，它們只運載日本貨物，拒載其他外貨，日本還實行歧視性的外滙管制，英美等外商要收購並出口淪陷區的中國產品，就必須以極低的兌換率將外幣兌換成日元或華北僞幣，其兌換率之低使得在華外商不僅無利可圖，還要虧本，而日本商人則不受任何影響。

2)壟斷性。日本先後成立「華北開發會社」和「華中振興會社」，壟斷華北華中淪陷區的煤、鐵、鹽、航運、水產等事業，它還通過在其卵翼下的僞政權設立一系列獨占性的專營公司。如青島碼頭由日本公司接管後，外商貨運場地的分配和貨物裝卸，均要仰其鼻息，外商遂處於艱難境地。

3)非法性。日本依仗著其對淪陷區的實際控制，以運送所謂軍需品爲名，將大量貨物不納關稅而直接投入中國市場，從而使其他外商處於無法競爭的地位。

在日本的不斷限制和打擊下，列強對華商品輸出大幅度下降。下表以英國爲例：

1937-1938 年英國對華商品輸出

單位：千鎊

	1937 年		1938 年	
	1-6 月	7-12 月	1-6 月	7-12 月
輸出額	4118	3153	2039	1858

對此，英國在華商人也不斷向其政府發出抱怨，指責日本在中國是要圖謀「消滅所有的外國商業和外國權益」❸。

與此同時，日本還一步步侵奪已為其他列強所獲享的權益。在淞滬戰役期間，日軍占領了虹口和楊樹浦兩區的很大一部分公共租界，從而使租界內工業的 60%以及所有能停泊大型船隻的碼頭，都處在日本的控制之下。淞滬戰役結束後，日本仍不肯把這些地區的控制權歸還工部局，並設立若干規定，使西方列強無法在此地區展開正常的工商活動。1938 年 1 月初，日本以發生在租界的爆炸、暗殺等抗日活動為藉口，指責租界當局在維持治安方面的無能。日本軍方聲稱，由於租界當局缺乏鎮壓反日活動的願望和能力，他們「將不得不在情況需要時採取搜捕行動」❹。日本並藉此機會向英美等國提出了改組上海工部局巡捕房的要求，要求增加日本警員，提高日本警員的地位，並規定由一日人擔任副總巡，它還要求任命日本人擔任工部局秘書，在工部局中取得與英國同等的領導地位。英國起初對此表示反對，後來作出讓步，表示如果日本同意恢復工部局警方對虹口和楊樹浦二區租界的控制，便可對巡捕房進行適當改組，但英國不同意設置一日籍秘書的要求，認為現已有一日籍副秘書，他可與工部局美籍總董，英籍秘書直接接觸，參與一切重大事務。4 月初，工部局任命了一位日籍特別副總巡，並增加了日本警員。然而，日本違背諾言，仍然拒絕放棄對虹口、楊樹浦二區租界的控制。

中國海關一直處於以英國為首的西方列強的控制之下。列強通過控制海關不僅獲得經濟利益，還發揮著不可忽視的政治影響。在不斷以軍事占領相威脅的情況下，日本逼迫英國在談判中屈服，掠取了淪

---

❸　《英國與中日戰爭》，第 122-123 頁。

❹　*FRUS*, 1938, 4, 116。

陷區海關的稅款控制權。其後，日偽又宣布自 1938 年 6 月 1 日起，在淪陷區海關實行新的稅則，新稅則對日本向中國傾銷過剩商品和掠奪原料極爲有利。它免除海關附加稅，另徵 5%的賑災附加稅，減少棉花、棉紗、棉織品、毛織品、人造絲、汽油、水泥、雜貨等貨物的進口稅，全部免除棉花、礦產的出口稅，這使得日本對中國淪陷區的商品輸出迅速增長，以上海爲例，1938 年 6 月，上海日貨輸入還只有 20 萬元，到 10 月份就上升到 500 萬元❺。

日本對在華外國人的人身及財產侵犯事件也層出不窮。爲了便於其採取行動，6 月下旬，日本宣布不承認外國人在華享有治外法權，要求他們在日本占領區內應服從日本法律，必要時須和中國人一樣接受檢查❻。於是，日本與英美法之間的摩擦顯著增加。1938 年夏季內的交涉案件達 430 件，其中，有關英國的案件 169 件，有關美國的案件達 130 件❼。

二

面對日本在中國發起的咄咄逼人的進攻，西方列強大有力不從心之感，因爲 1938 年的歐洲時局也正處於動蕩不安之中，德國和意大利正顯示出越來越強烈的擴張意圖。英法等國對歐洲局勢憂心忡忡。法國外交部秘書長萊熱在 1938 年初對顧維鈞所說的一番話典型地反映了這種情緒，萊熱不安地說，歐洲能否在 1938 年內幸免於戰爭，現在還難以預料，歐洲的形勢不允許英法對遠東問題採取積極的態度❽。

❺　中國人民大學政治經濟學系：《中國近代經濟史》，人民出版社，1978 年版，下冊，第 136 頁。
❻　《美國軍事情報部門的報告，中國，1911-1941》，第三卷，0906 號。
❼　《日本對華戰爭指導史》，第 207 頁。
❽　《顧維鈞回憶錄》，第三分冊，第 44 頁。

英國軍方曾對增派軍隊來遠東一事進行過研討，結果認爲英國缺乏對付德、意、日三國聯合的力量。如果英艦隊來遠東，意大利就會控制東地中海，就會處於把英國趕出埃及、巴勒斯坦和中東其他地方的有利地位。海軍參謀長查特菲爾德指出，如果英國「必須向遠東派遣用以對付日本艦隊的足夠的艦隊，我們實際上無法在本土留下任何現代化的軍艦以對付由相當新式的軍艦組成的德國艦隊和意大利艦隊。」❾

毫無疑問，西方列強所關注的重點自然應是在歐洲。在實力有限，無法東西兼顧的情況下，列強在遠東繼續實行退卻的政策，不斷以妥協和讓步來求取與日本的短暫相安。對於不斷發生的各種排斥和打擊其在華權益的行爲，列強或忍聲吞氣地接受，或抗議和交涉一番後再予接受，沒有任何堅定的反抗。這一時期，最能反映列強這一妥協態度、也是歷時最長影響最大的一次交涉是關於上海海關稅款的談判。由於英國占據了海關總稅務司等大多數海關高級職務，海關問題的談判主要是在英日之間進行的。

1937 年 11 月，日軍在攻占上海後，就要求援引天津海關前例，要江海關稅務司將一向由中國中央銀行存放的江海關稅款改存日本正金銀行。其實，在天津海關稅款的問題上，日本已經讓中國及有關列強上過一次大當。1937 年 8 月底，日本當局要求天津海關的英籍稅務司將天津、秦皇島兩海關的稅款改存日本正金銀行，在以武力相威脅的同時，日本允諾它獲得稅款後將繼續從該稅款中按比例撥付由關稅作擔保的各種外債份額。然而，在稅款存入正金銀行之後，日本卻自食其言，不肯從正金銀行提款撥付債務。

上海是中國最大的通商口岸，江海關的稅收約占全國海關稅收的

---

❾　《英國與中日戰爭》，第 109 頁。

50%，其重要程度遠非天津海關所能相比。爲此，英國和日本展開了幾近半年之久的討價還價。

海關問題事關中國主權，理應有中國政府參與談判。但是，由於海關所在地區已被日軍占領，中國政府已經失去了對海關的實際控制權，因此，它被排除在海關談判之外。這一現象具有兩個方面的含義。一是對中國主權的藐視，體現了英國的殖民主義態度。英國外交部在給其駐華使館的電報中就曾聲稱，即使中國政府拒絕接受最後的談判結果，「也不應該妨礙有關四國政府（指英、法、美、日四國政府）就這些條件達成協議」❿。這一點在先前的歷史論著中多有評述。

另一方面，出現這一現象還有它的特殊背景和特殊動機，治史者不可不察。這就是由於中日實際處於戰爭狀態，海關所處地區亦已淪陷，日本已處於隨時可以以武力接管海關的地位。因此，英國此舉亦有阻止日本強行接管中國海關之意。事實上，日本政府倒是很希望把海關作爲中國政府的下層機關來看待，這樣，它便可以直接對中國海關進行威脅訛詐，或隨時把它作爲敵國機關而加以占領。1937 年 11 月 28 日，日本外相廣田就曾對克萊琪說：「日本政府認爲，關於這個問題的任何正式協定都不能同各國商定，只能同中國政府的海關直接達成協議。」克萊琪趕緊指出，「上海的海關官員現在已經不再和中國政府保持聯繫。他們除了他們自己以外並不能代表任何人。因此，同他們達成的任何協議，除非得到中國政府及（或）有關各國同意，只能認爲是靠武力取得的。」⓫克萊琪要求廣田同意由日本駐上海總領事和英

❿　中國近代經濟史資料叢刊編輯委員會主編：《帝國主義與中國海關資料叢編》之十：《1938 年英日關於中國海關的非法協定》（以下簡稱《非法協定》），中華書局，1983 年版，第 50 頁。

⓫　《非法協定》，第 51-52 頁。

國駐華大使館的財政顧問先就此事進行談判。

在此前幾天，日本駐滬總領事岡本季正已對江海關英籍稅務司羅福德（L. H. Lawford）表示，由於上海現在正處於日軍的控制之中，在上海的中國政府機關就應當由日本管理。岡本提出派日籍監視員到海關進行監督的要求，並威脅說，否則日本就要接管海關。12 月 30 日岡本向英籍總稅務司梅樂和 (F. Maze) 再次提出派日本監視員進駐海關的要求，聲稱「現時在日軍占領區域內，不准任何中國政府機關獨立行使職權，海關係中國政府機關之一。」1938 年 2 月 2 日，日本駐華使館參贊曾根益亦要挾說，「現在上海係日軍占領區域，日本政府堅決必須管理占領區域內所有之中國政府機關。江海關既屬中國政府機關之一，該稅務司自應循日方之要求，將該關稅款存於正金銀行。」❷

對此，英方則強調中國海關的特殊性，承認它確係中國政府機關，「但其所以有異於其他中國政府機關者，為因其具有國際性質」，海關的設置「既關係中外利益，復多根據中外條約的規定」。無論海關的設置還是稅款問題，跟有關列強都有關係。因此，如要作重大變動，應於事先徵求有關國家意見❸。

1938 年 1 月 20 日，日方向羅福德提出新建議，要求他以江海關稅務司名義在正金銀行開立江海關稅款帳戶，允諾其有權從上述帳戶中提取海關行政開支和該關應攤付的外債賠款，所餘款項繼續儲存正金銀行。羅福德以及在場的美籍稅務司聶普魯 (C. Neprud) 傾向於同意以日本的這一建議為談判基礎，以期日本「不至於再阻撓撥解江海關應攤付的外債賠款」。梅樂和意識到中國政府可能會表示反對，因為這將使「中國關稅金庫的鑰匙掌握在日本人手裡」，「如果日本人保管關

---

❷　《非法協定》，第 60，68 頁。

❸　《非法協定》，第 60 頁。

稅，中國政府以往用以償還內債和部分行政開支的稅款，也就由日方控制了。」而且，由於日本控制了稅款，「非經日本同意，中國就不能以關稅爲擔保舉借外債了」。儘管如此，從「使外國債券持有人和海關經費得到保障」出發，梅樂和仍認爲「可以以此爲基礎進行有利的談判」。並決定將此事通報英、法、美政府，然後再在適當的時候與中國政府交涉❶。

但英國外交部這時還不想作出太大的讓步，1月30日，英駐華代辦賀武 (R. G. Howe) 在致梅樂和的信函中表明了英國政府的態度，該函強調「英國政府一向反對把江海關稅款全部存入正金銀行」，因爲江海關稅款的極大部分是用來償付外債和賠款的，其中日本所占的比例比較小，在這種情況下，「日方要求全部稅款存入日本銀行非常不合理」。同時，考慮到日本在獲得天津海關稅款後拒付債款的情況，英政府表示它目前不準備同意改變稅款的存放和處理辦法。

英國政府還希望借助於其他西方列強的力量來共同對付日本，它指出，「只同日本一國政府商定攤付外債賠款數額的辦法是不能接受的，攤付數額應當由各主要關係國家（包括日本）的代表與海關協商決定」。英國並要求規定「如果由於其他口岸匯款短少，不敷攤付外債賠款時，海關總稅務司有權自由提用江海關的全部稅款以應需要。」❶

法國和美國也都作出響應的姿態。法國駐華大使那齊雅在2月1日致梅樂和的信函中聲稱，「對於法國部分的外債和賠款，我要特別聲明，如果日方堅持要把海關稅收（包括法國應得的部分）存入日本銀行，我將不得不要求把法國那一部分存入法國銀行」。1月31日，美國駐日大使格魯在給日本的照會中指出：「美國政府對於保持海關完整和

❶　《非法協定》，第61-62頁。
❶　《非法協定》，第63-65頁。

保全關稅，極爲關懷。美國政府一貫主張，日本當局不應採取或鼓勵任何損害海關權力、分裂海關或使海關不能繼續攤付外債賠款和支付行政經費的行動」。美國並在這一照會中對華北僞政權修改稅率一事予以指責，指出這一行動是「篡奪權力的非法行爲」，它嚴重地威脅著海關的完整。對此，「日本政府負有無可逃避的責任」，「日本政府能夠約束臨時政權當局而不約束，美國政府深以爲憾」，並聲稱由此造成的不良後果須由日本政府負責❻。

以法、美等國的反對爲根據，2月2日，梅樂和在與岡本和日本駐華使館參贊曾根益會談時表示，將海關稅款存入正金銀行，「非止中國政府反對，即有關列強中之若干國家，亦反對將各該國應攤得之部分存於該行，在此種情勢之下，海關總稅務司礙難與有關各國中之一國，訂定爲其他有關各國所反對之任何協定」。他要求日本「與有關列強直接接洽，如商有結果，且此項結果不爲中國政府反對，海關自樂於接受」。對此，日方發出威脅，聲稱「現在上海爲日軍占領區域，江海關稅款自應按日方所指定之辦法存放，換言之，被監視者應按照其監視人之命令辦事」❼。

考慮到江海關所面臨的實際危險，中國政府準備作出一定的讓步。2月3日，中國政府提出三點意見：1. 由兩家或兩家以上的銀行(包括正金銀行) 組成保管委員會共同保管淪陷區的全部關稅，稅款首先得用於支付海關各項經費；2. 從稅款中支付以關稅爲擔保的債款；3. 如有餘款，在戰事期間，由保管委員會負責保存。中方明確指出，「天津等地經驗證明，稅款存入正金銀行等於送給日本人」❽。

---

❻ 《非法協定》，第 199，66 頁。

❼ 《非法協定》，第 67-68 頁。

❽ 《非法協定》，第 66 頁。

　　2 月 10 日，英外交部提出的新方案作出了一些讓步。該案提議所有關稅首先應存入匯豐銀行，在扣除債款和海關行政開支後，如有餘款將存入正金銀行。英國的這一立場完全是從其自身利益考慮的。他們明白「這樣安排的主要危險是（中國的）內債不能不停付，但是在現在情況下，我們不以更好地保證內債了」。他們準備由日僞處理餘款，認爲「假如償付外債賠款有了保證，我們就無權干預關餘的處理了」。作爲交換條件，英方要求：一、將現在仍被日方扣留的巡緝艦等發還給海關；二、海關對所有日本人進口的非軍用品應有完全的管理權；三、在全中國實施統一的稅則。英國所以提出這些要求的背景是，這一時期，江海關不能在日本占領的碼頭執行任務，大量的日本貨物不向海關申報，同時日僞在華北地區實行了低關稅的僞稅則，以利於日貨的傾銷**⓲**。

　　對於如何對付日本在淪陷區所實行的低關稅，中英之間存在著分歧。英方主張在上海和未淪陷海關實施較現行稅率低的 1931 年稅則，以保證其商品的競爭能力。中國政府不同意這樣做，它反對「同日本控制下的政權進行一場不光彩的減低稅率競賽」。**⓴**但梅樂和認爲，這樣「可以抵消一些僞政權減稅的影響，防止貿易轉移到日本占領下的華北口岸去」。他認爲「如果在政府管轄下的各地照舊實施現行稅率，可以肯定地說稅收將更要減少。」**㉑**

　　從 1938 年 2 月起，關於中國海關問題的談判逐漸轉移到東京進行，由克萊琪與日本外務省會商整個淪陷區的海關問題。由於把不願輕易作出讓步的中國政府完全排除在外，東京談判進行得比較順利，

⓲　《非法協定》，第 70-71 頁。
⓴　《非法協定》，第 81 頁。
㉑　*DBFP*，2/21，744。

4月上旬便已初步商定了條件。雖然克萊琪曾經要求繼續以海關稅款支付中國的內債，但在遭到日本拒絕後不再堅持。

　　5月2日，英日以互相交換照會的形式成立了有關海關問題的協定。英國在日本的壓力下放棄了將日本占領區的各海關稅款存入中立銀行的要求，同意以稅務司名義存入該地正金銀行，日方則允諾支付稅款中應攤付的外債、賠款以及海關經費。同時，英方還同意支付中國政府已從1937年9月宣布停付的日本部分庚子賠款❷❷。

　　英日海關協定遭到中國方面的反對，中方尤其反對把先前（自1937年11月上海淪陷以來）存於匯豐銀行的江海關積存稅款撥交正金銀行，要求梅樂和將這一存款撥交中央銀行。中國政府還堅持「停付日本部分庚子賠款，以免在中日戰爭期間用於對華侵略」❷❸。於是，日本藉口中方不執行「海關協定」，在奪得稅款控制權後，拒絕交出淪陷區各關應攤付的外債賠款。

　　儘管英國聲稱海關協定阻止了日本人強占海關的企圖，並有助於保持中國在國外的債信，但它實際上在某種程度上認可了日本控制中國海關。英國在談判中為了追求所謂的「海關完整」，為了繼續獲得由關稅擔保的外債和賠款，常常不顧中方的反對，在是否支付內債，轉交江海關積存稅款及停付日本部分庚子賠款等涉及中國利益的問題上對日讓步。英國的這一行為表明了它在緊要關頭有可能以犧牲他人的利益來綏靖侵略者的傾向。不久以後的歐洲慕尼黑協定正是這一傾向發展的必然結果，也是最淋漓盡致的表現。英日海關協定是英國在遠東地區對日本明文作出的第一次重大讓步。在日本直率蠻橫的要求面前，大英帝國終於敗下陣來。因而有史學家把它稱為「大英帝國所蒙

❷❷　《非法協定》，第98-99頁。

❷❸　《非法協定》，第126頁。

受的第一次恥辱」。

三

　　法國對日本也抱著盡可能不得罪的態度，避免與日本發生任何衝突。因此，它在印度支那通道問題上，總是對中國加以限制。據顧維鈞1938年4月下旬與法國外交部長博內（G. Bornet）的一次談話顯示，在抗戰以來的9個月中，僅有3500至4000噸物資獲准通過印度支那運往中國❷。在中方的不斷抗議和交涉下，印度支那斷斷續續地允許一些中國物資過境，但數量有限，且限制很多。1937年10月的法國內閣決議原只對軍需物質而言，其他物資並不在禁止之列，但實際上，法方大大擴大了限制範圍。例如，印支當局原曾保證可以過境的一部分卡車，有段時期就被扣在海防不許過境，而這部分卡車是中國鹽務局爲稅務部門所訂購的。此外，中方所訂購的軍事物資，法方也不能及時交貨，一些戰前的訂貨甚至被強令停止發貨。中國所需產品在法國要獲得製造許可證和出口許可證也變得比較困難。法國有關方面的理由是，即使這些產品製造出來，它也不能經印度支那運往中國。

　　中國政府對法國的這種態度非常不滿。1938年11月下旬，行政院和外交部頻繁致電顧維鈞，表示對法國政府禁止和限制中國物資過境的態度感到極爲失望，要求顧維鈞與法方就此進行交涉。中國政府認爲，無論是根據中法之間關於印度支那問題的有關條約，還是根據國際聯盟的決議，中國都有權享受過境便利。經過顧維鈞與法國政府多次交涉，法方表示，1937年10月的內閣會議決議不能取消，但中國每次假道印度支那的要求都將得到同情與考慮。

---

❷　《顧維鈞回憶錄》，第三分冊，第91頁。

此外，在過境稅問題上，法國政府也不肯予以優惠豁免，這與英國在緬甸過境問題上形成鮮明對比。其時，中英在使用滇緬路上達成了照顧性協議，英國按進口稅徵收額的十六分之十五的幅度退稅，而中英之間並無任何條約規定英國應該承擔類似法國關於印度支那過境的條約義務。對比起來，法國的姿態顯然不如英國積極。由於法國仍然按正常稅率徵收過境稅，中國不得不為此付出相當大的一筆款項。

西方列強對日本的妥協和遷就還嚴重地表現在對日本輸出軍需物資甚至直接輸出軍火武器上，日本是一個資源短缺的工業國家，許多重要的軍工原料如油、鋼鐵、橡膠等都依賴進口。由於日本具有強大的加工工業能力，向日本提供這些基本物資那等於向其提供軍火。反之，如果斷絕了這些物資來源，則將會對日本的軍火工業帶來重大打擊，從而大大削弱日本的戰爭能力。

中國政府曾一再與有關列強交涉，要求它們停止對日本的軍火供應。有關列強政府也知道向日本提供武器無益於它們的根本利益。但是，為了避免激怒日本政府，它們不敢加以認真的限制，其努力至多也不過如英國外交大臣艾登所盡力向中方表白的那樣:「英國總是千方百計地推遲簽發向日本輸出武器的許可證」[25]。

在有關列強的這種軟弱態度下，日本得以從國外繼續進口大量的汽油、廢鋼鐵、機器零件、橡膠等重要的軍需物資。其中，從美國的進口尤為重要。如果把 1938 年與包括戰前時期的 1937 年相比較，人們就會發現，美國對日物資尤其是軍需物資的輸出，並未因戰爭受到多大影響，雖略有減少，但基本保持著原有的水平。1937 年美國對日輸出總額為 28855.8 萬美元，其中軍需物資為 16796.2 萬美元，占輸出

---

[25]　《顧維鈞回憶錄》，第三分冊，第 50 頁。

總額的 58.5%。1938 年美對日輸出總額略有減少，爲 23957.5 萬美元，比上年減少 4900 萬美元，但其中軍需物資削減很少，爲 15852.7 萬美元，只比上年減少 900 多萬美元，從而占該年度對日輸出總額的 66.3%[26]。

再把美國輸日軍需物資的具體品種、數量略加比較，情況就一目了然。在下表所列的主要軍需品中，輸出量有升有降，但基本保持著持平的趨勢[27]。

美國對日主要軍需物資輸出表
(1937-1938)

品　　　種	1937 年	1938 年
原　　　油	16668 千桶	22207 桶
機　動　油	1093 千桶	1059 千桶
煤　　　油	182 千桶	1 千桶
汽　　　油	1479 千桶	1696 千桶
重　柴　油	4045 千桶	3030 千桶
滑　　　油	444 千桶	298 千桶
廢鐵、鋼	1058 千噸	1912 千噸
鋼鐵製成品	880 千噸	480 千噸
橡　　　膠	4524 常噸	7426 常噸

英國及其自治領和殖民地在對日物資輸出中也占有重要地位。1938 年，它們的對日物資輸出占日本進口總額的 20% 多，其中軍事器材占 17% 左右[28]。

---

[26]　楊生茂：《抗日戰爭間美帝如何武裝日本》，載《歷史教學》，1951 年，第二期。

[27]　同上文。

[28]　顏聲毅等著：《現代國際關係史》，世界知識出版社，1984 年版，第 218 頁。

　　列強政府對侵略國日本的這種縱容態度，既受到中國方面的不斷抗議，也受了本國有識之士的批評。美國前國務卿史汀生就指責美國對日出口戰略物資是對日本侵略的大力支持，他並指出這樣下去「就有在將來給我們帶來戰爭的危險，而這正是我們現在力求避免的」❷❾。

第二節　對中國抗戰的戰略思考

一

　　毫無疑問，聽任日本在中國爲所欲爲非列強所心甘情願，也非長久之策。隨著時間的推移，列強對日本的最終目的、中國的戰略地位、以及它們自己在遠東的前途的探討逐漸深入，認識逐漸明朗。從長遠的戰略利益出發，他們開始對什麼也不做，一切任其發展的中立政策提出懷疑。

　　早在1937年底，美國的一些外交家和軍界人士就對日本在華行動的意圖和惡果提出令人震驚的警告，並由此開始對中國的戰略地位進行認眞的思考。「帕奈號」事件後，美國駐華大使詹森指出，日本襲擊美國人的目的與要在中國獲勝的目標完全是兩碼事，他認爲日本的目標在於消滅「西方在中國人中間的一切影響」。他要求美國政府採取堅決的對策，否則，前面將會有更多的麻煩。他指出「如果我們要得到尊重，我們就必須準備戰鬥」❸❶。美國亞洲艦隊司令亞內爾海軍上將

❷❾　《通向珍珠港之路》，第11頁。
❸❶　羅塞爾·布海特：《詹森與美國對華政策，1925-1941》(Russell D. Buhite: *Nelson T. Johnson and the American Policy toward China*, 1925-1941)，東蘭辛，1968年版，第135頁；《美國十字軍在中國，1938-1945》，第22頁。

則指出，中國的命運事關亞洲的未來，如果允許日本征服中國，那就等於放棄亞洲大陸，放棄對太平洋的控制權。亞內爾認為中國是美國在亞洲的防禦堡壘，是美國最重要的盟友。他在 1938 年初的一份報告中警告說，只是由於中國的抗戰擋住了日本軍團，它們才沒有向加利福尼亞進軍。亞內爾主張美國應著手援助中國，「這不僅是為了那些高尚的道義和政治上的緣故，而且也為了有機會進行真正大規模的貿易，因為在這樣的援助下形成的穩定局面會帶來擴大的市場。」亞內爾警告說，如果美國不採取措施阻擋日本，「白種人在亞洲就不會有前途了」**❸❶**。亞內爾的這些報告曾在國務院、白宮班子以及軍方高級官員中傳閱。

來自日本的消息報導也證實了美國在遠東的這些觀察家們對日本的判斷。日本政府和日本軍方的一些人這時正不斷地發出要把英美列強趕出中國的叫囂。1938 年 1 月 4 日，日本內務大臣末次信政在對日本《改造》雜誌記者的談話中宣稱：「遠東白色人種的利益在日本面前應當自行讓位。中國、滿洲國和日本應當建立政治上、經濟上和思想上的聯盟……我堅信，黃色人種將獲得上帝預先準備授予它的一切，白色人種的霸權即將結束。」1 月下旬，日本同盟社發表了荒木貞夫將軍的一篇文章，該文章公然聲稱，「將來我們會遇到比日中戰爭和日俄戰爭更大的困難，但是，通過這些困難，我們將在東方然後在全世界擴大帝國的權力和制度。」**❸❷**這些直言不諱的刺耳言論無疑有助於加深美國人對日本的認識。

日本擴建海軍的行動進一步加深了美國的警戒之心。有情報表明，日本正在加緊建造大型海軍艦隻，其規模超過了 1936 年達成的限制海

---

❸❶　《美國十字軍在中國，1938-1945》，第 23 頁。

❸❷　《蘇聯「真理報」有關中國革命的文獻資料選編》，第三輯，第 401 頁。

軍軍備條約。1938 年 2 月 5 日，美國駐日大使格魯奉命詢問日本是否願意保證到 1943 年 1 月 1 日爲止不再建造任何突破倫敦公約限制的艦隻。他表示，如果日本不提供這樣的保證，我們將認爲日本正在建造突破這些限制的艦隻，「在那種情況下，我們將保留行動的完全自由。」在這前後，英法政府也向日本提出了內容相近的照會。然而，日本外相廣田在 2 月 12 日的答覆中，並沒有給予美國所要求的保證。於是，在與英法商量後，美國政府也宣布了它將不受條約限制的立場❸❸。

在美國對日本的野心及中國抗日的現實的和潛在的戰略意義逐漸認識的同時，與之同等重要的另一個變化是，它對中國的抵抗能力的認識也發生了轉變。中國的抗日戰爭度過了南京失陷後出現的危機而繼續堅持下去，這爲美國對中國的重新認識提供了現實的基礎。在中日戰爭剛開始時，許多外國觀察家皆對中國持悲觀態度，以爲最多二、三個月，中國就要失敗❸❹。然而，戰爭的發展並未如這些人所料。儘管中國在戰爭初期遭受了重大損失，但中國軍民的頑強抵抗畢竟打破了日本速戰速決的構想，迫使日本陷入其時間無法預料的持久消耗戰中。爲了進一步了解中國的事態，羅斯福要求即將前往中國就任駐華使館助理武官的卡爾森上尉（E. F. Carlson）特別爲他搜情報，他的情報不必經過正常的外交系統或軍方的渠道，可直接由總統秘書負責傳遞。羅斯福對卡爾森的這種第一手的報告信很感興趣，當有一個月未收到其來信時，還專門詢問他的去向，並讓人轉告他，要求他繼續不斷地寫信。在 1938 年中，爲了掌握和研究中日戰爭的第一手資料，了解中國的抵抗能力，美國駐華武官處的十名軍官幾乎走遍了全中國，他們經常出現在中日戰爭的前線地區，卡爾森甚至還進入共產黨統治

❸❸　《赫爾回憶錄》，第一卷，第 568 頁。
❸❹　杜松柏：《蔣總統處變憤謀的歷史回顧》，臺北，1973 年版，第 106 頁。

區進行了考察。

1938 年春夏，美國在華軍事觀察人員陸續向國內發回的消息報告，開始表現出對中國軍隊戰鬥力和戰爭發展狀況評價的某種變化。3 月 31 日，卡爾森在給羅斯福的報告中，表示了他對中國軍隊的比較樂觀的看法。他在該報告的結論部分指出：「中國軍隊正飛快地得到改善。中國士兵仍然優於日本士兵，但軍官需要參謀業務和指揮方面的訓練，他們現在正得到這種訓練」。他認爲只要中國能獲得外國的貸款和戰爭物資，能維持對日統一戰線並平息那些不惜一切代價的主和派，中國就能夠繼續抵抗下去❸。

美國駐華武官處向美國軍方所發回的許多報告也認爲戰爭已處於長期態勢，日本不可能迅速戰勝中國，中國現時也無力收回失地。他們認爲「現在離戰爭結束的時刻還很遠」。史迪威在 1938 年 3 月給陸軍部的報告中指出，中日戰爭正逐漸發展成爲一場長期消耗戰，中國有可能最後贏得戰爭。日本既使占領了武漢以東的全部中國地區，也許還不足以征服中國❸。

武官處在 1938 年 5 月的一份報告中評論說：「現在中國人似乎在所有的戰線上都成功地抑制住了日本人，這不僅是因爲中國人已經極大地改進了他們的戰術(儘管無疑比戰爭開始時要好很多)，更因爲日本人的擴展已經到了這一點上——他們不能發起一個足以摧毀抵抗的沈重打擊，而中國人以他們巨大的人力優勢能經受得住日本的進攻」。他們相信「日本蒼蠅最終會使它自己纏在中國人的粘蠅紙上」❸。

---

❸　唐納德・施威主編：《羅斯福與外交事務》(Donald B. Schewe: *Franklin D. Roosevelt and Foreign Affairs*)，紐約，1969 年版，第二集，第九卷，第 290 頁。

❸　*FRUS*, 1938, 3, 116。

❸　《美國軍事情報部門的報告，中國，1911-1941》，第十卷，0694 號。

　　影響美國對華戰略考慮的另一個重要因素是德國在歐洲的積極擴張和日、德、意的靠攏。1938 年 3 月，德國吞併了奧地利，隨後又向捷克提出領土要求，表現出一種危險的侵略傾向。在德國調整對華政策後，德日加快了靠攏的進程，並開始了訂立同盟的初期談判。這樣，在美國的戰略考慮中，日本和德國被作為東西方的敵人而聯繫起來，美國開始以新的眼光來看待日本在遠東的行為，日本不只是一個地區性的不穩定因素，而且它與德國和意大利構成了一個對現存世界秩序的全球性威脅。

　　從這一認識出發，中國的戰略地位就顯得更為重要。美國不再把中國僅僅視為一個侵略的受害者，一個為自身的存亡而戰鬥的國家，它成了美國藉以遏制日本、維護亞洲穩定的一個重要盟友。美國的公眾輿論也日益同情和關注中國，對日本擴大侵華深感不安。在 1937 年 8 月的一次蓋洛普民意測驗中，有 55％的人表示對中日兩國都不同情。而到 1938 年夏季，情況不同了，當人們回答「日本侵略中國」、「德國占領奧地利」、「西班牙的外部干涉」等軍事侵略哪一件最令人不安時，回答是「日本侵略中國」的人數位居第一[38]。

　　在認識到援華抑日戰略的必要性和可行性的基礎上，美國遠東政策的重點開始發生變化，由注重怎樣才能最好地避免捲入衝突轉向在避免衝突的前提下，怎樣盡可能增強中國的抵抗能力。

　　羅斯福政府的這一態度，首先在是否對中日戰爭適用中立法這一問題上表現出來。「帕奈號」事件後，美國的孤立主義勢力擔心美日在華的衝突會導致美國捲入戰爭，因而要求對中日戰爭實施中立法。羅斯福政府在國會積極活動，反對通過這一提案。在 1938 年 4 月 20 日

[38]　《美國與 1933-1938 年間的遠東危機》，第 625 頁。

的白宮記者招待會上,羅斯福反駁了那種實施中立法就是中立的觀點。他坦率地指出,在某種特殊情況下,僵硬地執行中立法,「也許意味著一種徹底的非中立」。他承認在中國實際上正進行著戰爭,每天有成百上千的人被殺死,但是中日還沒有斷絕外交關係,那就不必把它稱為戰爭。在解釋美國政府為什麼對現在正同時進行的西班牙戰爭和中日戰爭採取兩種不同的對策,即只對前者實施中立法時,羅斯福坦率地說,兩者情況不同,如對西班牙戰爭不實行禁運,將有利於佛朗哥(F. Franco),因為他控制著海洋,而「如果我宣布中立法適用於中日戰爭,它將會有利於日本而傷害中國。因而,它是不中立的」❸。當時,中國正通過各種渠道在美採辦戰爭所需物資。在羅斯福政府的努力下,在各界明智人士的支持下,孤立主義者對中日戰爭實施中立法的企圖未獲成功。

但是,由於中立法的存在及孤立主義勢力的影響,羅斯福政府的活動頗受掣肘。在援華和制日兩方面,美國最先邁開的是制日的步伐。這是因為這更容易找到直接的藉口,由於日軍在華犯有大量野蠻暴行,美國可以以人道主義為由對日本從美國的進口進行限制,這就避開了中立法問題。而援華則涉及到對中日戰爭中的一方的傾向性,較易引起複雜的反應。羅斯福在1938年2月間會見中國駐美大使王正廷時就曾表示,美國政府的第一步辦法在於制日,待時機成熟時,將採取第二步的援華辦法❹。

如前所述,基於戰前美日貿易的規模,美國仍是這一時期的日本的最大的物資(包括軍事物資)供應國。出於各種原因,在盡力避免引起日本的敵意和國內的孤立主義勢力反對的情況下,美國政府不可

---

❸ 《羅斯福與外交事務》,第二集,第九卷,第440-441頁。

❹ 《盧溝橋事變前後的中日外交關係》,第448頁。

能對日實行制裁。然而，在 1938 年夏季，事情開始發生了變化，美國政府終於邁開了限制日本的第一步。這一步是以譴責日本在中國對平民的狂轟濫炸爲突破口的。

6 月 11 日，赫爾在記者招待會上譴責了轟炸平民的行爲，進而公開表明，美國政府「勸阻向那些用飛機來轟炸平民的地區出售美國飛機」❹。7 月 1 日，國務院向飛機製造商和出口商發出勸告信，表示「美國政府強烈反對向任何從事那種轟炸的世界上任何地區的國家出售飛機或航空設備。因此，國務院將極不樂於簽發任何授權直接或間接地向那些正使用軍隊攻擊平民百姓的國家出口任何飛機、航空武器、飛機引擎、飛機部件、航空設備附件或炸彈的許可證」。國務院還要求那些已與外商簽約而難以中止契約的廠商，向國務院通報其合同的內容，「無論其是否已有許可證或是正準備申請許可證」❷。

國務院的這一舉動被稱爲「道義禁運」，它並不具有強制性。從理論上說，如有廠家執意要申請那種許可證，國務院也是不得不予以批准的。但是，政府的這一姿態畢竟具有較大的影響力，絕大部分廠家都採取了與政府合作的態度。據副國務卿韋爾斯 12 月 13 日給羅斯福的一份報告表明，「道義禁運」取得了較大成功。下表爲報告中所附 1938 年 6 月至 10 月美國向日本輸出飛機及有關部件的情況。

❹　*FRUS*, 1938, 3, 236-237。
❷　《羅斯福與外交事務》，第二集，第十卷，第 290-291 頁。

月份	價值（美元）
6	1710490.00
7	1125492.65
8	179249.00
9	78720.00
10	7215.95

韋爾斯報告說，在 6 月之後，國務院所簽發的出口許可證「幾乎爲零」[43]。

羅斯福對這一狀況並不滿意，因爲仍有個別廠家不執行「道義禁運」，如聯合航空公司就仍在與日本做大宗生意。羅斯福致函韋爾斯，要求他想辦法進一步削減對日本的出口。韋爾斯決定在記者招待會上公布這家不執行「道義禁運」的航空公司的名字，以期以強大的輿論，壓力迫使這家公司停止對日出口航空物資。

應該指出，在限制航空品出口的同時，美國仍有其他的軍用物資大量流向日本。這就是說美國並未擺出要與日本決裂的架勢。但是，航空物資的限制畢竟是在對日制裁方面邁出了實在的第一步，是對日本發出了第一個警告。

比較起來，向中國提供經濟援助則要顯得困難些。抗戰以來，美國對中國的財政上的支持是通過購買中國白銀的方式進行的。中國在實行幣制改革後，白銀退出流通領域，中國政府手中握有大量過剩白銀，它急於在國際市場上售出以換取外匯，一再要求美國收購中國的

[43] 《羅斯福與外交事務》，第二集，第十二卷，第 300 頁。

白銀。對美國政府來說，購買這些白銀可以避開孤立主義者的反對，因為它不像提供貸款那樣具有明顯的援助性質。抗戰以來，美國多次購買中國白銀。據《中國與外援》一書所載各次中美協商及購買情況進行整理，可將抗戰第一年中的白銀購售情況簡要列表如下：

	月份	數量（單位：萬盎司）
第一批	1937 年 7 月	6200
第二批	1937 年 11 月	5000
第三批	1937 年 12 月	5000
第四批	1938 年 2 月	5000
第五批	1938 年 4 月	5000
第六批	1938 年 7 月	5000

這樣，在從 1937 年 7 月至 1938 年 7 月合同的一年時間內，美國共分六批購買了 31200 萬盎司白銀，其購買價略高於市場價，總價值達 13800 萬美元。這些售銀款項原曾規定不得用於購買軍事物資，但實際上並未嚴格執行，其中約有 4800 萬美元被用於採購軍事物資❹。

不過，以貸款形式向中國提供經濟援助的交涉卻遲遲未有進展。早在 1938 年初，王正廷就曾向美國政府提出借款五億美元的要求。但赫爾聲稱，任何借款都必須經過國會批准，而現在看不出國會有批准的可能，政府行政機構對此無能為力。由於美方在借款問題上過於謹慎和消極，迄至 1938 年夏，中美間的貸款交涉未有任何重大進展。7

❹ 《中國與外援，1937-1945》，第 62 頁；《第二次中日戰爭史》，下冊，第 709 頁。

月中旬，美國國務院還拒絕了一次英、法外交部希望三國同時宣布向中國提供借款的建議。赫爾在給美國駐英大使肯尼迪（J. Kennedy）的指示電中表示，美國政府認爲，聯合行動和集體行動會激起日本人的反感，而有礙於目前中日衝突的解決。他認爲，各國單個的盡可能不引人注目的援助將更爲有利。赫爾同時通知說美國政府正在考慮有關對中國的援助問題。

確實，美國國務院內這時正在就援華問題展開認眞的討論，出現了很有說服力的要求援華的呼聲。遠東司的范宣德（J. C. Vincent）在 7 月 23 日所提出的備忘錄很具有代表性，它曾在國務院官員中廣泛傳閱。該備忘錄認爲：「中國的抵抗不致崩潰，不僅對中國而且對我們以及其他民主國家來說都是極爲重要的」。根據這一認識，它建議在不致捲入戰爭的限度內，美國「現在不應放過任何增強中國的抵抗意志和抵抗能力以阻止日本征服中國的企圖的機會」。該備忘錄並提出了五項具體措施，其內容主要爲：重申不承認主義；勸阻向日本或日本控制下的任何中國政權及機構提供貸款；探討向中國提供財政援助的可能性；限制對日本的進出口；與其他有關國家協調行動。

針對一些人一味害怕捲入中日衝突的想法，該備忘錄指出，過去的經歷表明，只有中國的主權得以保存，美國的權益才可能繼續存在，而如果日本軍國主義不被擊敗，中國的主權則無以保存。因此，從長遠來看，除非日本軍國主義被擊敗，美國在遠東的捲入是不可避免的。日本軍國主義富有侵略性，1931 年它並未在滿洲停住腳步，一旦它控制中國，它也不會在中國停住腳步，它將會向南方發展、從而與美、英、荷、法等國發生衝突。因此，備忘錄指出，「如果日本在中國的侵略成功，我們捲入的機會將顯著地大於因我們現在向中國提供適當的援助而被捲入現時衝突中的機會」。與一般時論不同，作者的結論是，

對華援助將比袖手旁觀更少捲入的可能❹。

　　美國駐華人員也積極敦促美國政府採取行動。詹森大使在 1938 年
6 月給國務院的報告中提出，美國應在反對世界惡棍的鬥爭中挺身而
出。詹森指出：「民主世界正呼喚著一位領袖，他要能在法律和秩序的
進程中清楚地以領袖的身分去思考，以領袖的語言去講話。那就讓他
屹立在美國吧，如果他注定要在那裡出現」❻。史迪威武官從美國國
防的角度力主援助中國。他認爲「我們以提供貸款和軍事裝備的形式
幫助中國，對我們本國也是一種很好的防禦措施，這比我們僅僅生產
本國需要的國防裝備要好得多。即使把生產本國防務裝備費用中的極
小的一部分提供給中國，起的作用也會大得多」❼。史迪威認爲美日
之間的戰爭勢不可免，中國將來必然是美國的盟友。因此，他在這時
已經開始收集資料，注意發現中國軍隊中的能幹的指揮官，以判斷哪
些部隊和哪些指揮官在中美一旦聯合作戰時能發揮重大作用。他堅信
中國軍隊如果能在訓練、裝備、計劃和指揮等方面得到美國的大力幫
助，它一定能夠卓有成效地抗擊日軍。

　　在美國的有識之士中，財政部長摩根索對推動美國政府提供援助
一事尤爲熱心。7 月 26 日，摩根索在赴歐期間向中國駐法大使顧維鈞
表示了提供貸款的可能性。他說他兩年前與中國簽訂白銀協議時，與
中國代表陳光甫合作得很愉快。如果中國現在派遣陳光甫到美國去，
雙方可以就一筆農產品信用貸款進行商討。

　　顧維鈞立即向國內報告了這一消息。中國政府對此非常重視，對
談判結果懷有極高期望。行政院院長孔祥熙在給陳光甫的指示中說道：

---

❹　*FRUS*, 1938, 3, 236-237。

❻　《詹森與美國對華政策》，第 137 頁。

❼　《史迪威與美國在華經驗》，第 265 頁。

「此次戰爭勝負之決定在於財政,如能取得一項數目甚大之現金援助,即可改變局勢。」孔祥熙不知底裡,竟興致勃勃地提出了四億美元的借款目標。按照美方的安排,陳光甫於 9 月離華赴美。摩根索親自負責財政部與陳光甫的談判。他認為這是美國能夠增強中國的抵抗能力的最後機會,因為中國的局勢已經變得越來越危急❽。

財政部的這種積極行動受到了對貸款持謹慎態度的赫爾國務卿的反對,他認為這樣可能會違反中立法,引起國內孤立主義勢力的反對和日本的反感。面對來自國務院的反對意見,摩根索訴諸於羅斯福總統。1938 年 10 月 17 日,摩根索致信羅斯福,批評那種「主張不做任何可能遭到侵略國家反對的事情的僵硬外交政策」,使得他對於援助中國所作的努力歸於無效。他問道:「有什麼樣的和平力量能比出現一個統一的中國更為偉大呢?」他認為為了「有助於保衛美國未來的和平」,美國應當運用它巨大的經濟力量」。他指出「若不迅速提供實質性的經濟援助,中國的抵抗運動不久就會瓦解」,而美國「只要承擔略高於一艘戰艦的價值的風險,我們就能帶給中國人持續的生命力和戰鬥力。我們所能做的要比這多得多。通過我們的行動,我們就能推動世界各地民主力量反對侵略的鬥爭」❾。摩根索不時向羅斯福報告談判的進展情況,以期取得總統的支持。

二

在這同時,英國的對華政策也經歷了一個重新審視的過程。賀武在 5 月 4 日的一份備忘錄中指出,如果中國人能夠得到財政援助,他們就「能夠在一個無限長的時期內繼續對日本人進行有效的抵抗,這

---

❽　《戰時外交》,第一冊,第 233 頁; *FRUS*, 1938, 3, 562。
❾　《羅斯福與外交事務》,第二集,第十一卷,第 390-392 頁。

最終將使日本人筋疲力盡，他們的力量將大爲削弱，他們那正威脅著我們在東亞利益的潛在力量的很大一部分將在以後的日子中被轉移開去」。賀武認爲「對於道義和自身利益的所有考慮都敦促我們去盡我們所能地向中國提供這一援助」❺。

英國駐華大使卡爾（A. C. Kerr）也不斷發來電報，說他通過最近對華中地區的訪問，對中國的抗戰抱有信心。卡爾要求人們正視這一事實：「在某種程度上，中國旣是爲他們自己也是爲我們而戰，因爲只有日本人的失敗才能把我們從危及我們在遠東地位的災難中解救出來」。他敦促英國政府迅速明確它的遠東策略，或是準備採取堅決的努力以挽救它在遠東的地位，或是準備任其被摧毀而衰落下去。卡爾承認，明確對中國的支持「可能有點賭博的意味」，但他認爲「這是一場具有很大的成功希望的賭博，而另一種選擇卻注定只會帶來災難」。根據他的觀察，他認爲只要能夠解決財政問題，中國的抵抗就能夠有效地繼續下去，最終將挫敗日本人的企圖❺。

卡爾還從英國在中國的長遠利益出發，指出現時對中國提供援助，幫助中國免遭日本的奴役，將使中國在戰後的重建中堅定地站在英國一邊，英國在這重建中將會發揮重要作用。針對有些人擔心中國人一旦勝利，民族主義的排外浪潮必將吞沒一切外國在華權益的想法，卡爾明智地指出，中國的勝利「將會帶來治外法灌的廢除和我們與這個國家關係的徹底重建。但是我感到，不管怎麼說，這些事是早就該做的，一個不再受任何掠奪性強國剝削的強大的獨立的中國將爲遠東前途提供最有建設性的前景。」❺

---

❺　《英國與中日戰爭》，第 132 頁。
❺　*DBFP*，2/21，762。
❺　*DBFP*，2/21，762-763。

　　5 月 31 日，外交大臣哈里法克斯(Halifax)向英國內閣提出了一份《關於中國請求援助的備忘錄》，備忘錄指出，當去年中國軍隊在上海戰敗之時，很少有人認爲中國軍隊能夠從失敗中恢復過來，因而，人們不去考慮向中國提供物資援助的問題。但現在中國軍隊已經驚人地恢復過來。只要獲得物資援助，他們就能進行有效的抵抗。這種抵抗實際上也是爲英國而戰鬥，「因爲，如果日本贏得戰爭，我們在那裡的利益將注定要被消滅」。備忘錄警告說，「中國現在從外部得到的援助越少，戰爭就可能結束得越快，日本就更可能將它的計劃付諸實現，英國在中國的利益被掃地出門的時刻就會更快地到來」。結論是：「關於榮譽和自身利益的每一種考慮都敦促我們盡我們所能去幫助中國。花費一筆數額非常有限的錢款，我們也許可能因此而保存我們在遠東的至關重要的利益」❸。

　　但英國內閣中的其他一些要員尙未意識到援華的迫切性。財政大臣西蒙、首相張伯倫等人擔心，崇尙武力的日本人會對英國援華作出強硬的反應，這將會導致狂熱的仇英情緒的爆發。張伯倫認爲：「我們在遠東的地位是非常脆弱的，如果我們遭受日本的武力攻擊，無論如何我們都無法在初期進行防衛。」❹因此，在 6 月 1 日的內閣會議上，英政府未能就援華問題作出決定，在隨後的一個多月中，有關援華問題的爭論更加熱烈。

　　張伯倫並不完全反對向中國提供援助。7 月 26 日，他在英下院發表了一篇被人們認爲是比較堅定的關於外交政策的講話。他聲稱，「我們在中國也有我們的利益，我們不能眼看著它們的犧牲而無動於衷。」他還表示儘管英國現在不準備向中國提供貸款，但它將考慮其他的援

❸　*DBFP*，2/21，792-793。
❹　*DBFP*，2/21，788-789。

華方式❺❺。

外交部仍在繼續探討援華得失問題，中國事務顧問布里蘭指出，惟有實在的力量才能維持英國在中國的地位，「期望僅僅依靠請求，或對侵犯我們『權利』的抗議，或更加友善的態度，就能得到我們想要的東西，這完全是徒勞的」❺❻。8 月，外交部再次要求政府的其他有關部門考慮對日本可能採取的經濟措施。哈里法克斯認為，採取行動可能會傷害英國的某些利益，但他認為是值得以一些危在旦夕的東西作出犧牲來追求總體利益的。8 月底，外交部設計了一個分四階段對日制裁的方案：一、效仿日本人所為，在英國控制的地區給日本人製造麻煩；二、在不廢約的情況下採取一些可能的經濟報復措施；三、在有關殖民地廢除英日商約；四、全面廢除英日商約❺❼。但英內閣的其他要員仍主張持審慎態度。

第三節　中國戰時外交方針的調整

如何爭取國際社會的援助，始終是中國政府的外交主題。中國政府密切注視著國際間的形勢，展開有針對性的外交，以期促成國際形勢發生有利於中國的變化。

1938 年初，中國政府對國際間的反應頗為失望。自中日戰爭爆發以來，英美不僅不肯給中國以有力的援助，就連對自己的利益也沒有堅決捍衛的表示。他們對日本侵犯其利益乃至擊傷擊沈其軍艦的行為都力持克制態度。在陶德曼調停中，中國也未能獲得英美等列強的聲

---

❺❺　《美國軍事情報部門的報告，中國，1911-1941》，縮微第三卷，0023 號。

❺❻　《英國與中日戰爭》，第 142 頁。

❺❼　*DBFP*，3/8，50。

援。對此，蔣介石曾頗有感慨地說：「當此之時，我人對於外交，斷不宜有依賴任何一國之意，務必力圖自存自主」。他表示，「雖目前國際形勢變化無望，我們務須一本原定方針忍痛奮鬥到底。」❸

但中國政府又認為，儘管目前形勢未如人意，但國際形勢遲早會發生有利於中國的變化的，日本與列強的衝突是一定會發生的。1938年1月，蔣介石分析說：「雖然與他(指日本)衝突得最利害的英、美、法、俄各國，目前都還沒有參加戰爭，與我們共同一致來打日本，但這不是國際不動，而是時機不到。」他認為中國的抗戰使日本「時刻陷在危險的深淵。一有失利，或一旦他的弱點暴露出來，各國就會毫不遲疑地加以打擊」❺。中國政府的這一期待心理和堅持戰略，後被駐美大使胡適以「苦撐待變」四個字概括而著稱。

1938年4月，國民黨召開臨時全國代表大會，會議通過了旨在指導整個抗日戰爭的綱領性文件《抗戰救國綱領》。《綱領》規定了國民政府的五大外交原則：一、本獨立自主之精神，聯合世界上同情我國之國家與民族，為世界之和平與正義共同奮鬥；二、對於國際和平機構，及保障國際和平之公約，盡力維護，並充實其權威；三、聯合一切反對日本帝國主義侵略之勢力，制止日本侵略，樹立並保障東亞之永久和平；四、對於世界各國現存之友誼，當益求增進，以擴大對我之同情；五、否認及取消日本在中國領土內以武力造成之一切的政治組織，及其對內對外之行為❻。

這五大外交原則的核心是「外求友，少樹敵」，其著眼點正如外交部長王寵惠所說：「對於國際形勢，詳加考察，對於國際變化，深切注

❸　《黨史概要》，第三冊，第972頁。

❺　《先總統蔣公思想言論總集》，第十五卷，第11頁。

❻　《中國國民黨歷次代表大會及中央全會資料》，下冊，第485頁。

意，多尋與國，減少敵國，其國家與我利害相同者，當與之為友，其國家利害相反者，當使之不至與我為敵。」❻❶

中國竭力向國際社會宣傳和平不可分割、局部侵略將危及整個人類的思想。1938 年 2 月 21 日，蔣介石在致世界反侵略和平大會的電文中指出：「蓋中國作戰，不獨求民族之解放，不獨求領土之完整，實亦為全世界各國之共同安全而戰也。日本踐踏條約如糞土，既保證鄰國疆土之完整於先，乃食言興師任意侵略於後，其毀滅信義，若不加以膺懲，則世界此後所遭逢之浩劫，將恐為人類歷史所罕見」。他認為，「惟全世界一致之輿論，同時作正確之表示，佐以最有效之聯合行動，始足使日本覺悟其盲目推進侵略政策之不智，及其以武力征服中國之不可能。」❻❷

中國國民黨臨時全國代表大會在它的《宣言》中向國際社會發出忠告說，「世界和平不可分割，一部分之利害，即全體之利害，故每一國家謀世界之安全，即所以謀自國之安全，不可不相與戮力，以致於保障和平，制裁侵略，俾東亞已發之戰禍，終於遏止，而世界正在醞釀中之危機，亦予以消彌，此則不惟中國實孚其益，世界和平胥繫於此矣。」❻❸

1938 年 7 月 7 日，中國政府在抗戰一周年之際發表《告世界友邦書》，進一步明確指出：「和平為不可分，孤立為不能有」，「日本侵略一日不制止，遠東及世界和平即一日不能維持。世界正義與盟約尊嚴之維護，人類幸福與文化遺產之保衛，凡我圓顱方趾之倫，實有共同之職責」❻❹。

---

❻❶　余偉雄：《王寵惠與近代中國》，臺北，1987 年版，第 96 頁。
❻❷　《先總統蔣公思想言論總集》，第三十七卷，第 169，170 頁。
❻❸　《中國國民黨歷次代表大會及中央全會資料》，下冊，第 466 頁。

　　對於列強的對日妥協態度，中國政府非常不滿。1938 年下半年，除了仍在不斷地呼籲各國的良知和責任感外，中國政府開始對世界主要大國對於侵略的妥協態度公開表示不滿，提出了前所未有的嚴厲批評。1938 年 7 月，在對一位英國記者發表的談話中，蔣介石表示了對英美現行政策的疑問：「自吾人視之，民主國家諸政府，實為世界和平之堡壘，正義公理之屏藩，今日睹暴戾之橫行，仍漠然作隔岸之觀火，是為吾人所大惑不解也。」他列舉了列強在中國的種種軟弱可欺的表現，「英國合法之權益，今已凍結僵化矣，財產被毀，官吏被侮，人民受辱如犬羊之驅逐，其他列強人民財產之被侵奪者亦相似。而英美軍艦被炸被沈，尤為舉世所震駭……中國人民對列強之認識，固以為對其本國之權益與尊嚴必敬謹護持，今凌辱侵奪之積累，乃仍以忍辱負重處之，實為吾人所不解」。蔣介石不客氣地指出：「現實主義實為姑息苟安、畏懼退縮之象徵，無異命運論者之自棄」❻❺。

　　同月，蔣介石在與一位美國記者的談話中批評了英美遠東政策的失策。他指出「日本之敢於擾亂和平，係已洞察與太平洋有關列強均不欲對該國採取集體行動所致。假如英美法各國能與其他太平洋有關國家共同團結，以堅決切實之態度表示其意向，消除日本所認為不能採取共同行動之幻想，則不必訴諸武力，亦可使侵略者有所顧忌，而不敢悍然橫行。」❻❻

　　在對整個國際社會進行一般性呼籲的同時，中國積極展開了對有關國家的重點外交。在當時的形勢下，列強對於遠東局勢的影響力決不是等同的。基於對各主要大國的整體實力、國際處境及抗戰以來對

---

❻❹　《先總統蔣公思想言論總集》，第三十卷，第 276 頁。
❻❺　《先總統蔣公思想言論總集》，第三十八卷，第 113 頁。
❻❻　《先總統蔣公思想言論總集》，第三十八卷，第 110 頁。

於中日戰爭的態度的比較分析, 中國外交活動的側重點開始發生變化, 從而導致了中國外交方針的一個重大的歷史性的調整: 對美外交取代對英外交, 居於中國外交的首要地位。自晚清開關以來, 英國長期以列強的帶頭人身分出現在中國。隨著英美實力地位的消長, 這一狀況在戰前已經開始發生變化, 但英國在華仍然具有舉足輕重的影響。日本也把英國視為阻礙它侵吞中國的頭號敵人來對付, 甚至聲稱解決中日問題的地點不是在南京, 而是在倫敦。美國駐日大使格魯曾指出, 日本「打仗的目的之一, 雖未明說, 實際上就是要取代英國在中國的勢力」❻❼。

實際上, 英國的國力以及歐洲時局的牽制已使英國在遠東處於一種虛弱狀態, 它已沒有能力再充當首席列強的角色。中日戰爭的爆發把英國在遠東的虛弱一下子暴露了出來。平心而論, 對於日本的侵犯, 英國不是不想回擊。它最初的態度也比美國積極, 然而它實在是力不從心, 它不具備同時應付歐亞兩地危險事態的實力。若干次的交涉活動都表明, 沒有美國的積極參與, 英國不肯也不能有所作為。英法多次直言不諱地承認美國在遠東影響的舉足輕重, 這不只是一種踢皮球, 實際上也是把美國推上了列強在遠東的首席發言人的地位。美國一舉躍居英國之前。

中國政府清楚地意識到了這一變化, 自抗戰以來已日益重視對美外交, 在 1938 年中逐步完成了這一轉變, 最終確立了以對美外交為首要重點的外交方針。1938 年 1 月 31 日, 蔣介石在給羅斯福的一封電函中, 深切表示中國乃至世界各國都對美國寄予厚望。他說「此次遠東大難之應付, 各國均盼望美國之合作, 誠以美國政府對於共謀國際和

❻❼　《使日十年》, 第 248 頁。

平與安全，向已公認爲各國之前驅」。因此，他請羅斯福「盡力設法，務使日本之侵略，能得以從速終了」❻❽。

1938 年 6 月，在對有可能對遠東發生影響的英、美、俄等大國作了一番比較分析後，蔣介石得出結論，認爲惟有美國可能有所作爲。他感到「英國老謀深算，說之匪易。俄國自有國策，求援無效。惟美爲民主輿論之國，較易引起義俠之感。且羅斯福總統確有解決遠東整個問題之懷抱。如輿論所向，國會贊同，則羅總統必能有所作爲。」鑑於此，蔣介石明確地提出了對於列強的方針，「對英美應有積極信賴之方案提出」，「應運用英美之力，以解決中日問題」，「對俄應與之聯絡」，「對德應不即不離」❻❾。

1938 年 9 月，行政院長孔祥熙在致新任駐美大使胡適的電文中明確地指出了美國在列強中的領頭地位，他叮囑說：「此次使美，國家前途利賴實深，列強惟美馬頭是瞻，舉足輕重，動關全局，與我關係尤切」。10 月 1 日，中國外交部在給胡適的指示電中，列舉了中國政府的若干對美方針，其中之一是「歐戰發生，英或傾向於與日妥協，且必需求美國援助，我應與美成立諒解，請美嚴促英國勿與日本妥協，增我抗日之困難」❼❿。這表明中國政府對於英美的觀感已經有了明確的區別，它企圖借助美國的力量來限制英國可能的妥協，這時中國在對列強的外交中已經形成了以美國爲主的格局。

如果說以上見解尚限於內部文電的話，那麼蔣介石 1938 年 10 月 3 日與美聯社記者的談話則公開表明了中國對美國的倚重。蔣介石認

---

❻❽　《先總統蔣公思想言論總集》，第三十七卷，第 167 頁。

❻❾　《黨史概要》，第三冊，第 973-974 頁。

❼❿　中國社會科學院近代史研究所編：《胡適任駐美大使期間往來電稿》，中華書局，1978 年版，第 1 頁。

為，只有歐亞危機均獲解決，和平方可確保，而美國必須在其中擔當一重要角色。他指出，「和平如欲獲得最後勝利，美國參與國際問題一事，殊為極重要之因素。余深感國聯會員國於履行義務時，如欲獲得成功，大半須依賴美國能與國聯作有效的合作」**㉑**。

㉑　《先總統蔣公思想言論總集》，第三十八卷，第 115 頁。

第九章 「東亞新秩序」的反響

第一節 日本提出「東亞新秩序」

在戰場上的軍事勝利和外交上的威脅得逞的不斷刺激下，日本在國際舞臺上奉行日益強硬的對外政策。日本與國聯關係的徹底斷絕，便是這種強硬政策的一個明證。

1938 年 9 月，國聯按例召開年會，中國繼續向國聯提出申請，要求對中日戰爭援用國聯盟約第 16 條、第 17 條。國聯向日本再次發出邀請書，但日本政府仍然拒絕參加國聯大會。9 月 30 日，國聯行政院通過決議，宣布各成員國有權根據盟約第 16 條對日本採取制裁措施。這一舉動實際上並沒有實質性的影響，因為大多數國聯會員國早已宣布或表明，他們不再認為他們自己受盟約的嚴謹的義務的約束❶。對於國聯的這一姿態性決議，日本作出威脅性的反應。10 月 3 日，日本聲稱適用盟約第 16 條意味著國聯承認中日之間存在著戰爭狀態，在這種情況下，一些國聯成員國要求尊重其在華利益的要求將難以得到保證。日本並威脅說，任何國家對日本實行制裁，日本都準備採取相應的報復措施❷。

---

❶ 華爾脫斯著、漢敖等譯：《國際聯盟史》，商務印書館，1964 年版，下冊，第 318 頁。

❷ 《國際事務概覽》，1938 年，第一卷，第 584 頁。

　　日本政府還決定就此斷絕與國聯的一切交往。日本雖然在 1933 年宣布退出國聯，但實際上在國聯的一些機構中，如常設委任統治委員會、經濟委員會、學術藝術合作委員會、保健委員會和國際法院中，均有以政府代表或個人身分參加的日本成員。日本還繼續參加國聯所主持的普遍裁軍會議和世界經濟會議。也就是說，日本仍在許多方面與國聯保持著聯繫或協作。針對國聯 9 月 30 日決議，近衛提出了「終止帝國自退出國聯後繼續存在的與國聯諸機關的協作關係」的提案，並於 11 月 2 日獲日本樞密院會議通過。根據內閣的這一提案，對在國聯諸機關中工作的日本人，有政府代表資格者將由政府免職撤回，以個人身分服務者，應由個人提出辭職。日本還決定停止支付它對國聯各機構所負擔的費用。

　　但是，對於它從國聯那兒得到的權益，日本卻不肯有絲毫退讓。第一次世界大戰後，日本從國聯獲得對赤道以北的原德屬太平洋群島的委任統治權。日本雖然斷絕了與國聯的全部關係，卻不肯將此權力歸還國聯，它聲稱日本退出國聯的行動與這一委任統治的存在與否「毫不相干」，「帝國委任統治南洋群島一事，並不因帝國退出國聯而受任何影響」❸。日本決定繼續對原德國殖民地進行委任統治，今後每年仍將向國聯行政院提出委任統治的年報，但停止派員參加國聯的常設委任統治委員會。

　　在言論上，日本人也表現出對列強的挑戰和蔑視態度。例如，日本海軍的一位將軍在談到新加坡和香港這兩個英國在遠東的重要基地時，就十分放肆地說，「根據日本空軍目前的實力，要消滅這兩個基地，對日本軍隊來說不過是像做早操一樣。」❹這位將領的言論雖然不能代

---

❸　《日本對華戰爭指導史》，第 209 頁。

❹　《蘇聯「眞理報」有關中國革命的文獻資料選編》，第三輯，第 395-396 頁。

表此時日本軍方的決策意見，但卻毫無疑問地反映了廣泛存在於日本軍人中的對英國的輕蔑和對奪取英國在遠東的利益躍躍欲試的心情。

日本輿論還大肆發洩對九國公約及其主要發起者美國的不滿。日本《外交時報》9月號登載的一篇日本外交官的文章，反映了日本人對於美國的積怨。該文認爲「抑制日本，強化中國，以保持東亞和平，爲最近二十年來美國政府一貫之思想，且爲其實際政策。世界大戰以來，此政策即已發動，迄華盛頓會議，遂凝結爲九國公約。」該文指責美國「繼之破壞日英同盟，廢棄日美蘭辛石井協定，退還山東，日本在中國大陸之優越地位悉被剝奪，使日本手足不能舉。」❺因此，該文主張廢棄九國公約。

10月中下旬，中國的軍事戰場上又發生了重大的變化。在華中，歷時數月，雙方動用兵力達百萬人之眾的武漢會戰宣告結束，日本占領了武漢這一控平漢、粵漢、長江要道的戰略要地和華中地區最大的工商業中心。在華南，日本經短促突擊，未遇重大抵抗，便占領了廣州，從而扼制了粵漢線南端，切斷了經香港運入的外援物資通道。

也許是巧合，同月在西方也發生了一件令世人矚目的大事件。英國首相張伯倫、法國總理達拉第、德國總理希特勒和意大利首相墨索里尼這歐洲四巨頭聚會慕尼黑，就歐洲和平問題尤其是捷克危機問題達成協議。英法在德國的軟硬兼施下不惜以犧牲捷克人民的主權來謀取其想像中的歐洲和平。德國居然通過談判取得了其垂涎已久的蘇臺德地區。可以認爲，這是德國訛詐外交的一個巨大的成功。

伴隨著戰場上的重大軍事勝利，日本的外交也發生了重大變化。日本自以爲已基本具備了控制中國的能力，因而對其外交方針也相應

---

❺　《盧溝橋事變前後的中日外交關係》，第531頁。

做出突破性的調整，公開對「門戶開放」政策提出挑戰。從前，在相當長的一段時期內，日本儘管在實際行動上早已否定了「門戶開放」，但爲了減少阻力，它在口頭上一直表示尊重「門戶開放」的原則。在軍事勝利的鼓舞下，在德國取得慕尼黑外交成功的刺激下，日本在11月3日發表的第二次近衛聲明中，提出了建立東亞「新秩序」的口號，也試圖以軟硬兼施的手法迫使西方國家在遠東也作出類似的重大讓步。聲明宣稱「此種新秩序的建設，應以日滿華三國合作，在政治、經濟、文化等各方面建立連環互助的關係爲根本，希望在東亞確立國際正義，實現共同防共、創造新文化，實現經濟的結合。」這表明日本要在東亞建立以它爲霸主的由它實施緊密控制的一種新秩序。聲明還頗含意味地要求各國「正確認識帝國的意圖，適應遠東的新形勢」，並聲稱日本要「排除萬難，爲完成這一事業而邁進」。次日，日本外務省發言人在記者招待會上進一步聲稱，日本認爲九國公約已經過時，儘管「有關廢除的決定尚未作出」❻。

對於日本政府的這一政策變化，日本外相有田八郎一點也不想加以掩飾。他稱他的前任們面對變化著的新形勢仍一再保證要維護門戶開放的原則，只不過是徒勞地想調和原則與現實而已。他不想那麼做。因爲他知道，要把不可調和的東西調和起來是不可能的，倒不如「直話直說」❼。有田的所謂「直話直說」就是要公開宣稱，日本必須控制和支配中國的某些領域，其他外國人不得分享。

11月8日，日本外相有田八郎復照美國駐日大使格魯，答覆他在10月6日照會中對日本在中國違反「門戶開放」原則的種種責難。有田在復照中公然提出，「目前在東亞新形勢繼續發展的時候，企圖……

---

❻　《日本外交年表及主要文書（1840-1945）》，下冊，第401頁。

❼　《使日十年》，第273頁。

毫無變更地應用在這次事變前的形勢下適用的觀念和原則，並不能解決目前的問題」❽。

日本報刊一時間充滿著對「東亞新秩序」的宣揚。與日本外務省關係密切的《朝日新聞》連續發表文章，指責以英美為中心的東亞舊秩序。該報 12 月 7 日的一篇文章聲稱：「九國公約所載之機會均等原則，旨在阻止中日成立密切的合作關係，而使中國永為西方列強之半殖民地市場，此約一方面干涉日本生存權，一方面阻止中國在其經濟方面行使行政主權。換言之，九國公約否認中日之國家發展，而取消其調整東亞新局勢之權。」該文強辯說，「中日間特殊密切關係，乃生死問題。苟任何外國要求犧牲此種關係，則無異否認中日生存權。」稍後，《朝日新聞》的另一篇文章進一步表示了日本人建立新秩序的堅定決心：「無論英美採取何種步驟，決不能壓迫日本改變政策。此前之遠東制度，以後已無存在之根據，一切舊的外交觀念，如九國公約等，均應加以取消。日本雖無擯除各國在華商業之企圖，不過門戶開放政策，及各國在華平權之原則，已成過去。」❾

日本《國民日報》對「東亞新秩序」的注解十分露骨。該報揚言「『東亞新秩序』宣言，就是『東亞門羅主義』宣言，列強堅持保留其在華權益是錯誤的，他們希望恢復事變前的權益，純屬幻想，所謂門戶開放原則和機會均等原則都必須加以修改」。有的報紙甚至公然宣稱，現在擺在列強面前的問題已經不再是中國問題，而是一個「誰將是西太平洋的主人」的問題。日本報刊對新秩序大加描述。它們大肆談論將如何與中國新政權簽訂條約，廢除列強在華特權，取消不平等條約，取消除日本以外的各國在華駐軍權。正如一份美國的報告所說，

❽　*FRUS*, Japan, 1931-1941, 1, 797。

❾　中國第二歷史檔案館館藏檔案，案卷號：十八‧167。

日本輿論的總的腔調，使美國人想起了布里格斯（BRIGGS）卡通中
頗爲流行的一句話：「他們的日子一去不復返了」❿。

　　12 月 8 日，有田八郎進一步對英美大使聲稱，「東亞新秩序的建
設，是日滿華合作，防止赤化威脅和主張國家的生存。新的事態，由
於新政權的誕生和恢復自主權的正當要求，事實上已使把東亞變成各
國半殖民地的九國公約等舊國際體制解體」⓫。

　　12 月 19 日，有田八郎舉行記者招待會。聲稱「日本天然資源缺乏，
又沒有大的國內市場」，只有建立「東亞新秩序」，實現「日滿華合作」，
才能滿足日本對原料和市場的需求。有田宣布，「東亞以外的國家的經
濟活動，必須服從於因『新秩序』所屬各國的國防和經濟安全的需要
而作出的一定的限制，並不得享有任何政治特權」⓬。

　　如果說日本外相的談話還帶有某些外交辭令的話，日本駐意大利
大使白鳥敏夫則坦率得令人吃驚，白鳥在東京接受一德國記者採訪時
直言不諱地聲稱：「刻下日本之根本任務爲建設新中國。所謂新中國者，
實質上亦即第二滿洲國。中國境內將成立若干以聯邦制爲基礎之各別
獨立政權，對日本之政治軍事關係採同盟形式，新中國與日本並將締
訂關稅同盟」。德記者復問日本對在華列強利益將取何種態度，白鳥雖
然聲稱將尊重外國人在華權益，但他還是表露了「日本對其勝利成果」
「無意與歐洲列強均分」的立場。他還宣稱：「英國在遠東之統治地位，
此後已不復存在」⓭。

---

❿　《國際事務概覽》，1938 年，第一卷，第 496-497 頁；《美國軍事情報部門
　　的報告，中國，1911-1941》，縮微第三卷，0084 號。

⓫　《日本對華戰爭指導史》，第 210 頁。

⓬　《美國軍事情報部門的報告，中國，1911-1941》，縮微第三卷，0084 號。

⓭　《盧溝橋事變前後的中日外交關係》，第 594 頁。

　　與此同時，日本當局加緊排擠外國在華勢力。11月下旬，英國艦船接連遭到轟炸和扣留。12月，日本不顧英國抗議強行占領接管廣州海關。同月，日本開始對天津英租界實行嚴格的交通檢查。此外，英國在青島、煙臺兩港的航運也被橫加阻撓。

第二節　　英美邁出援華步伐

一

　　日本「東亞新秩序」的宣布使早感不安的列強更加警覺起來。11月7日，美、英、法採取了自中國抗戰以來的第一次平行行動，共同就恢復長江自由航行的問題，分別向日本提出內容相近的照會。照會指出，在漢口陷落之前，日本聲稱由於對漢口的軍事行動，長江不能向各國航運開放。現在漢口既已攻克，日本應該履行自己的諾言。這是一次破天荒的舉動，它具有非常重要的意義。它標誌著在遠東問題上列強已經開始意識到協同行動的重要性。在此之前，美國一直避免與其他國家一起採取共同行動，它總是獨立地提出自己的聲明和照會。而在這一次行動中恰恰是美國採取了主動。它通過美國駐英、法大使，暗示英法應採取同樣的行動。

　　日本拒絕了開放長江的要求。11月14日，日本宣布向第三國商船開放長江的日期現時難以確定，其理由是：一、考慮到長江上還有水雷，江岸有游擊隊活動等問題，開放長江難以保證船隻的安全；二、開放長江商船航運，可能會引起向中國軍隊私運軍火的交易。日本並聲稱除了向日本運送軍需品和向中國難民運送救濟品外，沒有任何其他的日本船隻在長江航行❹。實際上，日本的客貨船一直在定期航行，

其航程表亦定期在上海公布，列強曾多次指出這一點。

　　就這樣，日本依仗武力，強詞奪理，公然說謊，拒絕了西方列強的聯合要求，表現出日本在排斥西方權益上的不擇手段。日本當局這種近似賴皮的態度爲它有關「東亞新秩序」的種種聲明作了注腳，促使西方政治家們進一步看淸了日本要獨占中國的意圖。英國駐華大使卡爾認爲，日本「東亞新秩序」的宣布「將消除對日本人眞實意圖的所有疑問」，「毀滅指望通過與日本『合作』來保留我們在華權益的任何希望」**⑮**。「東亞新秩序」的宣布從反面有力地推動了英美長期以來遲疑不決的援華行動。最終促成了抗戰時期美英第一筆對華貸款的實現。

　　其時，在美國國務院內，有關對華貸款的爭論仍在進行之中。國務卿赫爾和遠東司司長漢密爾頓不贊成提供貸款。他們認爲這筆借款「幾乎純粹是政治性的」，日本人無疑將會把它視爲對正在與日本作戰的中國的明確援助，而指責美國站到了衝突中的中國一方。對此，控制日本的軍人集團將會採取報復措施，傷害美國在華公民，破壞美國在華權益，由此而產生的一系列對抗將「最終把美國拉入戰爭」**⑯**。同時他們還認爲，美國的民意現在也不會接受任何會使美國最後必須採取軍事行動的政策。

　　但是，國務院資歷最深的且擁有很高聲望的亞洲問題專家亨培克力主對華援助。亨培克指出，日本是「掠奪成性的帝國主義」，「除非日本的進軍被中國人或其他一些國家所制止，否則，美國和日本在國際政治舞臺上面對面互相對抗的時刻就會到來」。他認爲現在只靠發表聲明和議論已無濟於事，日本人的侵略「只能被物質的障礙和物質的

---

⑭　《美國軍事情報部門的報告，中國，1911–1941》，縮微第三卷，0084號。

⑮　*DBFP*, 3/8, 251–252。

⑯　《羅斯福與外交事務》，第二集，第十二卷，第63–64頁。

壓力所組成的抵抗力量所制止」。美國可能在論戰中占據上風，「但我們在那一領域的勝利，並不能阻止日本軍事機器的前進」。美國現在越不肯施加積極的物質壓力，它反而就越可能在將來不得不與日本兵戎相見。亨培克認爲美國應該有勇氣有遠見地逐步採取一系列措施，這些措施應綜合使用外交的、經濟的和潛在的軍事的壓力，其中包括中止 1911 年簽署的美日商約、取消中立法案、限制對日貿易及顯示美國海軍力量等❶。

　　這時，身在遠東現場得以近距離觀察中日戰爭的美國官員也不斷向國內發回類似的警報。美國亞洲艦隊司令亞內爾在 10 月 25 日給李海的信件中指出，日本的計劃是「迄今爲止世界史上最龐大的領土攫取計劃」，「由於中國不能提供油、橡膠、鐵礦石、羊毛和許多其他的重要物資，一個自然的邏輯過程是，日本將最終要把它的統治擴展到菲律賓、荷屬印度和任何其他擁有它需要物資的地方」。亞內爾指出，擺在我國政府面前的問題是，美國打算是毫無抵抗地被從遠東地區排除出去，還是打算繼續維持有關中國的條約和原則。如果想選擇後者，就必須積極地開展行動❶。

　　兼作羅斯福總統的特別情報員的卡爾森在 11 月 15 日從中國給羅斯福發去的報告中也表示了同樣的觀點。他說，「我正越來越強烈地感覺到，我們在這場衝突中，遠不只僅有商業利害關係。日本在中國越深入，他的計劃就越明顯。它想發展成爲一個能夠統治世界——當然包括太平洋地區——的帝國，如果它把中國的人力和經濟資源控制在手，它將會建立一支使它能夠直接向美國的完整挑戰的陸軍和海軍」。他認爲，中國的獨立對於太平洋地區的未來的和平——也就是美國的

❶　*FRUS,* 1938, 3, 572-573。
❶　《羅斯福與外交事務》，第二集，第十二卷，第 328 頁。

和平是極為重要的❶。

　　另一方面，從中國政府那裡也傳來了將繼續堅持抗戰的信息。廣州、武漢失守之後，中美關於貸款的談判曾一度停頓，其原因正如摩根索所說：「在最近三四日中，先為廣州失陷，今則為漢口，並有關於蔣介石之謠言。坦白言之，余不知余應否進行此事，因余不知將與中國何一政府交易」。羅斯福亦擔心在中國會很快出現崩潰現象。他對摩根索說，如果美國現在批准此事，可是明天或後天忽然有新的臨時政府在中國出現，這將使我們甚為困窘。羅斯福認為應稍待時日，如中國表明它「準備重建其隊伍以繼續作戰，並使世人相信其當前政府形式能於中國內地繼續堅持，余將甚樂於批准這一貸款。」❷

　　胡適、陳光甫等得知此訊後，立即將此意轉達國民政府，請中央速作一中國將堅持抗戰的明確表示。10 月 31 日，蔣介石發表告全國國民書，重申中國寧為玉碎不為瓦全的決心。11 月 10 日，蔣介石致電羅斯福，表示中國將繼續抗戰不與日本妥協。

　　11 月 30 日，摩根索和韋爾斯聯合向羅斯福陳述對華貸款的必要性❸。羅斯福最終批准了貸款計劃。該計劃採取了一些技術措施。為了避免這一貸款被人認作是給中國政府的政治性貸款，議由中國在國內組織復興商業公司，在紐約設立世界貿易公司，再由該公司與美國進出口銀行訂立貸款契約，從而使之在形式上成為中國的商業機構與美國銀行間的商業借款契約。

　　12 月 15 日，美進出口銀行公開宣布向世界貿易公司貸款 2500 萬美元。次年 2 月 8 日，陳光甫以世界貿易公司董事長的身分與美國進

---

❶　《羅斯福與外交事務》，第二集，第十二卷，第 79 頁。

❷　《第二次中日戰爭史》，下冊，第 711 頁。

❸　赫爾已出國去利馬參加美洲國家會議。

出口銀行簽訂了正式合同。這筆借款年息四釐半，期限爲五年，由中國銀行擔保。復興商業公司負責在五年內運送給世界貿易公司22萬桶桐油，由後者在美國出售，售得價款的半數償還借款本息❷。合同指定借款只可用於購買美國農產品及工業品，不得用以購買飛機、軍火。但實際上，美國對中國進口那些可作軍事用途的貨物並未加限制。

二

在「東亞新秩序」的刺激下，英國方面也正在籌劃採取比較積極的行動。英駐華大使卡爾指出：「這樣的時機已經到來，即向日本顯示我們對它過去所給予的保證沒有一點兒信任，它們關於東亞新秩序的計劃不適於我們對事情的規劃，我們將要支持中國人。」❷卡爾還建議英、法、美對遠東政策作一個共同的聲明。

英國外交部也認爲日本的新政策「只是意味著對其他列強的排斥或在日本自己所定條件基礎上的接納，這種政策的含意參見『滿洲國』的例子便可一目了然」。就連一向對日本存較多幻想的克萊琪的觀點也因此而發生了變化。他在11月10日給外交部的電報中表示他對日本的野心已不再懷疑。他指出，「迄今爲止的『三國集團』的含糊概念現在已經得到了明確的官方的支持贊可」，可以肯定日本正在力圖消滅所有在華的外國商業。他認爲「早先的尊重外國權益的明確的無保留的保證已經被打了折扣」。儘管日本聲明不想損害其他國家的合法權利，但日本並沒有明確何者爲合法，因此，未來的所謂的合作將「只限於那些眞正理解日本的意圖並根據東亞的新形勢調整其政策的國家」❷。

---

❷ 《中外舊約章匯編》，第三冊，第 1128-1130 頁。

❷ *DBFP*, 3/8, 252。

❷ *DBFP*, 3/8, 215。

克萊琪主張與美國共同進行反擊。12 月 15 日，他敦促英外交部盡早與美國採取平行行動，以迫使日本不得實施它的新的對華政策。他認爲，英美的經濟行動將不會有與日本發生戰爭的風險，日本在經濟上、政治上也面臨許多困難。克萊琪指出：「現在的時機是自我到達日本以來採取這類行動的最有利的時機」**㉕**。

　　在這同時，中國方面也在不斷對英國施加壓力。中國政府要人頻繁地與卡爾大使會談，對英方政策表示不滿，期望英國有所動作。11 月 6 日，蔣介石約見卡爾，對日本占領廣州後英國仍無所作爲表示不滿。他認爲日本的行動有兩大目的，一是針對中國，二是爲了打擊英國的威信，而後者的分量可能更重些。他聲稱英國的威信在華北、上海和長江流域已遭受多次打擊，如果這次再接受日本對華南的占領的話，英國的威信將蕩然無存，而這威信的存在對於英國在遠東的整個權益和地位的維持是至關緊要的。一旦失去了它，就再也不能重新得到。蔣介石指出，日本人的占領廣州和英國的無所作爲已經動搖了百餘年來中國人對英國威信的信心。

　　蔣介石要求英國人給予明確的回答。他說，英國人在中國正處在十字路口，如果英國向中國提供援助，中國人民將會長久銘記並會給予加倍的報答。反之，如果回答是否定的，他將不得不重新調整他的政策，並尋找其他的朋友。蔣還威脅說，日本人正在渴求媾和，日本人的和平將使英國人一無所得。如果中國願意在把英國人從遠東排斥出去的政策上與日本聯合起來的話，日本是會願意放棄它在戰爭中所得到的東西的。他反問卡爾，如果日本人提出這個問題，中國將如何回答**㉖**？

㉕　*DBFP*, 3/8, 362。

㉖　*DBFP*, 3/8, 216-217。

　　卡爾將這一會談向英國外交部作了報告，並表示他在許多方面同意蔣介石的看法。他認爲英國的威信在廣州陷落前就已大爲衰落，如果英國對日本入侵華南保持沈默的話，那將更會一落千丈。因此，採取一些行動來恢復英國的威信是極爲迫切而必要的。卡爾主張向中國提供援助，並敦促英國政府在現形勢下重新檢討它的全部政策。他認爲英國很有必要採取行動向中國人表示英國並不害怕日本。其第一步行動就是廢除英日商約。

　　卡爾提醒其政府注意，在中國領導層內存在著親蘇集團和不惜代價求和的集團。卡爾曾詢問蔣介石，中國將向何方尋找新朋友，它是不是指蘇俄？蔣介石答稱，在中國前面有二、三條道路，通向蘇俄的是其中一條。卡爾還警告說，比中蘇靠攏更爲危險的是，中國會與日本在排斥英國遠東權益的基礎上達成妥協性的和解❷。

　　11 月 19 日，王寵惠再晤卡爾，詢問英政府對蔣介石談話的答覆。卡爾回答說，蔣所提問題事關重大，外交部長不能答覆，須經內閣會議討論後才能決定。王寵惠提醒卡爾注意，近衛所謂建立新秩序，「實係指廢棄關於遠東各條約而言。在創新局面之下，各國在華權益當然不能存在」。他認爲英國對此作出的反應不如美國。美國國務卿已於 11 月 4 日發表聲明，輿論界也群起響應。而英僅由外務次官在答議員問中作出表示，無論是形式上還是措辭上都不如美國。英國過去曾向中方表示，無論何時，只要美國政府進行到何種程度，英也會進行到何種程度。但英國最近向日本提的抗議只限於揚子江航行問題，亦不如美國 10 月 6 日以門戶開放爲主旨的照會。王寵惠提醒說：「須知英在華利益實較美國爲大，英國如欲保全其在遠東之地位，此時正應採取

---

❷　*DBFP*, 3/8, 219。

積極政策，免失時機」。

　　卡爾表示他將向英國政府建議：1.對華提供經濟援助；2.在英帝國內實行國際公法所容許的報復辦法；3.宣言維持九國公約及其他有關條約。在這次談話中，王寵惠還聲稱，中國政府正考慮對日宣戰，因為在目前形勢下，此舉對中國實為有利❷❽。

　　對於卡爾的看法，外交大臣哈里法克斯頗為贊同。他在 11 月 25 日的一份備忘錄中強調指出，中國已經發出威脅，要離開英國，轉向俄國或日本，如果中國的抵抗崩潰，日本將會處在南下的有利位置。他積極推動英國政府採取援華措施。

　　美國方面也在積極敦促英國採取行動。12 月 1 日，副國務卿韋爾斯在會見英國駐美大使林賽時指出，英美合作採取經濟行動的需要正日益增長，他希望能在近期內得知英國對這一問題的看法。12 月 5 日，亨培克致函賈德干，以非官方的渠道通報說：「由於最近的發展，美國極可能調整和強化其對日政策」，他暗示美國今後將會執行更為強硬的政策。亨培克還透露，美國國務院正在考慮購買白銀之外的其他援華措施，很可能將在商業貸款的形式下向中國提供經濟援助❷❾。

　　在日本露出真實面目，中美等國又從旁予以推動的情況下，英國政府的態度轉趨積極，並決定著手援助中國。12 月 6 日，英外務次官在上院宣稱：「英國政府無法贊成日本的這種態度」，「英國政府不承認以單方面的行動所造成的對條約所確定的秩序的任何變動」，並表示英國「準備採取一切可能的措拖來保護英國的利益」。12 月 19 日，即在美國宣布桐油貸款後的第四天，英國宣布給中國貸款 50 萬英鎊，用以購買卡車，用於新開通的具有重要戰略意義的滇緬公路的運輸。次年

---

❷❽　《戰時外交》，第二卷，第 30 頁。

❷❾　*DBFP*, 3/8, 302。

3月15日，中英正式簽訂了這筆貸款合同。3月18日，英國還宣布向中國中央銀行和交通銀行提供500萬英鎊的平衡基金貸款，以穩定中國的法幣價值**❸⓿**。

英美貸款數額雖然有限，但作爲戰時英美向中國所提供的第一筆貸款，它標誌著英美援華的開始，對於中國軍民的士氣具有鼓舞作用。中國駐美大使胡適認爲，桐油借款有救命及維持體力的作用，它是心臟衰弱時的一針強心劑。他指出：「此款成於我國力量倒霉之時，其富於政治意義致顯」**❸①**。中國參加談判的有關人員把它視爲美國介入中日戰爭的開始。在致孔祥熙的一封機密信中，一位中方談判者樂觀地估計「這筆2500萬元僅是開始……將來可望有大筆貸款源源而來……這是一筆政治性的貸款……美國已經明確地投身進來，不能打退堂鼓了。同情我國的華府當局尙有兩年任期，也可能六年。現在我們的政治前途更加光明了。」**❸②**

中國輿論界也是一片歡呼之聲。國內各報紛紛發表社論，指出英美先後宣布向中國提供貸款，「這實在是遠東外交史上一件劃時代的大事」，「是國際形勢向有利於中國抗戰方面轉變的開端」，「這不僅增加了中國戰時經濟的力量，將更給予中國人民精神上以莫大的興奮，使其追求『最後的勝利』格外努力，並加強自信的勇氣。便是遠東的和平，也許因英美的此舉，而能迅速重睹，所以此舉的意義，在國際上意味實在深長得很」，「中國的抗戰形勢，當亦隨著國際轉變的新形勢，而得著最後的勝利，於此也略露其朕兆了」**❸③**。

---

❸⓿　*DBFP*, 3/8, 303-304；《中外舊約章匯編》，第三冊，第1131-1135頁。

❸①　《胡適任駐美大使期間往來電稿》，第8頁。

❸②　《美國十字軍在中國，1938-1945》，第32頁。

❸③　中國第二歷史檔案館館藏檔案，案卷號：十八・167。

　　12月24日，中國行政院院長孔祥熙在答記者問時，對於英美貸款的意義也予以了高度的評價。他認爲「此項貸款，雖係商業性質，但不無政治之含義。日本向來以爲目前世界糾紛正繁，英美決無暇顧及遠東之事，是以肆無忌憚。今英美貸款給予中國，即所以明白表示支持中國抗戰之決心。此舉實爲日本意料所不及，而無異予以當頭一棒也」❸❹。蔣介石亦爲此專門給胡適和陳光甫發去慰問電，內稱「借款成功，全國興奮，從此抗戰精神必益堅強，民族前途實利賴之。」❸❺美國駐華使參贊裴克在12月24日的報告中描述了貸款在中國所產生的積極作用。他寫道:「美國對華信貸的提供和有關英國類似行動的報告，已被中國人解釋爲預示著這些國家阻止日本在遠東得逞的行動的開始。現在似乎很顯然，這一信念已經極大地鼓舞和增強了中國人持久抗戰的意志」❸❻。

　　美英的貸款行動對日本也是一個打擊，日本並不掩飾它的不滿。儘管格魯奉命向日本說明貸款「是一個爲美國的企業家服務的地道的合法的商業信貸」，但有田八郎還是把它稱之爲「令人遺憾的行動」。有田聲稱,「日本民眾也許會把這一貸款視爲一個經濟強國實際上所施加的經濟壓力，其結果將與美國所期望的完全相反，至少日本民眾無疑會找到新的根據來強化已經提出來的東亞新秩序」❸❼。當英國貸款發表時，正值日本對中國進行貨幣戰，企圖從經濟上搞垮中國，日本把此舉稱爲英國對日本發起的「前線進攻」❸❽。

---

❸❹　中國第二歷史檔案館館藏檔案，案卷號：十八‧167。

❸❺　《胡適任駐美大使期間往來電稿》，第5頁。

❸❻　*FRUS*, 1938, 3, 435。

❸❼　《中國與外援，1937-1945》，第83頁；*FRUS*, 1938, 3, 589-590。

❸❽　《英國與中日戰爭》，第165頁。

三

在採取實際行動支援中國的同時，英美法還在外交上對「東亞新秩序」的聲明進行反擊，表現出前所未有的強硬立場。11月21日下午，格魯會見了日本外相有田八郎，指出「無論哪國政府，都不能自以為世界上一個廣袤而重要的區域該它獨霸，要由它獨斷專行；任何政府要這樣做，不管其動機如何，到頭來都必然是誤國害己，也危害別國」。格魯並表示，美國政府「亟欲採取步驟，以阻止當前的走向國際無政府狀態的趨勢」❸❾。

中國積極推動國際社會對「東亞新秩序」的外交反擊。12月11日，中國外交部長王寵惠發表談話，指出九國公約並無時限，「此即表示該約所包含尊重中國之主權獨立領土與行政之完整，及維持門戶開放或在華商業均等兩大原則，實為列強對華實踐所當忠實遵守之永久原則焉。換言之，該約之用意，在促成太平洋區域之永久秩序與和平，決不能由任何一國加以合法之廢止。況日方所稱東亞之新秩序，乃完全由於日本違反九國公約所造成者，故欲因違反條約之舉動塑造成之事實，而修正或廢止該約，此種主張，絕對不能容許。」12月21日，中國外交部發言人公開駁斥有田八郎的講話，指出英美貸款日本無權反對，九國公約日本無權改變。所謂樹立東亞經濟集團，無非獨霸東亞壟斷利益❹❀。

12月30日，格魯向有田八郎遞交了美國政府的照會。照會語氣比較強硬。內稱，機會均等等原則是過去列強共同承認的，不容由一方的片面行動加以取消。照會批駁了日本所謂「形勢已經發生變化」的

---

❸❾ 《使日十年》，第263頁。
❹❀ 中國第二歷史檔案館館藏檔案，案卷號：十八‧167。

說法。指出形勢的改變「是由於日本的行動所致」,「美國政策不承認任何一個國家有必要或有理由在一個不屬於它的主權範圍的地區內規定一個新秩序的內容和條件,並自命爲那裡的掌權者和司命者」,美國「不能同意建立一個由第三國所策劃,且爲著該第三國的特殊目的而設立的政權。這個政權將會專橫地剝奪美國久已擁有的機會均等和公平待遇的權利」,「美國政府和人民不能同意任何美國的權利或責任被任何別的國家的當局或代理人的專橫行爲所廢止。」❹

　　1939 年 1 月 14 日,英國政府正式照會日本政府,指責所謂「東亞新秩序」有違九國公約,「日本政府的意圖是要建立一個由日本、中國和滿洲所組成的三國聯合體或三國集團,日本在其中將擁有絕對的權威,中國和滿洲則處於從屬地位」。照會強調指出,英國既不接受也不承認日本以武力在中國所造成的變動,表示「英國將堅守九國公約的原則,它不同意對該條約內容的任何單方面的修改」❹。1 月 19 日,法國政府也向日本遞交了不承認「東亞新秩序」的照會。

　　中國方面欣慰地注意到了列強態度的轉變。中國中央通訊社稱美國照會「義正辭嚴,毫不寬假,可謂中日戰爭以來第三國對日本最強硬之表示,亦可謂近一年來美日在遠東關係上之總清算也」❹。

　　這樣,到 1938-1939 年之交時,經歷了一年半艱苦抗戰的中國,終於看到了新的曙光。對於未來國際關係的發展開始表現出一定的樂觀和信心。駐美大使胡適認爲「遠東問題,經美國倡導,英法均已追隨。其方式同爲維持九國公約各原則及其他條約之繼續有效,並否認日本所謂新秩序」❹。他感到美國的照會「態度強硬堅決,爲向來所

❹　*FRUS*, Japan, 1931-1943, 1, 823-825。

❹　*DBFP*, 3/8, 403-404。

❹　《盧溝橋事變前後的中日外交關係》,第 433 頁。

未有」，他樂觀地展望說，「故以後發展應較順利，英美合作更無可疑」
❹。

國內朝野人士也頗爲振奮。1939 年 1 月，中央大學校長羅家倫、
北京大學校長蔣夢麟、清華大學校長梅貽琦等十二所國內著名大學的
校長聯名致電美國參、眾兩院，感謝他們「力持九國公約之高貴原則」，
並希望美國繼續採取行動，以使「精疲力竭之侵略者屈膝」❻。

1939 年 1 月，蔣介石也頗有信心地指出「持久抗戰，自會促進國
聯盟約，九國公約的聯合使用……國際形勢一定會依著我們抗戰與否
而轉變」❼。同月召開的國民黨五屆五中全會，討論了當時的國際形
勢，大家「對於英美法之日趨積極感覺興奮」❽。蔣介石並預言，不
出兩年，即在羅斯福總統任內，美國將會挺身而出，設法解決中日問
題。

---

❹ 中國社會科學院近代史研究所所藏胡適檔案，554 號。

❺ 《盧溝橋事變前後的中日外交關係》，第 432 頁。

❻ 中國社科院近代史所中華民國史研究室編：中華民國史料叢稿，《大事記》，
中華書局，1981 年版，第二十五集，第 13 頁。

❼ 《蔣中正先生與近代中國學術討論集》，第二冊，第 506 頁。

❽ 《胡適任駐美大使期間往來電稿》，第 10 頁。

結　語

　　綜觀抗戰初期世界主要大國對中日戰爭所持對策的發展過程，人們常常會不由自主地提出這類疑問：如果各大國對中日戰爭的表現更為積極些，如果它們能及早果斷地對日本實行制裁，向中國提供援助，日本的侵華戰爭能否被制止於最初階段？歷史已經成為過去，因而，要回答這類假設性的問題是非常困難的，我們只能在以上綜合考察的基礎上，依據實際資料，作一個盡可能客觀的事後評論。

　　也許，在當時的形勢下，國際社會採取堅定的集體行動迫使日本讓步，並表示它準備在日本拒絕其要求時採取強制行動，是能夠在戰爭的最初階段制止戰爭的惟一希望。因為與其他國家比較起來，日本資源短缺，戰略地位比較虛弱，它需要從外部世界獲取其維持作戰所必需的軍事物資。如果國際社會對日本堅決實行禁運，日本比任何國家都更難以支撐一場持久戰爭，除非它發動一場先發制人的戰爭去奪取重要的原料產地，但在其羽毛未豐的當時，日本是很難作此選擇的。控制著大部分日本所需資源的英美等國本可利用這一點，對日本施加壓力。

　　然而，英美等國過高地估計了日本可能作出的反應，它們惟恐激怒日本而陷入遠東衝突。實際上，日本的肆意妄為也正是英美一步步退讓，從而使日本看清它們在遠東不會採取強硬行動的結果。從對中國沿海的部分封鎖到全線封鎖，從「許閣森事件」到「帕奈號事件」，日本是一步步走過來的，它對於英美權益及生命財產的侵犯是逐步升

級的。倘若英美一開始就作出強硬而果斷的反應，日本也不能不考慮現時與英美對抗的結果，它不太可能立時採取報復行動。蘇聯就是一個例證。蘇聯一點也不掩飾其立場，它根本不打「中立」的旗號，而是立場鮮明地譴責日本對中國的侵略，向中國提供大批作戰物資並派員參戰，其親華反日的積極程度遠非英美所敢為。然而，日本對此也無可奈何。

人們可以看到，由於認識和利益上的差距，英美之間、英美與蘇聯之間不能協調一致，從而使得若干次提議中的聯合行動機會歸於喪失，不能形成一股協調行動的國際制約力量。儘管蘇聯積極提倡集體行動，但英美不願蘇聯過多捲入中日衝突，從而擴大蘇聯在中國的影響，蘇聯也擔心英美有借助日本削弱蘇聯的用心。在英美之間，美國總是懷疑英國人想把它推到前臺，藉美國的力量來保護英國在遠東的龐大利益，美國不肯為它人「火中取栗」，英國也不想走在反日陣線的前頭。國際社會的這一鬆散狀態，大大便利了日本的侵略。因此，儘管世界主要國家，甚至包括德國在內，都不贊成日本的擴張政策，但卻未能阻止日本繼續擴大它的侵華戰爭。早在 1937 年 11 月，法國副總理勃魯姆 (L. Blum，不久任總理) 曾指出：「如英美俄能共同對日，可以不戰而使日本就範，毫無危險」❶。可惜這一局面始終未能形成，我們無從驗證勃魯姆的這一判斷。不過，有一點可以肯定，如果國聯會議和九國公約會議能堅定地譴責日本，如果英美法蘇協調一致堅定地支援中國，中日戰爭的發展趨勢將會與實際所發生的歷史有所不同。

從這個角度出發，我們有理由批評列強在遠東問題上的失策。然而，我們又不能不看到，所謂失策，並不只是某一政府或某一個人的

❶　《盧溝橋事變前後的中日外交關係》，第 495 頁。

因素在起作用，它還受著時代認識的限制。在今天，世界上所有地區的和平與安全都密切相關即「和平不可分割」這一觀念，早已成爲處理國際關係的一個常識。對於地區性的危機實行國際干預的事例時常可見。但在三〇年代，人們的認識剛剛起步。第二次世界大戰增強了集體安全的意識，這只要對比一下大戰前後的兩大國際組織國聯和聯合國的憲章及機構設置，人們就會明白。三〇年代，人們還只是習慣於就事論事地看待地區性的衝突，覺得自己可以通過巧妙的外交應付倖免於難。美國的孤立主義及其他國家鼓吹絕對中立的人們都持有這種想法，第二次世界大戰才徹底更新了這一觀念。我們難以期望三〇年代的人們對於發生在遙遠的地區的侵略作出強硬的干預行動。

從客觀上說，日本抓住了一個對它非常有利的國際時機。當時，歐洲也正處於多事之秋，德、意在西班牙、奧地利、捷克等處四面出擊，列強正以主要精力注視著歐洲本土的危險局勢。相對來說，遠東的分量要輕得多。畢竟，一個關係到的只是市場、領地等利益問題，而另一個則關係到本國的存亡安危，孰重孰輕，不言自明。在歐事頻起之時，列強難以向遠東增派一兵一卒。在沒有實力後盾的情況下，列強難以對遠東衝突作出堅定的表示，亦在情理之中。

日本利用英美在遠東既無實力又想保留其在華權益因而盡力避免對抗尋求妥協的心理，一步步迫使它們退讓。同時，它還注意利用德意來牽制英美。這段時期，日本一直使自己處於有利的交涉地位。但事情還是走向了它的反面。日本「東亞新秩序」的宣布是一個轉折點。如果把同時期東、西方的事態加以比較，人們就會看到這樣一種值得研究的歷史現象：當英法在西方對德國作出巨大的慕尼黑讓步之時，它在東方卻表現出強硬姿態。如何解釋？在歐洲「締造了偉大的和平」的英法在東方亦非全無妥協之心，實在是日本自己斷絕了這一希望。

宣布「東亞新秩序」是日本政府狂妄自大的愚蠢舉動，它公開暴露了日本的野心，日本因此而公開走上了與英美相對抗的道路。英美原因顧忌在華權益的保存，力求與日妥協，日本處於可利用這一自保心理的有利地位。但「東亞新秩序」的提出，徹底斷絕了它們的希望，促使它們走上了對抗求存的道路。以後美國對日本態度逐步強硬，陸續宣布中止美日商約，增加對日禁運品種和增加對華援助，正是日本為淵驅魚的結果。

中國政府在這一時期的外交顯示了近代以來少有的主動性。它頻繁地開展了一系列外交活動，一方面籲請召開有關國際會議，在各種場合揭露日本對中國的侵略，冀以國際條約保護自己，制裁侵略國；另一方面派出政府要員或社會名流擔任負有特殊使命的外交使節，出訪有關國家，越過正常的外交途徑，直接與外國政府交涉，爭取外援，如行政院副院長孔祥熙之出訪英美法德等國（戰爭爆發時，他正在國外訪問，遂就便增加出訪任務）、軍委會參謀次長楊杰之出使蘇聯、著名軍事家蔣百里之出使德意等國、國民黨元老李石曾之出使法國、著名學者胡適之出使美國等。

這一時期的中國外交還顯示了它少有的靈活性。它不再拘泥於意識形態的異同和歷史上的恩恩怨怨，而著眼於現實的國家利益。根據不同的對象，確立不同的外交方針。英美等國在國際社會中歷來發揮著舉足輕重的影響，中國千方百計爭取它們的道義支持和物質援助。蘇聯在不久前還是敵人，但在抗戰初期兩國關係迅速調整，蘇聯成為中國最重要的援助國。德國作為日本的戰略盟友，最終總是要倒向日本的，但中國政府盡可能地推遲這一過程，以維持其對華軍火供應。在蘇聯大宗軍火到華之前，德國軍火對中國的抗戰起了重要作用。

簡而言之，這一時期國民政府的外交原則實質上就是廣交友，少

樹敵，爭取贏得盡可能多的朋友，獲取盡可能多的援助。應該說，國民政府在抗戰初期的這一外交思路是正確的。

抗戰初期圍繞著中日戰爭的種種外交活動，對英美遠東新戰略和中外關係新格局的形成起了一種催生作用。在中日戰爭之初，除了力圖維護其在中國的既得利益外，英美均未形成明智的經得起考驗的遠東政策，「中立」乃是無策之策。隨著時間的推移，日本對列強利益的不斷侵犯和對國際關係基本準則的不斷踐踏，使列強逐漸認識到，要維護他們在中國長遠利益，就必須維護中國的獨立存在。列強的利益存在與否與中國的抗戰成功與否被緊緊地聯繫起來，中國的抗戰被視為它們與日本的前哨戰。不僅如此，在列強的眼中，中國已不僅僅是一個需要別人幫助的受侵略國，也不僅僅是一個龐大的原料產地和銷售市場，它已經成為其亞洲新構想中具有戰略意義的穩定因素。正如英國駐華大使卡爾所說：「一個不再受任何掠奪性強國剝削的強大的獨立的中國將為遠東前途提供最有建設性的前景」❷。經過長時間的猶豫和觀察之後，列強邁開了援助中國的第一步。對於中國戰略地位的思考，以後一直成為影響英美（尤其是美國）對華政策的一個重要因素。及至太平洋戰爭爆發後，美國竭力把中國拉入反軸心國「四強」，讓中國在重建戰後世界的構想中占據重要地位。這一戰略思想的起源實可追溯至抗戰初期。

抗戰期間中外關係發展的另一個重大變化是，中美關係取代中英關係而居於首要地位。本書第八章對此已有論析，此處不再贅述。總之，到1938年下半年，中國在對列強的外交中已經確立了以美國為主的格局。在以後的歲月中，隨著英國對日妥協活動的繼續和蘇聯對華

❷　*DBFP*, 2/21, 763。

援助的減少，美國在中國的影響力越來越大。至抗戰中後期及抗戰勝利後，美國在中國的地位一時如日中天，任何外國勢力也無法與其相比較。中美關係在整個中外關係中具有了壓倒一切的地位。形成四〇年代這一格局的起點正是本書所闡述的抗戰初期。

後記

　　拙作出版過程頗多曲折，特作此記。

　　1991 年春，作者完成博士論文答辯時，適逢上海人民出版社一編輯在京。儘管他與作者並不熟識，但他聽説拙文頗受好評，便從我處索去論文，預備出版之用。有此一舉，我遂不作它圖，而專心於論文的修改和擴充。不想，一年後該編輯離開了上海人民出版社，出版之事自是擱下了。此後，該社的另一編輯接手此事。誰知該編輯一年後竟悄然離社而去，遠去南方下海經商，就連出版社中人也不知其去向。更爲糟糕的是，拙稿竟然失落，社中友人盡力尋找而不可得。此等離奇之事，實是少見。數年心血與等待，得此結果，可悲可嘆。

　　沮喪之中，得友人楊奎松君指點和協助，我將匆忙中重新整理出的舊稿試投張玉法先生主編的《中國現代史叢書》。結果是柳暗花明，張玉法先生和東大圖書公司很快便給予了肯定的答覆。從我投稿到決定採用，再到出版成書，只經歷了短短的半年時間。回想此前的種種曲折，令人感慨不已。這裡，我特別要感謝張玉法先生的提攜，這是雪中送炭。我還要感謝東大圖書編輯部的同仁，匆忙整理出的拙稿訛誤之處甚多，他們爲此付出了超量的辛勞。

　　由於時間關係，此次出版，未對原稿進行任何修改。因此，本書反映的是作者三年前的認識水平。所幸的是，近年來學術界關於這一問題的研究，尚未使作者意識到必須對書中的基本觀點進行必要的修改。

主要參考書目

外文部分

Documents on Britain Foreign Policy, 1919-1939. London: Her Majesty's Stationery Office.——

    Second Series, Vol. 21, 1936-1938, Far Eastern Affairs, 1984.

    Third Series, Vol. 8, 1938-1939, 1955.

Documents on Germany Foreign Policy, 1918-1945. Series D, Vol. 1, London: His Majesty's Stationery Office, 1949.

Foreign Relations of the United States. Washington: U.S. Government Printing Office.——

    Japan: 1931-1941, two volumes, 1943

    1937, Vol. 3, The Far East, 1954

    1937, Vol. 4, The Far East, 1954

    1938, Vol. 3, The Far East, 1954

    1938, Vol. 4, The Far East, 1955

Franklin D. Roosevelt and Foreign Affairs. Second Series, Vol. 6- Vol. 12, New York: Clearwater Publishing Company, Inc., 1969.

U.S. Military Intelligence Reports, China, 1911-1941. (Microfilm), fifty Reels, American University Publishing Company, Inc.

Borg, Dorothy: *The United States and the Far Eastern Crisis of 1933 -1938*. Cambridge: Harvard University Press, 1964.

Boyle, John Hunter: *China and Japan at War, 1937-1945, the Politics of Collaboration*. Stanford: Stanford University Press, 1972.

Buhite, Russell D.: *Nelson T. Johnson and American Policy toward China, 1925-1941*. East lansing: Michigen State University Press, 1968.

Clifford, Nicholas R.: *Retreat From China, British Policy in the Far East, 1937-1941*. Seattle: University of Washington Press, 1967.

Fox. John P.: *Germany and the Far Eastern Crisis, 1931-1938*. New York: Clarendon Press, 1982.

Garver, John W.: *Chinese-Soviet Relations, 1937-1945*. New York: Oxford University Press, 1988.

Hull, Cordell: *The Memoirs of Cordell Hull*. New York: The Macmillan Company, 1948.

Kirby, Willian C.: *Germany and Republican China*. Stanford: Stanford University Press, 1984.

Lee,Bradford A: *Britain and the Sino-Japanese War, 1937-1939*. Stanford: Stanford University Press, 1973.

Louis, William R.: *British Strategy in the Far East, 1919-1939*. London: Oxford University Press, 1971.

Toynbee, Arnold J.: *Survey of International Affairs. 1938*, Vol. 1, London: Oxford University Press, 1941.

Young, Arthur N.: *China and the Helping Hand, 1937-1945*. Cambridge: Harvard University Press, 1963.

Документы внешней политики СССР. Т. 20, MockBa, 1976.

日本外務省:《日本外交年表及主要文書，1840-1945》，下冊，東京，原書房，1955。

日本防衛廳防衛研究所戰史室:《大本營陸軍部》第一卷，東京，朝云新聞社，1967。

《現代史資料》，東京，みすず書房，1964。

　　島田俊彦、稻葉正夫編：第八卷。

　　臼井勝美、稻葉正夫編：第九卷。

　　角田順編：第十卷。

上村伸一:《日本外交史》第二十卷，東京，鹿島平和研究所出版會，1973。

原田熊雄:《西園寺公と政局》，第六卷，東京，岩波書店，1951。

秦郁彥:《日中戰爭史》，東京，1961。

中文部分

安東尼・艾登著、武雄等譯:《艾登回憶錄》，商務印書館，1977。

安徽大學蘇聯問題研究所、四川省中共黨史研究會編譯:《蘇聯「眞理報」有關中國革命的文獻資料選編》，第三輯 (1937.7-1949)，四川社科院出版社，1988。

巴巴拉・塔奇曼著、陸增平譯:《史迪威與美國在華經驗》，商務印書館，1985。

C. A. 麥克唐納著、何抗生等譯:《美國、英國與綏靖，1936-1939》，中國對外翻譯出版公司，1987。

陳納德著、陳香梅譯：《陳納德將軍與中國》，臺灣傳記文學出版社，
　　1978。

程天放：《使德回憶錄》，臺灣正中書局，1979。

服部卓四郎著、張玉祥等譯：《大東亞戰爭全史》，商務印書館，1984。

復旦大學歷史系編：《日本帝國主義對外侵略史料選編，1931-1945》，
　　上海人民出版社，1975。

復旦大學歷史系編：《中國近代對外關係史資料選輯》，下卷，第二分冊，
　　上海人民出版社，1977。

顧維鈞著、中國社會科學院近代史研究所譯：《顧維鈞回憶錄》，第二、
　　三分冊，中華書局，1985。

古屋奎二著、臺灣《中央日報》譯印：《蔣總統秘錄》，第十一分冊，
　　臺北，1977。

赫伯特·菲斯著、周穎如等譯：《通向珍珠港之路——美日戰爭的來臨》，
　　商務印書館，1983。

華爾脫斯著、漢教等譯：《國際聯盟史》，商務印書館，1964。

黃美真、張雲：《汪精衛集團叛國投敵記》，河南人民出版社，1987。

黃美真、張雲編：《汪精衛集團投敵》，上海人民出版社，1984。

蔣廷黻述、謝鍾璉譯：《蔣廷黻回憶錄》，臺灣傳記文學出版社，1979。

堀場一雄著、王培南等譯：《日本對華戰爭指導史》，軍事科學出版社，
　　1988。

羅伯特·達萊克著、伊偉等譯：《羅斯福與美國對外政策，1932-1945》，
　　商務印書館，1984。

邁克爾·沙勒著、郭濟祖譯：《美國十字軍在中國，1938-1945》，商務
　　印書館，1982。

秦孝儀主編：《中華民國重要史料初編——對日抗戰時期》，第二編，

《作戰經過》，第三編，《戰時外交》，臺北，1981。

犬養健著、任常毅譯：《誘降汪精衛秘錄》，江蘇古籍出版社，1987。

日本防衛廳防衛研究所戰史室著、田琪之譯：《中國事變陸軍作戰史》，第一卷，第一分冊，中華書局，1977。

日本防衛廳防衛研究所戰史室著、齊福霖譯：《中國事變陸軍作戰史》，第一卷，第二分冊，中華書局，1981。

榮孟源主編：《中國國民黨歷次代表大會及中央全會資料》，下冊，光明日報出版社，1985。

世界知識出版社編：《國際條約集，1917-1923》，1961。

孫科：《中蘇關係》，中華書局，1946。

田體仁等編：《全民抗戰匯集》，上海民族書局，1937。

外交學院編：《中國外交史資料選輯》，第三冊 (1937-1945)，北京，1958。

王鐵崖編：《中外舊約章匯編》，第三冊，三聯書店，1962。

王正華：《抗戰期間外國對華軍事援助》，臺灣環球書局，1987。

吳相湘：《第二次中日戰爭史》(全兩冊)，臺灣綜合月刊社，1973, 1974。

信夫清三郎主編、天津社會科學院日本問題研究所譯：《日本外交史》，商務印書館，1980。

約瑟夫‧C‧格魯著、蔣相澤譯：《使日十年》，商務印書館，1983。

張其昀：《黨史概要》，第三冊，臺北，1979。

《中國的抗戰》，第一集，密勒氏評論報，1939。

中國第二歷史檔案館編：《民國檔案》。

中國第二歷史檔案館館藏檔案。

中國國民黨中央黨史委員會編印：《先總統蔣公思想言論總集》，臺北，1984。

中國近代經濟史資料叢刊編輯委員會主編:《帝國主義與中國海關資料叢編之十: 1938 年英日關於中國海關的非法協定》, 中華書局, 1983。

中國人民政治協商會議全國委員會文史資料研究委員會編:《文史資料選輯》, 第一輯, 中國文史出版社, 1986 年合訂本。

中國社會科學院近代史研究所編:《國外中國近代史研究》, 第十一輯。

中國社會科學院近代史研究所所藏胡適檔案。

中國社會科學院近代史研究所編:《胡適任駐美大使期間往來電稿》, 中華書局, 1978。

中共中央黨校中共黨史資料室:《盧溝橋事變和平津抗戰(資料選編)》, 北京, 1986。

「中華民國外交問題研究會」編:《中日外交史料叢編》, 第四編, 《盧溝橋事變前後的中日外交關係》; 第五編, 《日本製造偽組織與國聯的制裁侵略》, 臺北, 1964。

「中華文化復興運動推行委員會」主編:《中國近現代史論集》, 第 26 集, 上冊, 臺北, 1985。

傳記文學出版社 (臺灣):《傳記文學》。

索　引

教育叢書書目

西洋教育思想史	林玉体	臺灣師大	已出版
西洋教育史	林玉体	臺灣師大	撰稿中
教育社會學	宋明順	臺灣師大	撰稿中
課程發展	梁恒正	臺灣師大	撰稿中
教育哲學	楊深坑	臺灣師大	撰稿中
電腦補助教學	邱貴發	臺灣師大	撰稿中
教材教法	張新仁	高雄師大	撰稿中
教育評鑑	秦夢群	政治大學	撰稿中

中國現代史叢書書目

中國托派史	唐寶林	著	中國社科院	已出版
學潮與戰後中國政治(1945～1949)	廖風德	著	政治大學	已出版
商會與中國早期現代化	虞和平	著	中國社科院	已出版
歷史地理學與中國現代化	彭明輝	著	政治大學	已出版
西安事變新探	楊奎松	著	中國社科院	已出版
抗戰史論	蔣永敬	著	政治大學	已出版
漢語與中國新文化啟蒙	周光慶 劉瑋	著	華中師大	已出版
美國與中國政治(1917～1928) ——以南北分裂政局為中心的探討	吳翎君	著	中央研究院	已出版
抗戰初期的遠東國際關係	王建朗	著	中國社科院	已出版

現代社會學叢書